本书的出版得到了国家自然科学基金青年项目“顾客独创价值对顾客和企业的影响机理研究”(71402047)、国家自然科学基金青年项目“面向价值共创的产品服务系统个性化配置研究”(71401099)、国家自然科学基金面上项目“经验在非伦理消费行为决策中的作用机制研究：中国环境下的实证”(71472189)、教育部人文社会科学研究青年基金项目“共创价值视角下顾客参与方式对顾客价值共创的影响机制研究”(13YJC630184)、教育部人文社会科学研究青年基金项目“基于消费者创新视角的顾客独创价值研究”(14YJC630073)、上海电机学院国际贸易学重点学科建设项目(编号：13XKJ02)的资助

# 顾客参与　共创价值

武文珍　著

东北大学出版社

·沈　阳·

图书在版编目（CIP）数据

顾客参与 共创价值／武文珍著. —沈阳：东北大学出版社，2016. 7
ISBN 978-7-5517-1342-9

Ⅰ. ①顾… Ⅱ. ①武… Ⅲ. ①企业管理—销售管理—研究 Ⅳ. ①F274

中国版本图书馆 CIP 数据核字(2016)第 161585 号

出 版 者：东北大学出版社
地址：沈阳市和平区文化路三号巷 11 号
邮编：110819
电话：024-83687331(市场部) 83680267(社务部)
传真：024-83680180(市场部) 83687332(社务部)
E-mail：neuph@ neupress. com
http：//www. neupress. com
印 刷 者：沈阳大地印刷有限责任公司
发 行 者：东北大学出版社
幅面尺寸：170mm×240mm
印 张：12. 5
字 数：224 千字
出版时间：2016 年 7 月第 1 版
印刷时间：2016 年 7 月第 1 次印刷
责任编辑：刘乃义 责任校对：文 浩
封面设计：刘江旸 责任出版：唐敏志

ISBN 978-7-5517-1342-9 定 价：28. 00 元

# 前　言

顾客参与是服务营销研究的重要领域之一。现实中，越来越多的企业鼓励消费者参与到服务的生产和传递过程中，激发消费者分享创新思想，促进他们在参与中发挥更大作用。后工业时代和体验经济的到来，以及新技术的扩散重新定义了消费者的角色和消费者与企业之间的关系，消费者在参与活动中变得积极主动而富有创造力，愿意在交换和消费活动中承担更多样化的角色。Vargo 和 Lusch（2004）提出服务主导逻辑，认为价值创造模式正在由产品主导逻辑下的企业创造价值、消费者消费价值，转变为服务主导逻辑下的企业与消费者共同创造价值；消费者的角色也由被动的价值接受者转变为积极的价值共同创造者。在共同创造价值视角下，消费者作为操纵性资源加入到价值创造系统，通过与企业的互动合作实现共同创造价值。企业则注重如何通过支持消费者流程、设计消费者体验环境、增进消费者与企业的互动，管理共同创造价值活动，从而实现消费者和企业为己方和对方共同创造价值的目标。企业与消费者的角色变化和共同创造价值模式的形成，为消费者参与研究提供了新的背景，这促使我们重新思考在新的社会背景下，消费者的参与行为及其对企业和消费者自身形成的影响。本书的研究正是建立在共同创造价值的理论背景之下的。

本书主要研究在共同创造价值的视角下，顾客参与行为对顾客满意和顾客行为意向的影响机制，即消费者通过参与行为，在与企业的互动过程中共同创造顾客价值，进而对顾客满意和顾客行为意向产生影响的过程。

本研究试图解决以下问题：

① 构建共同创造价值下顾客参与的行为维度。在服务主导逻辑下，消费者由被操纵资源转变为操纵性资源，由价值的被动接受者转变为价值的共同创造者，积极主动地参与到价值共创的过程中。消费者的角色变化促使我们思考一个问题：传统顾客参与的行为维度是否能够反映新价值创造方式下顾客参与的行为特征？本研究在文献回顾的基础上，结合共同创造价值背景下消费者参

与的特点，应用理论驱动与深度访谈相结合的方法，尝试对共同创造价值视角下消费者参与维度进行划分，并开发量表进行测量。

② 探讨消费者与企业共同创造顾客价值的过程和共创顾客价值的维度。共同创造顾客价值的行为基础是互动和体验，对消费者而言，共同创造的价值实质上是体验价值，消费者在与企业互动的过程中，共同创造了个性化体验，形成了独特的顾客价值。消费者与企业在互动的过程中如何创造顾客价值、共同创造了哪些顾客价值以及各自承担了怎样的角色是本研究关心的问题。为解决该问题，本研究应用资源交换理论、体验理论和人际依赖理论，构建了消费者参与顾客价值共同创造的过程模型；在现有的顾客价值研究的基础上，结合对消费者的深度访谈，探索共同创造顾客价值的维度，并开发量表进行测量。

③ 探索共同创造价值视角下顾客参与对顾客满意和顾客行为意向的影响机制。在共同创造价值下，顾客参与通过怎样的传导机制影响顾客满意和顾客行为意向，共同创造顾客价值在顾客参与和顾客满意、顾客行为意向之间是否具有中介作用；多维的顾客参与和共同创造顾客价值两个变量内部维度之间的关系；不同参与维度对共同创造顾客价值贡献的差异；共同创造的顾客价值的各个维度对顾客满意和顾客行为意向的影响；顾客参与、共同创造顾客价值、顾客满意和顾客行为意向四个变量之间的内在逻辑关系等都是本研究中试图要解决的问题。为此，本研究运用数量分析对以上问题形成的假设进行实证检验，获得了研究的主要结论。

④ 探讨共同创造价值中服务提供者与消费者之间的互动对共同创造顾客价值的影响。服务提供者和消费者之间的互动是共同创造价值的行为基础。企业在价值共同创造中担当了三个角色：提供价值主张；为消费者创造互动体验的环境和支持；与消费者互动，帮助消费者实现价值共同创造。消费者与企业互动最直观的体现是消费者与提供服务的员工之间的互动，服务员工在互动中体现出的对消费者心理和行为的支持与关心程度，将会影响消费者的消费体验和对价值的感知。因而，本研究将感知员工支持作为标志互动质量的变量引入模型，考察其对顾客参与和共同创造顾客价值关系的影响，并实证检验了感知员工支持对顾客参与和共同创造顾客价值的调节作用。

本研究采用了规范研究和实证研究相结合的方法，以健身行业为研究背景，通过调查问卷的方式收集数据，应用 AMOS17.0、SPSS17.0 软件对数据进行处理和分析，通过实证检验得到了以下结论：

① 在共同创造价值的视角下，顾客参与中的合作行为和共同决策对共同

创造顾客价值产生了重要影响，信息分享的影响作用较弱。在相关理论和文献的基础上，通过对消费者的深度访谈，本研究将共同创造价值下的顾客参与行为维度划分为信息分享、合作行为和共同决策。实证结果表明，信息分享在共同创造顾客价值中只对关系价值形成了显著影响，合作行为和共同决策对共同创造经济价值、关系价值、学习价值和享乐价值都有显著影响。

② 消费者与企业共同创造的关系价值和享乐价值在形成顾客满意、顾客行为意向中发挥着举足轻重的作用。本研究将共同创造顾客价值划分为四个维度：经济价值、关系价值、学习价值和享乐价值。实证结果证明，关系价值和享乐价值对顾客满意存在显著的正向影响，享乐价值、经济价值和关系价值对顾客行为意向存在显著的正向影响。其中，享乐价值对顾客满意和顾客行为意向的影响最大，学习价值对顾客满意和顾客行为意向都没有形成显著影响，这可能与本研究所选的行业特征有关系。

③ 共同创造顾客价值在顾客参与和顾客满意、顾客行为意向之间具有中介效应，顾客满意在共同创造顾客价值和顾客行为意向之间具有部分中介效应。本研究发现共同创造顾客价值在信息分享、合作行为与顾客满意之间具有完全中介效应，在共同决策和顾客满意之间具有部分中介效应，表明共同决策对顾客满意的影响有两条路径：一方面，通过共同创造顾客价值影响顾客满意；另一方面，共同决策本身直接影响顾客满意。这一发现对营销实践具有现实的指导意义。共同创造顾客价值在顾客参与和顾客行为意向之间的中介效应也得到了验证，共同创造顾客价值在顾客参与三个维度与顾客行为意向之间具有完全中介效应。实证结果也显示，顾客满意在共同创造顾客价值与顾客行为意向之间具有部分中介效应。共同创造顾客价值对顾客行为意向的直接路径和间接路径都得到了验证。

④ 感知员工支持在顾客参与和共同创造顾客价值之间具有部分正向调节效应。实证结果表明，感知员工支持在合作行为与经济价值之间、共同决策与经济价值之间、信息分享与关系价值之间、共同决策与关系价值之间、共同决策与享乐价值之间具有显著的正向调节效应，感知员工支持对顾客参与和共同创造学习价值之间没有显著的调节效应。

纵观全书，本研究的研究贡献和创新主要体现在以下几点：

第一，基于共同创造价值视角，对顾客参与和共同创造顾客价值的维度进行了探索性研究。虽然这一探索是初步的，也未必是成熟的，但对传统价值创造模式向共同创造价值模式转变下的顾客参与和顾客价值的研究依然具有现实意义和理论意义。

第二，提出了消费者参与顾客价值共同创造的过程模型，该模型较为清晰地描述了消费者对顾客价值共同创造的资源投入、价值共同创造及价值产出过程。

第三，构建并证实了在共同创造价值下，顾客参与和顾客满意、顾客行为意向之间的内在关系。在新的价值创造方式下，为顾客满意和顾客行为意向的形成提供了新的诠释。

第四，对主要变量的分维度研究揭示了各变量维度之间的内在关系，对营销实践具有现实指导意义。

第五，提出并检验了感知员工支持在顾客参与和共同创造顾客价值中的调节作用，体现出消费者和服务提供者的互动对价值共同创造的重要性。

限于作者水平，书中定有不妥之处，恳请各位同人给予批评指正。

著　者

2015 年 7 月

# 目　录

# 第一章 绪 论

## 第一节 研究背景与研究意义

### 一、研究背景

由于服务生产与消费不可分离的特殊属性，消费者在消费服务的同时也参与到了服务的生产过程，消费者的参与行为伴随着服务消费过程。现实中，越来越多的企业鼓励消费者参与到服务的生产和传递过程中，企业邀请消费者参与到新产品开发和服务创新中，激励他们分享创新思想和创新方法；鼓励消费者参与到定制化服务中；甚至让消费者参与到企业的经营决策中，由消费者评价新产品的吸引力，并最终确定进入正式销售渠道的新产品。

Threadless 是美国芝加哥经营时尚服饰的新企业，该公司在经营上别具一格。Threadless 依托互联网建立了强大的消费者社群，新 T-shirt 的设计不是由企业进行的，而是由消费者完成的，每周都对新设计创意进行排名，平均每个设计会有 1500 个消费者做出评价，排名最高的 T-shirt 设计最终成为真正的产品进入渠道进行销售（Ogawa and Piller，2006）。日本的 Muji 是一家生产消费品的企业，在新产品开发过程中，会定期邀请其顾客来评价新产品观念的吸引力，只有被一定数量的消费者接受和获得好评的产品概念才能最终进入到公司的产品线内。人们熟知的 Dell，消费者可以在 Ideastorm. com 网站上提出对 Linux 操作系统的要求，Dell 即会做出反应，在其 PC 产品上提供特定模式的 Linux 操作系统。奥迪、微软、诺基亚、阿迪达斯等知名企业的实践已经证明顾客参与到虚拟环境的产品开发与创新中为企业的研发带来了不可替代的作用。通过顾客参与对虚拟产品的概念进行检测，沃尔沃加速了产品开发过程，提高了开发效率；微软认识到将专家级的顾客作为合作伙伴，在向其他顾客提供产品支持服务方面将会事半功倍。

类似这样的企业越来越多，跨越了不同的行业，尤其是互联网的普及，更为消费者的参与提供了前所未有的便利。消费者通过博客、社群、论坛等新兴媒体在更广泛的领域对消费群体、相关企业甚至整个社会产生影响。信息技术的发展也扩大了消费者与企业之间的沟通边界，消费者与企业两个系统在信息交换和互动中逐步交互融合，由过去割裂的、静态的、相对封闭的、被动的关系转变为融合的、动态的、开放的、主动的、合作的关系，消费者与企业之间的关系更加紧密，两者之间相互影响的作用增大。新技术的快速发展与运用，重新定义了消费者的角色和消费者与企业之间的关系。企业开始赋予消费者更多的权利，一些权利开始转向消费者手中。顾客与企业之间的互动已不仅仅是服务接触中的参与，帮助服务的生产和传递顺利进行，企业还通过某种授权方式给予顾客在本属于企业决策范围内更多的决定权利和选择权利，并把顾客的选择和决定付诸营销实践。在这种环境下，顾客的参与行为变得积极主动而富有创造性。对消费者而言，参与行为不仅仅是为顺利完成服务的必要行为，事实上，消费者参与行为往往会为其带来其他的附加价值，消费者也因此愿意在交换和消费活动中承担更多样化的角色：支付者、能力和资源的提供者、质量控制者、共同设计者、共同生产者、共同营销者、共同互动者。消费者参与到价值创造的不同环节，感受不同角色，获得不同体验。

另一方面，随着后工业时代消费文化的兴起，消费活动和消费者地位发生了变化。在工业社会，生产是主导，生产者主导社会活动；在后工业社会，消费活动成为塑型社会的主导性活动，“生产之镜”变成了“消费之镜”（鲍德里亚，2005），人类借以认识自己和世界的事物由生产领域转变为消费领域。消费者也日益在这些活动中活跃起来，希望成为过程的控制者，而不是被动的接受者，消费者积极主动地参与到商品设计、生产和销售的过程中，在与生产者的交互活动中掌握更多决定权，在产品的形成过程中体现自己的意志和个性。与此同时，体验经济的到来推动了消费者追求消费中获得的愉快体验，享受“情绪、体力、智力甚至是精神的某一特定水平时，意识中所产生的美好感觉”（Pine and Gilmore，1998），是否能在消费中获得独特的体验成为影响消费决策的重要因素。为了获得消费体验，消费者与生产者需形成良好的互动关系，通过个性化参与和合作方式投入到生产者为消费者提供消费体验的情境中去，共同形成独特的消费体验。

Prahalad 和 Ramaswamy（2000，2004）正式提出了消费者与企业共同创造价值的理念，认为对于消费者而言，共同创造价值本质上是共同创造消费者体验价值。消费体验是一个连续过程，价值共同创造贯穿于体验过程，消费者体验价值的形成过程也是消费者与企业共同创造价值过程。消费者个体成为共同创造体验的核心和决定因素，企业战略重点应从提供产品和服务转向为消费者营造创新性的体验环境，提供可利用的情境，让消费者自己创造对他们来说具有独特意义的体验。Vargo 和 Lusch（2004）提出了服务主导逻辑（service dominant logic），服务主导逻辑的核心思想之一是：消费者是价值的共同创造者。在服务主导逻辑下，消费者成为操纵性资源，以自己的知识、技能参与到价值创造中，与企业在互动的过程中共同创造价值。在价值共同创造系统中，消费者是资源整合者，应用企业提供的资源和自身资源为自己创造价值和解决方式，对消费者而言，价值随着消费者参与到价值共创活动而持续动态地形成，“价值被受益人独特地、现象地决定”（Vargo and Lusch，2008）；同时，企业致力于将自己置身于消费者的使用过程中，与消费者互动以帮助消费者实现价值共同创造，在这个过程中，企业为价值共创提供便利，并与消费者合作性、交互性地创造价值。可见，在价值共同创造中，企业和消费者的角色发生了变化，消费者从价值的被动接受者转变为价值的共同创造者，企业从价值的唯一创造者转变成为共同创造价值提供便利，支持消费者流程，设计消费者体验环境，增进消费者与企业的互动，对共同创造价值活动进行管理，从而实现消费者价值与企业价值的共同创造。

企业与消费者角色的变化和企业与消费者共同创造价值为消费者参与研究提供了新的背景，这促使我们重新思考在新的社会背景下消费者参与行为的变化及消费者参与行为对消费者态度和行为等形成的影响。本书的研究正是建立在共同创造价值的理论背景之下的。

## 二、研究意义

### （一）理论意义

本研究基于共同创造价值背景，研究消费者参与行为通过共同创造顾客价值对顾客满意和顾客行为意向形成影响的机制。这一研究是在产品主导逻辑之下顾客参与和顾客满意研究基础上的发展和延伸，但又明显地区别于产品主导逻辑下企业与消费者的关系。基于研究内容，本研究的理论意义主要体现在以下几个方面：

1. 共同创造价值方式下，顾客参与行为维度变化研究的理论意义

消费者参与在不同的价值创造方式下表现出不同的特点。在传统的价值创造方式下，企业是价值的唯一创造者，消费者是价值的被动接受者，企业主导消费者参与过程，消费者参与行为以企业的目标任务为导向，为企业产出服务。在共同创造价值背景下，企业与消费者作为平等的价值创造主体，共同投入资源，通过相互间的互动，为对方创造价值的同时也为自己创造了价值。消费者参与由被动的、程式化的行为模式转变为积极主动的参与行为模式。在共同创造价值下，消费者参与行为呈现出不同于传统服务营销中顾客参与的特点，如消费者作为操纵性资源而非被操纵性资源加入到价值创造系统，消费者

在参与中的权利和范围正在增大。在价值共同创造背景下，对顾客参与行为进行深入研究，发现顾客参与行为的新变化是对传统顾客参与理论的发展和补充。

2. 对消费者参与价值共同创造的机制和共同创造顾客价值的探索性研究的理论意义

消费者参与价值共同创造是一个新兴的研究领域，目前该研究尚处在理论探索阶段，共同创造价值的研究成果并不多，尤其是从消费者视角研究共同创造顾客价值机制的研究更是少之又少。Payne（2008）从管理的角度提出了共同创造价值的概念模型，但该模型并没有揭示顾客参与价值共同创造的内在机制。目前已有对顾客参与价值共同创造的动机和影响因素的研究（Meuter 等，2005；Etgar，2008；Hoyer 等，2010），但将消费者参与共同创造价值的过程、行为和结果作为整体进行理论探讨和实证研究的还较少。本研究从理论上构建了一个消费者共同创造价值的过程模型，对消费者共同创造顾客价值的过程进行探索性研究，试图揭示由消费者资源投入、消费者与企业互动过程、消费者共同创造价值产出、企业的价值主张与价值共同创造支持系统、消费者学习与企业学习等组成的一个消费者价值共同创造系统的内在关系。这一探索性研究以共同创造价值为研究视角，一定程度上丰富了顾客价值理论，同时也是对共同创造价值理论的发展。

3. 共同创造价值视角下，对顾客满意和顾客行为意向形成机制新探索的理论意义

营销理论中，顾客满意是一个相对成熟的概念，顾客满意形成机制有多种，如期望-不一致模型、认知和情感模型、需求满足模型等。共同创造价值视角下，消费者参与价值共同创造，在与企业互动过程中形成个性化体验，共同创造顾客价值。这一过程与产品视角下顾客价值最大的区别是顾客价值不是企业创造并传递给顾客、由顾客感知而获得，而是消费者参与到了顾客价值共同创造的过程，即顾客价值的创造有消费者参与的贡献，顾客价值是消费者与企业共同创造的结果。因而，在共创价值下，产品主导逻辑下的顾客价值转换为服务主导逻辑下的共同创造的顾客价值。将顾客参与对顾客满意的影响置于共同创造价值的新背景下，以共创顾客价值作为两者关系之间的中间变量，并对共同创造顾客价值的内容和维度予以探讨，也是对顾客参与和顾客满意关系的研究的一个发展。

**（二）实践意义**

目前，大多数对共同创造价值的研究集中在消费者参与价值共同创造对企业的影响，如消费者参与新产品创新对产品创新性和新产品进入市场速度的影响（Fang，2008），或从企业战略的角度研究消费者参与价值共同创造

(Prahalad and Ramaswamy, 2004),而基于消费者视角研究共同创造价值对消费者影响的研究成果则较少。参与价值共同创造是消费者做出的一项特定的决策,对于消费者而言,必然存在形成这一消费决策的机制,并能反映消费者的偏好。消费者追求消费决策能为自己带来最大化价值,这个价值不仅仅体现为经济价值,还包括情感的、心理的和社会的各方面价值。以消费者视角对消费者共同创造价值的过程进行研究,厘清消费者参与行为对共同创造顾客价值的贡献以及共同创造顾客价值对消费者的满意和行为意向的影响,明确顾客参与、共同创造顾客价值、顾客满意和顾客行为意向之间的内在逻辑关系,有助于营销实践者理解在特定的情境下,消费者满意和行为意向的决定因素,并为营销实践提供现实的建议。

服务主导逻辑下,传统工业经济下的“制造、销售、服务”的价值产生过程被彻底颠覆,转变为“倾听、定制化、共同创造价值”(Payne, Storbacka and Frow, 2008),这个转变要求企业重新对自己的角色进行定位,并对价值创造方式的改变做出适应性调整。一方面,在参与活动中,消费者与企业角色的变化意味着各自的合作行为和合作规则将被重新界定;另一方面,消费者参与行为的变化也必将带来企业行为的调整,原有的价值创造系统的内部结构发生改变,消费者子系统与企业子系统的互动界面面临新的耦合。传统企业战略模式下,企业根据现有资源和能力自主地决定和选择从事的核心业务,但在服务主导的逻辑下,企业首先要清楚顾客价值创造的过程,然后决定这一系列过程中,企业可以选择和强化哪些环节支持顾客完成价值创造。因而,深入了解合作互动中,顾客满意的形成机制、共同创造顾客价值的具体维度,以及这些价值维度对顾客满意和顾客行为意向影响作用的相对重要性,对企业来讲至关重要。我们已经知道顾客价值对企业竞争力的重要影响,但尚不清楚共创顾客价值内部结构(各个维度)对顾客满意和行为意向的具体作用,也不清楚在具体的情境中顾客价值的内部结构如何作用于消费者对产品或服务的评价以及对消费行为的影响、共同创造顾客价值各维度对这一关系作用的强弱。对这些问题的研究是深入研究顾客价值对企业营销战略指导的一个重要途径,对企业制订相应的营销战略、与顾客共同创造卓越的顾客价值具有实际的指导意义。

同时,在共创价值背景下,剖析一定情境下顾客参与、共同创造顾客价值、顾客满意与顾客行为意向之间的内在关系,有利于企业明确自身在价值共同创造中的作用和定位,为企业制订营销战略、提升企业营销能力以及为企业设计、改进及控制相关顾客参与情境因素提供现实指导。

## 第二节　研究内容

Auh 等（2007）认为，消费者参与价值共同创造应该为消费者和企业都带来价值（Lovelock and Young，1979），通过共创功能和体验，消费者为自己创造了价值（Cova and Salle，2008）。本书研究的基本内容是在共同创造价值的视角下，消费者通过参与行为，在与企业的互动过程中，共同创造顾客价值，进而对顾客满意和顾客行为意向产生影响的过程，研究主线围绕共创价值的消费者一方。

### 一、研究内容

1. 探索共同创造价值下的顾客参与行为维度

现代技术的发展使得消费可以低成本获得比过去更多的信息，消费者在与企业的关系中拥有更多"权利"，消费者由"被动的观众"变为"积极的表演者"（Prahalad & Ramaswamy，2000）。在服务主导逻辑下，消费者由被操纵资源（operand resources）转变为操纵性资源（operant resources），由价值的被动接受者转变为价值的共同创造者，主动参与到价值共创的过程中（Vargo and Lusch，2004）。消费者在参与中变得更加积极主动，更富有创造性和能动性，研究中，这种变化通过消费者参与的行为维度得以体现，因而，在共同创造价值背景下，消费者参与维度应与产品主导逻辑下消费者作为价值的被动接受者的参与维度有所不同。本研究在回顾文献的基础上，结合共同创造价值背景下消费者参与的特点，应用理论驱动与深度访谈相结合的方法，对共同创造价值下消费者参与维度进行划分，并通过调研数据对维度划分进行定量验证。

2. 探讨企业与消费者共同创造顾客价值的过程与共创顾客价值的维度

共同创造顾客价值的行为基础是互动和体验，对消费者而言，共同创造的价值实质上是体验价值（Prahalad and Ramaswamy，2000），消费者在与企业互动的过程中，共同创造了个性化体验，形成了独特的顾客价值。目前对顾客价值的研究很多，但对共同创造顾客价值的研究较少，研究共同创造顾客价值的前因后果的研究更少。本研究对消费者如何与企业在互动的过程中共创顾客价值，企业和消费者在顾客价值共同创造中各自承担怎样的角色，以及消费者在与企业互动中共同创造了哪些顾客价值等问题展开研究，应用资源交换理论、体验理论和人际依赖理论，构建了消费者参与顾客价值共同创造的过程模型；在现有的顾客价值研究的基础上，结合对消费者的深度访谈，探索共同创造顾客价值的维度，并通过实证研究对其检验。

3. 探索共同创造价值视角下顾客参与对顾客满意和顾客行为意向的影响机制

在共同创造价值下，顾客参与会直接带来顾客满意吗？顾客参与通过怎样的传导机制影响顾客满意和顾客行为意向？共同创造顾客价值能成为连接顾客参与和顾客满意、顾客行为意向之间的桥梁吗？如果这些关系存在，对于多维的顾客参与和共同创造顾客价值来说，变量内部的维度之间是如何相互影响的？不同的参与行为维度创造了哪些顾客价值？共同创造的顾客价值的各个维度又如何影响顾客满意和顾客行为意向？顾客参与、共同创造顾客价值、顾客满意和顾客行为意向这四个变量之间的内在逻辑关系是否成立？这些是本研究中需主要解决的问题。为此，本研究以健身行业作为研究背景，通过调查问卷的方式收集数据，应用数量分析对以上问题形成的假设进行实证检验，获得了研究的主要结论。

4. 探讨共同创造价值中服务提供者与消费者之间的互动对共同创造顾客价值的影响

服务提供者和消费者之间的互动是共同创造价值的行为基础，Prahalad 和 Ramaswamy（2000）认为，互动是共同创造价值产生的场所。企业在价值共同创造中担当了三个角色：提供价值主张；为消费者创造互动体验的环境和支持；与消费者进行互动，帮助消费者实现价值共同创造。消费者与企业互动最直观的体现是消费者与提供服务的员工之间的互动，服务员工在互动中体现出对消费者心理和行为的支持及关心程度将会影响消费者的消费体验和对价值的感知。因而，本研究将感知员工支持作为标志互动质量的变量引入模型，考察其对顾客参与和共同创造顾客价值关系的影响，并实证检验了感知员工支持对顾客参与和共同创造顾客价值的调节作用。

## 二、结构安排

本研究共分为八章，具体内容如下。

第一章：绪论。阐述本研究的研究背景、研究意义、主要研究内容和研究的思路、方法及创新之处。

第二章：文献回顾与综述。对研究中主要研究变量的相关文献进行了梳理和回顾，对已有文献做了评述，确定本研究的研究方向和研究视角。

第三章：价值与价值创造。阐述了不同研究背景下价值的含义、价值创造方式的演变和共同创造价值理论的发展，为本研究的研究内容和研究视角提供了理论背景。

第四章：消费者共同创造顾客价值的理论基础及机制。分析消费者参与价值共同创造的理论基础，并提出了消费者共同创造顾客价值的过程模型。

第五章：研究框架及理论假设。依据前文的理论基础，推演本研究主要变量之间的逻辑关系，并提出了相应的理论假设。

第六章：测量量表的形成及数据收集。编制并最终形成对研究变量测量的量表，以健身行业为研究背景，完成数据收集与整理工作。

第七章：数据分析与讨论。根据理论模型，应用统计软件分析收集的数据，并对理论假设进行检验，分析和讨论研究结果。

第八章：研究结论与研究展望。对研究结论做出总结，提出本研究的研究贡献和对营销实践的启示，进一步分析了研究的不足及未来研究方向。

# 第三节　研究方法与研究路线

## 一、研究思路与技术路线

研究思路与技术路线如图 1.1 所示。本书首先对顾客参与、共创价值、顾客满意、顾客行为意向等相关文献进行了梳理和综述，对研究内容的相关概念

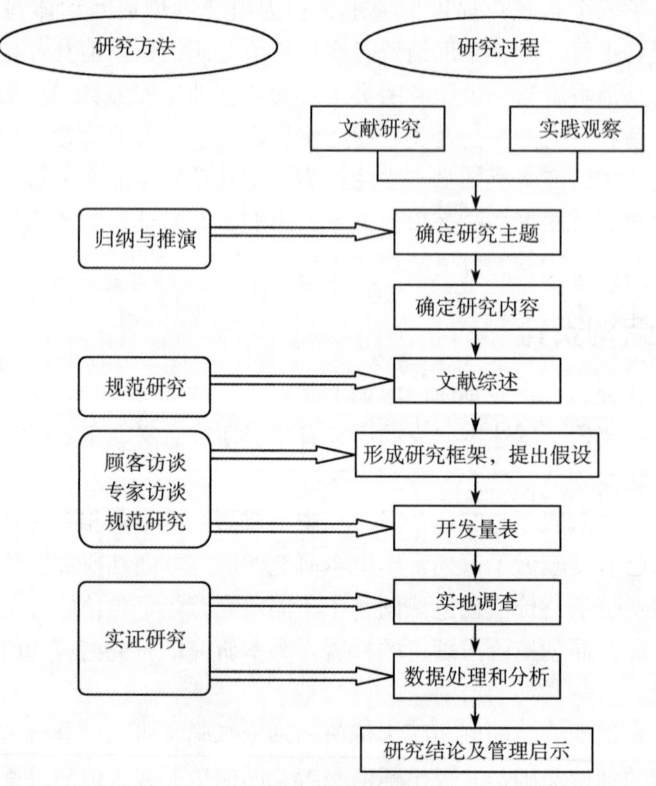


图 1.1　研究思路与技术路线

进行了界定；运用深度访谈等质性分析方法，确定了顾客参与的维度和共创顾客价值的维度，并开发了相应的量表进行定量实证研究，验证了本书提出的假设是否成立，并给出了相应的理论解释；最后，对研究结果做进一步分析，探讨其对营销管理活动的应用价值和实践意义。

## 二、研究方法

1. 文献综述与规范研究

顾客参与和共同创造顾客价值属于较新的研究领域，本研究对顾客参与、共同创造价值、顾客满意、顾客行为意向等主要研究变量的国内外文献进行了阅读、梳理和跟踪，把握研究动向，为研究框架的确立和研究假设的提出提供了理论依据。

2. 深度访谈研究法

在共创价值背景下，顾客参与的维度不同于传统服务业研究的顾客参与，新的维度的确定，除现有的文献支持外，还需要进一步做深度访谈，以发现文献之外的具有现实意义的维度；同时，共同创造顾客价值也是一个较新的领域，对其研究并不多，文献有限，共创顾客价值的维度也需深度访谈以提供基础性依据。对顾客参与和共同创造价值的测量目前还没有统一量表，结合本研究行业的特点，通过深度访谈和对现有文献的借鉴，形成本研究的测量量表。本研究采用两种访谈方法：对顾客的深度访谈和专家深度访谈，通过顾客深度访谈获取现实的基础性资料，通过专家深度访谈对研究的逻辑性和全面性进行把握，从不同角度保障访谈结果的科学性。

3. 问卷调查法

本书的定量研究将在问卷调查的基础上进行，通过问卷初步设计、访谈、小样本预测试、问卷修改，最终形成调查问卷，各个步骤应用定性分析和定量分析的方法，保证测量的科学性和客观性，之后进行大规模调查，获得数据后，采用结构方程模型对理论假设进行检验。定量分析所用软件为 SPSS17.0 和 AMOS17.0。

## 三、创新之处

① 基于共同创造价值视角，对顾客参与和共同创造顾客价值的维度进行了探索性研究。在分析了顾客角色转变和共同创造价值下顾客参与表现出的新特点的基础上，本研究在现有研究成果的基础上，结合对消费者的深度访谈，将顾客参与维度划分为信息分享、合作行为和共同决策；将消费者与企业共同创造顾客价值划分为经济价值、关系价值、享乐价值和学习价值。共同决策维度体现出价值共同创造的重要特征，实证中也证实了其对顾客满意和顾客行为

意向的显著影响。虽然这一探索性研究未必成熟，但对传统价值创造模式向共同创造价值模式转变下的顾客参与的研究依然具有一定的创新意义。

② 对消费者共同创造顾客价值的机制做了探索性研究。现有研究中，对消费者参与价值共同创造过程的研究较少，本研究在参阅了共同创造价值文献的基础上，提出了消费者共同创造顾客价值的过程模型，描述消费者投入、与企业互动创造、消费者学习、最终形成消费者产出的顾客价值生成过程，揭示了共同创造顾客价值的内在逻辑和形成过程。共同创造顾客价值是一个企业与消费者互动合作的动态系统，通过消费者学习和企业学习，推动消费者与企业互动合作更好地契合，实现价值共同创造。这一过程模型是对消费者共同创造价值的一个新的探索性研究。

③ 对共同创造价值下顾客参与对顾客满意、顾客行为意向的影响机制提出了新的解释。本研究结果显示，共同创造顾客价值在顾客参与和顾客满意、顾客行为意向之间具有中介效应，为共同创造价值下，顾客满意和顾客行为意向的形成提供了一个新的解释。在这一关系的研究中，还发现顾客参与维度中共同决策对顾客满意具有部分中介效应，表明共同决策通过直接和间接两条路径影响顾客满意，企业可通过加大对消费者授权，促进消费者参与共同决策，以创造顾客价值和顾客满意。

④ 对主要变量分维度的研究揭示了各变量维度之间的内在结构关系，对营销实践具有实际意义。本研究考虑了顾客参与行为维度与共同创造顾客价值各个维度之间的关系，剖析了具体消费情境下顾客参与各维度与顾客价值维度之间的内在关系，以及共同创造顾客价值各维度对顾客满意和顾客行为意向的内在关系。对于营销实践而言，企业更希望了解的是顾客参与行为会创造哪些价值，哪些价值会对顾客满意和顾客行为意向产生重大影响，本研究为企业设计、改进顾客参与情境因素提供了共同创造顾客价值的个性化体验环境，为顾客共同创造价值提供了理论指导。

⑤ 将感知员工支持引入顾客参与对顾客价值共创的研究中。感知员工支持是体现消费者与企业互动质量的一个重要方面，而且是企业可以控制和影响的一个因素。将感知员工支持作为顾客参与和共创顾客价值关系的调节变量进行研究，突出了消费者与服务提供者之间的互动在价值共同创造中的影响作用，这也是本研究的创新之一。

# 第二章　文献回顾与综述

## 第一节　顾客参与的研究综述

Bendapudi 和 Leone（2003）认为，顾客参与共同生产的模式在超级市场兴起的时代就已经存在，但顾客参与真正引起学术界的关注仍要归结于服务营销的发展。随着服务产业的发展，服务营销逐渐兴起。自 20 世纪 70 年代以后，服务营销研究主要集中在服务营销实务和服务特性引发的研究领域。Fisk、Brown、Bitner（1993）将服务营销研究划分为几个主要的领域：服务质量、服务接触或体验、服务设计、顾客保持和关系营销、内部营销等。进一步地，服务接触又可以分为三个研究分支：顾客对服务接触的评价和顾客-员工的互动管理、有形展示在顾客反应中的作用、顾客参与服务生产和传递。由此可见，追根溯源，顾客参与属于服务接触研究的一个分支领域。

### 一、顾客参与的界定

参与是一个来自心理学领域的概念，较先应用于组织管理中的员工参与的研究，研究发现，员工参与不仅能够满足员工的心理需求，增加员工满意度，同时能够促进组织运作效率的提高。随着员工参与研究的发展，一些学者将参与的主体由员工逐渐过渡到顾客，研究顾客参与对企业及顾客自身的影响。

在服务营销领域中，较早研究顾客参与服务的生产和传递的是 1983 年 Bateson 所著的 *Managing Services Marketing—Test and Readings*（Fisk 等，1993），之后学者们对顾客参与做了不同视角的研究，但顾客参与的界定仍是仁者见仁，智者见智，不同的学者出于不同的研究目的和研究内容对顾客参与做出了不同的界定。如表 2. 1 所示。

表 2.1　　对顾客参与的不同界定

| 研究者 | 对顾客参与的界定 |
|---|---|
| Greenwald，Leavit（1985） | 顾客参与是与服务的生产和传递相关的顾客行为 |
| Silpakit，Fisk（1985） | 顾客参与是顾客精神上、智力上、身体上和情感上的努力与投入 |
| Dabholkar（1990） | 顾客参与涉及顾客介入服务生产和传递过程中的程度，既包括被动的服务传递，也包括主动的合作生产活动 |
| Kelly，Donnelly 和 Skinner（1990） | 顾客参与行为可通过获取服务的相关信息或发挥实质的努力等形式表现 |
| File，Judd & Prince（1992） | “参与”作为一个营销概念，是指购买者切实从事与服务（或价值）的定义和传递有关的行为的种类和水平，顾客通过这些行为明确自己在服务传递过程中的角色和他们期望的价值 |
| Cermak，File，Prince（1994） | 顾客参与是与服务的生产和传递相关的精神和物质方面的具体行为 |
| Kellogg，Youngdahl，Bowen（1997） | 将顾客参与作为组织生产资源组合的一种投入，是顾客自身价值等式的变量 |
| Bettencourt（1997） | 顾客参与是服务行业中顾客积极介入服务运作和交付的角色 |
| Rodie & Kleine（2000） | 顾客参与是指在服务生产和传递过程中顾客提供的资源和行动，这是一个行为性的概念 |
| Lee（2001） | 顾客参与是指在服务提供过程中，顾客在承担决策责任和努力程度上体现出来的合作程度。其中，顾客决策责任是指顾客所扮演的决策角色，努力是指在服务接触过程中的心理和体力上的能量支出 |
| Lloyd（2003） | 顾客参与是顾客在服务过程中所做出的贡献，最终将影响他们所接受的服务和服务质量 |
| Hsieh，Yen（2004） | 顾客参与是顾客在服务的生产与传递过程中提供资源的程度，顾客以时间和/或精力、信息提供、合作生产的形式提供资源 |
| Fang（2004）（博士论文） | 定义了 B-to-B 环境下顾客参与是顾客参与到关于产品或服务的设计、生产和分销等决策和问题解决的程度 |
| 陈荣秋（2005） | 提出全面顾客参与，包括顾客全过程参与产品和服务的定制与使用，全方位参与企业经营管理战略，以及忠诚顾客的终身参与 |
| Etgar（2008） | 顾客参与是服务过程中的顾客实际配合行为 |
| Payne，Storbacka 和 Frow（2008） | 顾客参与是顾客与企业的一种合作生产、共同创造的行为 |
| 耿先锋（2008）（博士论文） | 顾客参与是指在服务过程中顾客所有与服务相关的行为的总和 |

（资料来源：笔者根据相关文献整理。）

目前学术界尚没有形成对顾客参与的一致的概念的界定，但通过文献梳理可以发现对顾客参与的界定主要沿着三种思路。

第一种思路是以顾客在完成企业服务生产与传递过程中所发生的行为来界定顾客参与，即顾客行为的角度，大多数学者的界定以此为基础，如 Greenwald、Leavit（1985），File、Judd & Prince（1992）、Rodie & Kleine（2000）、Payne、Storbacka 和 Frow（2008）以及我国学者耿先锋（2008）都认为顾客参与是顾客与服务生产和传递相关的行为的总和，顾客参与通过顾客的行为得以表现。

第二种思路是以顾客投入和介入程度来界定顾客参与活动。顾客参与到企业活动中，必将涉及顾客各项资源和能力的投入，顾客额外的投入可作为顾客参与的一个标志性特征，如 Silpakit，Fisk（1985）将顾客参与定义为顾客精神上、智力上、身体上和情感上的努力与投入；Dabholkar（1990）认为顾客参与涉及顾客介入服务生产和传递过程中的程度；Hsieh，Yen（2005）认为顾客参与是顾客在服务的生产与传递过程中提供资源的程度。

第三种思路是以顾客在参与中承担的责任来界定顾客参与。顾客参与服务生产和传递过程，对服务的过程和结果产生影响，并在这一过程中承担相应的责任，如顾客资源投入、合作努力、参与共同决策等责任与参与行为相伴而生，参与意味着相应的责任和义务。Bettencourt（1997）认为顾客参与是服务行业中顾客积极介入服务运作和交付的角色；Lee（2001）则认为顾客参与是在服务提供过程中，顾客在承担决策责任和努力程度上体现出来的合作程度。

## 二、顾客参与的研究路径

自 20 世纪 70 年代以来，对顾客参与的研究由最初的概念探讨、顾客参与行为维度等基础性研究发展到对顾客参与动机、影响因素及企业对顾客参与管理的深化研究，心理学、组织行为学、社会学、经济学等相关学科理论的引入推动顾客参与的研究经历了一个不断拓展且纵深发展的过程。对现有文献的研究内容进行梳理发现，顾客参与的研究主要基于两个视角。

### （一）从企业视角研究顾客参与

服务的无形性、生产与消费的同一性、不可存储性、差异性等特点使得顾客消费服务的过程也是顾客参与服务生产和传递的过程，顾客在服务的生产和传递的过程中需承担一定的角色和责任，以保障服务的生产和传递正常进行，这种参与是必需的，没有顾客的参与，服务可能无法完成或者服务效果会大打折扣。因此，学者们最初的研究是站在企业的视角研究顾客参与行为会为企业绩效和运作形成怎样的影响，企业如何对顾客参与进行管理，使其对企业的正向作用的发挥更加充分，这形成了企业视角研究顾客参与的两大内容。

1. 顾客参与行为对企业的影响

1978 年 Chase 首先提出顾客参与及其对服务传递过程的潜在影响，之后很多学者对这一问题展开了研究。顾客参与行为对企业的效应研究首先聚焦在顾客参与行为为企业带来了成本的节约、生产效率和服务质量的提高。Lovelock 和 Young（1979）提出顾客是提高服务企业生产力的潜在资源，顾客参与可以替代服务提供者的劳动，提高服务效率。Fitzsimons（1985）基于服务作业的观点认为通过顾客劳动对服务提供者劳动的替代，可以平滑需求，节省人际交互技术的使用，从而产生更高的服务生产率。Mills and Morris（1986）将顾客视为“兼职员工”（partial employee）参与组织的服务生产与传递，兼职员工是服务企业在生产过程中的临时参与者，能够担任企业员工的部分职责、分担部分工作，扮演共同生产者（co-producer）的角色（Larsson and Bowen，1989）。Ennew（1996）则认为，对企业而言，顾客参与可以为企业带来三方面利益：促进服务提供者提供更加符合顾客需求的服务；通过参与，顾客对服务质量形成符合实际的期望，减少由此带来的不满；有利于服务质量的提高。

顾客参与对企业的创新能力和创新效果能够产生正面影响。顾客作为企业重要的战略资源，通过顾客参与中的知识转移，可为企业带来创新性思想和创新绩效。顾客在新产品开发和服务创新中，常会提供新的创意和方法。Kristensson 等（2002）的研究发现，与企业的研发人员相比，顾客在参与中会产生更丰富的原创性创新思想。同时，顾客将自身对产品或服务的需求融合于参与的活动中，会增加创新成功的概率，提高企业的创新效率。Fang（2008）研究 B-to-B 市场顾客参与生产商新产品开发过程时，区分了顾客参与的两个维度：顾客作为信息来源的参与和顾客作为共同开发者的参与，研究顾客参与的这两个维度对新产品的创新性和产品进入市场的速度的影响。在另一篇文章中，Fang 等（2008）研究 B-to-B 市场中顾客参与上游企业开发新产品的研究结果显示，通过提供信息和相互协作，以及顾客与供应商特定投入的增加，顾客参与提高了新产品开发的有效性，并对产品价值的创造产生了影响，解释了顾客参与如何驱动新产品价值创造的机制。Carbonell 等（2009）在其研究中也发现，顾客参与对服务创新的技术质量和创新速度具有积极影响，对竞争优势和销售绩效具有间接影响。

顾客参与为企业带来了新的竞争优势，企业通过顾客参与流程设计，引导顾客参与对顾客满意和企业绩效发挥正向作用，形成差异化经营模式，从而获得新的竞争优势。Karmarkar and Pitbladdo（1995）对“服务市场和竞争”的文献做了回顾，指出顾客参与服务传递过程影响服务过程设计和市场竞争力；范秀成、张彤宇（2004）研究顾客参与对企业绩效的影响时，提出了“顾客参与影响企业绩效的综合模型”，证实了顾客参与从直接和间接两种途径对企业绩效形成影响，并提出了对顾客参与有效管理的对策；Prahalad and Ramaswamy（2000，2004）在共创价值的理念下，为企业实现与顾客共创价值、获取竞争优势提供了战略建议。

顾客参与并非只为企业带来正面效应，正如一枚硬币的两面，顾客参与为企业带来诸多益处的同时，也为企业带来成本的增加、不确定性和一些潜在的风险。一方面，为了使顾客能有效参与到企业服务生产和传递中来，顾客需具备相应的能力或技能，一些技巧和能力顾客可以自行习得，而另一些则需企业通过培训等方式帮助顾客获取，这一过程需要企业增加各项人力、财力、时间等资源投入，加大了企业的运作成本。Larsson and Bowen（1989）指出顾客参与给服务企业的操作带来了很大的不确定性，对企业的管理水平提出了更高的要求，在这种情况下也增加了企业运营的风险；Chase（1978）认为为了提高企业运作效率，应该将顾客的干扰减少到最少，因此顾客参与越少越好。Chase（1978）认为不能脱离当时以企业为主导，顾客只是被动的服务接受者的现实背景，但这也从另一个侧面反映了顾客参与对企业经营效率的负面作用。另一方面，由于“自我服务偏见”的存在，顾客参与企业运作过程有可能带来顾客的抱怨和不满，对企业形成负面影响。Silpakit and Fisk（1985）的研究中提道，如果顾客参与服务的程度较大，顾客会认为大部分服务是由自己所完成的，将服务的效果归功于自己，从而产生对企业的不满。再者，顾客参与对员工满意和员工绩效会产生不同程度的影响，Hsieh 等（2004）认为顾客参与服务过程会增加服务的不确定性，增加员工的心理负担，导致员工感知工作压力加重和服务员工的角色冲突，因而，企业并不能因为顾客参与是企业生产力的一种资源而减少员工数量；Bowen and Ford（2002）指出顾客参与对员工的工作压力会带来负面影响，顾客参与程度越高，员工的工作压力越大；Chan，Yim 和 Lam（2010）的研究结果也表明顾客参与和员工工作满意负相关；汪涛等（2010）基于角色理论视角，探讨了顾客参与对员工工作满意的影响，实证结果表明，由于角色压力的中介作用，顾客参与和员工工作满意之间存在着负相关关系，顾客参与程度越高，员工角色压力越大，而随着角色压力的增加，员工工作满意度降低，同时，员工角色导向和角色替代调节顾客参与和员工角色压力之间关系的强度。

2. 企业如何对顾客参与进行管理

当顾客持续地参与到服务的生产和传递中时，企业就需要对这些顾客的参与行为实施管理，促进顾客参与对企业产生正面效应。Lengnick-Hall（1996）认为顾客在与企业的关系中，具有资源、共同生产者、购买者、使用者等多重角色，只有在这些角色中不断挖掘顾客资源，才能造就企业持续不断的竞争优势，因而，对顾客参与的管理是服务企业面对的重要问题。

在对顾客参与进行管理中，有两种不同的思路：一是将参与的顾客作为企业的“部分员工”“兼职员工”，把对企业内部员工的人力资源管理的方法应用到顾客参与管理中。如 Mills，Chase 和 Margulies（1983）认为，顾客作为生产力的重要来源参与到生产过程中，服务组织应当将顾客视为不完全员工加以管理来提高系统生产率，企业需要监控和评价顾客的投入，就如同监控和评价员工的投入一样；Halbesleben and Buckley（2004）则从人力资源规划、工作分析、招聘、工作分析、甄选、培训、绩效考核、裁员等人力资源管理的各个职能方面论述如何管理参与的顾客。虽然顾客在参与服务的生产和传递中被视为“兼职员工”，但顾客仍是独立于企业之外的不受企业管理制度限制和激励的因素，顾客参与带来了管理的复杂性和不确定性，对顾客实行类似于企业内部人力资源式的管理是不现实的，Bowen（1985）建议利用人力资源管理技术管理现场顾客；但随后指出对消费者进行管理非常困难，因为很难采取适当的激励或处罚的措施，而且不可能像对正式员工一样去规范消费者的行为和价值观（Bowen 等，1988）。

另一种思路是利用顾客的组织社会化对顾客参与进行管理。组织社会化最先应用在员工管理中，Schein（1968）将组织社会化定义为个体适应、欣赏组织的价值观、规范，并愿意遵循组织的行为模式的过程。由于顾客具有“兼职员工”的身份，对员工的组织社会化逐渐引入到顾客参与中，发展为对顾客的组织社会化管理。Ward（1974）认为顾客社会化是发展与市场有关的顾客的技能、知识和态度的过程。Kelley 等（1990）提出对顾客实施组织社会化可以促进顾客认识到特定的组织价值观、开发出特定的能力、理解组织对其期望、获得与员工和其他顾客互动所必需的知识，有利于企业对顾客参与的有效管理。顾客组织社会化对服务质量会产生两方面影响：一方面，顾客组织社会化会使顾客对参与中要投入的资源和如何使用这些资源有明确的判断；另一方面，通过了解企业独特的服务氛围和自身在服务参与中的角色定位，顾客会提高对服务的贡献。他们在之后的一篇文章中认为，当服务组织努力地提高顾客的组织社会化程度，顾客就越满意，由此顾客也会愿意在服务传递过程中提供自身资源，因而顾客的组织社会化可以有效地管理顾客的资源投入（Kelly，Donnelley，Skinner，1992）。Claycomb Lengnick-Hall 和 Inks（2001）通过实证评价了顾客的组织社会化对顾客参与有显著的正向影响，顾客的组织社会化程度愈高，消费者愈能了解组织的价值观和期望，并获得员工及其他顾客互动活动所需的知识和能力，从而有益于顾客的参与意愿。顾客组织社会化可以通过正式的社会化项目、介绍组织相关资料、环境引导和观察其他顾客等方式来实现（Kelley 等，1990）。

一些学者还从其他视角探讨了管理顾客参与的方法，Fitzsimmons（1985）

认为服务提供者应扮演教育者的角色，对顾客加以必要的培训，学习所需新技术和方法，使顾客在参与服务过程中游刃有余，效率倍增；Bowers，Martin 和 Luker（1990）则主张企业可以通过定义顾客工作、训练顾客执行工作和通过奖励做得好的顾客来维持有价值的顾客这三个步骤提高顾客参与程度；File 等（1992）提出了提高顾客参与的四种方法：提供具体化的服务产出、对服务人员进行培训、创造顾客参与的机会、加强有意义的互动。

**（二）从顾客视角研究顾客参与**

顾客作为服务参与的主体，参与的过程伴随着各项资源的投入和行为、认知及情感的体验。从顾客视角来看，参与不仅仅表现为一系列行为，还融合着顾客在参与过程中的内在心理感受和情感体验，这些无法观测到的因素对顾客参与行为和参与过程起着重要作用。学者们试图了解顾客为什么参与，顾客的参与行为对顾客本身形成了哪些影响，这些构成了顾客视角研究顾客参与的主要内容。

1. 顾客参与的动因

顾客投入各种资源参与到服务的生产和传递过程，希望从参与过程中获得收益，这成为顾客参与的原始动力。Bateson（1985）认为促进顾客参与行为的因素主要是两个：物质驱动和心理驱动。纵观现有文献，本书将顾客参与的动因归结为三个因素：经济动因、心理动因和社会动因。

（1）经济动因

对于理性的消费者而言，顾客参与是其追求自身效用最大化的结果，顾客通过参与行为获得效用和经济方面的收益，如参与行为使顾客获得更符合个性需求的服务，可以通过参与服务减少交易所花费的时间，降低感知等待服务时间和焦虑（Martin & Luker，1990），并可分享组织因为劳动成本减低而回馈给顾客的低价优惠（Mills 等，1983），这些利益追求成为驱动顾客参与的经济动因。Bateson（1985）研究了选择自助式服务的顾客和选择接受完全服务的顾客之间的差异，结果发现节省时间和对服务过程和结果的控制感是顾客愿意参与的主要原因。Lloyd（2003）也指出顾客希望从参与中获得经济利益是决定顾客参与的一个主要因素；Remy and Kopel（2002）认为经济连接是促使顾客参与服务生产过程的原因之一，经济连接即顾客期望通过参与获取个人利益、减少时间和精力等各项成本。

（2）心理动因

心理动因可用来解释为什么顾客有时情愿牺牲便利性、经济性，付出额外的成本进行参与活动，如一些消费者热衷 DIY 活动，参与 DIY 并非追求经济收益，更多的是享受其带来的心理收益。Laurent and Kapferer（1985）的研究指出顾客更愿意参与到对顾客具有象征意义、享乐价值和为顾客提供更多的心理收益的产品和服务类别中，这从一个侧面说明追求心理收益是顾客参与的一个重要动因。驱动顾客参与的心理动因包括多个层面，Rodi and Kleine（2000）认为顾客参与的一个重要动机是通过参与获得愉悦感、新鲜感或欢乐感；Lloyd（2003）指出心理满足（psychic benefit）是影响顾客参与的重要因素，顾客追求在参与中享受合作生产的过程；Markley 和 Davis（2006）通过深度访谈和关键事件法也发现，顾客参与的目的除了经济利益之外，还包括获得社会舒适、焦虑减少、满意、服务愉悦等心理利益和社会利益；Kellogg, Youngdahl and Bowen（1997）认为顾客参与是顾客追求更高的心理需求得到满足的结果，这些心理需求包括情感，被别人尊重、认可，自我实现等；John（2003）认为顾客参与可以使顾客获得心理和情感方面的愉悦，包括自我展现的机会、获得关注和地位、获得自我认同、社会融洽和归属感等；范秀成和张彤宇（2004）认为顾客参与行为强化顾客对服务过程和服务产出所发挥的控制作用的感知，感知控制为顾客带来心理收益。Chang（2009）的研究认为，顾客在积极参与互动产品设计和定制化产品时，不仅得到了效用利益，也得到了享乐利益，即基于心理愉悦的乐趣、享受、幻想、感官刺激等体验。可以看出，消费者对心理动因的追求具有多层次性，既包括对各种感官的刺激所产生的愉悦、快乐的体验，也包括得到社会认可、他人尊重以及自我实现等高层级的内在动因。

（3）社会动因

顾客在参与活动中，与员工和其他顾客产生互动，友好密切的互动关系为顾客带来心理满足的同时，也为顾客建立了关系网络。Remy 和 Kopel（2002）指出顾客参与服务生产过程的原因除了经济联结之外还包括社会联结，如友善的人际交往，与服务人员建立良好的社会关系可以满足顾客的社会需求；Gwinner 等（1998）和 Henning-Thurau 等（2000）认为顾客与服务提供者之间建立关系除了期望获得核心产品或服务利益外，还期望获得关系利益，即信任利益、社会利益、特殊待遇利益以及身份利益，其中身份利益是指当顾客置身于同某个特定服务供应商的关系中时，可以提升顾客的自我概念。Remy and Kopel（2002）指出消费者期望在参与中获取尊重、认可等社会利益是影响顾客参与的重要动因之一。

综合来看，顾客参与行为受这三种动因的同时驱动，是三者共同作用的结果。彭艳君（2008）将顾客参与的动机归纳为三个方面：寻求个人利益的经济交换、增加对服务过程和结果的控制、获得情绪和精神上的愉悦感；Nambisan and Baron（2009）通过互联网，对微软和 IBM 两家企业虚拟顾客环境下产品支持的参与者进行了调查，实证结果显示，顾客参与虚拟顾客环境下产品支持行为不是出于“公民行为”，也不是受社会规范驱使，顾客参与的动机来源于参与行为所获得的相关利益，包括认知和学习利益、社会综合利益、个人综合利益和享乐利益。

2. 顾客参与为顾客带来的影响

顾客参与服务生产和传递中，通过与服务提供者在服务界面的接触，顾客对服务过程的认知和情感体验更为真切，这些体验对顾客的态度和心理感知方面将会产生影响。

（1）顾客参对顾客感知服务质量的影响

顾客积极参与服务潜在提高了企业的服务质量和顾客的感知服务质量，提高的程度依赖于顾客的参与程度和参与形式。大多数学者认为，顾客参与与顾客感知服务质量之间存在正相关关系（Cermak 等，1994；Bettencourt，1997；Ennew，Binks，1999），虽然对这种正相关关系的形成过程的解释各不相同。Bower 等（1990）认为参与使顾客更加了解服务过程，增进对服务提供者的认同和理解，愿意更好地合作，因而会提高感知服务质量；Dabholkar（1990）的研究认为顾客参与通过感知等待时间和感知控制两个中间变量影响服务感知质量；Claycomb 等（2001）通过实证证明，顾客参与程度正向影响服务感知质量中的可信任程度和移情性。Broderick and Vacgirapornpuk（2002）在研究欧洲网上银行的服务质量时表明，与其他因素相比，顾客的参与水平和参与类型对网上银行感知服务质量的影响最大。

（2）顾客参与对顾客满意和顾客购买意向的影响

根据已有文献，顾客参与对顾客态度的影响主要体现在两个变量上：顾客忠诚和顾客满意。Eisingerich & Bell（2006）的实证结果显示，顾客参与程度的提升有助于减少顾客的服务转换行为，顾客参与和顾客忠诚之间存在正相关关系；在此基础上，Auh 等（2007）对金融服务和医疗服务行业的研究表明，顾客与管理者的沟通、顾客专业性、情感承诺、感知相互公平性四个前置因素与共同生产正向相关；共同生产显著地与态度忠诚正相关，但与行为忠诚的关系不显著，态度忠诚与行为忠诚相关，也就是说，共同生产通过态度忠诚间接影响行为忠诚。顾客参与对顾客购后行为也会产生影响，Cermak 等（1994）的研究表明，在某些服务情境下，顾客参与与顾客重复购买和顾客推荐正相关；Franke（2004）研究了顾客利用互动工具参与在线产品设计，顾客可选择手表的零部件，并能有效反馈顾客对设计的意见，顾客参与设计提高了顾客的购买意愿。楼尊（2010）以产品定制为背景，利用实验研究方法证明了消费者参与程度正向影响消费者的感知乐趣和购买意愿。

虽然很多学者认为，顾客参与会对顾客满意形成重要的影响作用，但两者之间还没有形成广泛认同的理论关系。现有文献中，关于顾客参与与顾客满意关系的研究有两条路径。

一条路径是研究顾客参与与顾客满意的直接关系。如 Kelley（1992）在对银行所做的研究中要求顾客对自己在服务传递中的相关行为进行评定，包括顾客投入的技术质量和顾客的功能质量两部分，研究表明，顾客对于自身投入的技术质量和功能质量的评价与他们从银行接受服务的满意度有很强的正相关性。Hunton 和 Price（1997）的研究结果表明，顾客参与是影响顾客满意的一个重要前置变量。Kamali（2002）研究了顾客利用在线互动工具设计定制化 T 恤，结果表明，顾客参与设计程度越深，获得的满意越多。我国学者王晶等也认为顾客参与是获得顾客满意的重要影响因素，顾客在某一阶段参与得越多，获得的满意度就越高；顾客在产品形成过程中参与的阶段越多，得到的总体满意度就越高。范钧（2011）在研究顾客参与对顾客满意和顾客公民行为的影响时得到了如下结论：顾客参与的人际互动和信息分享两个维度对顾客满意有直接的正向影响。

另一条路径是顾客参与通过中间变量或调节变量形成对顾客满意的影响机制。望海军（2009）将正向情感体验和感知控制作为顾客参与和顾客满意之间的中间变量；彭艳君、景奉杰（2008）验证了顾客参与通过正面情感、负面情感、感知控制和关系纽带影响服务质量，进而影响顾客满意；汪涛、望海军（2008）认为顾客参与方式与预期目标的一致性和自律导向调节了顾客参与与顾客满意的关系；贾薇、张明立、王宝（2009）认为顾客参与通过顾客价值影响顾客满意，在合作生产过程中，顾客价值是顾客参与与顾客满意的中介变量，但并没有明确提出顾客价值具体的维度；Chang 等（2009）在对顾客参与在线设计产品的研究中，将自我一致性作为中间变量研究顾客参与和顾客满意的关系，认为顾客参与产品设计提高了产品与顾客自我形象之间的自我一致性，设计反映自我形象和风格的产品带来了顾客满意，并且自我一致性的中介效应随着产品设计程序的难易程度而变化；Dong 等（2008）在研究服务补救对顾客未来参与价值共创意愿的影响时发现，在自我服务技术环境下，顾客参与程度高的补救过程会形成高水平的角色认知、感知价值和顾客满意，顾客会对服务补救过程更加满意，进而对顾客未来价值共创意愿产生正向影响。

对于顾客参与与顾客满意之间的正向关系，也有学者提出不同的观点，如汪涛、望海（2008）的研究表明，顾客参与并不能直接带来顾客满意，感知参与方式的一致性、自身的自律倾向和不同的服务结果都会对满意产生不同程度的影响；Claycom 等（2001）的研究没有证实顾客参与和顾客满意之间显著的正相关关系；在 Bendapudi 和 Leone（2003）的研究中，由于“自我服务偏见（self-serving bias）”的存在，顾客参与与顾客满意之间呈现出较为复杂的关系，并非单一的正向或负向影响，当服务结果超出顾客预期时，参与生产过程的顾客满意程度比没有参与生产过程的顾客满意程度低；当服务结果低于预期或与预期符合时，参与生产过程的顾客与没有参与生产过程的顾客相比，在满意度水平上没有显著差异；但另一种观点却认为，高参与顾客将会把不满意的服务结果归因于他们自己而不是服务提供者（Silpakit & Fisk，1985）；汪涛等（2010）引入控制错觉理论解释顾客参与过程中顾客不满意的现象，研究结果表明，参与的顾客会产生控制错觉，控制错觉和结果与预期一致性对顾客满意会有不同程度的影响。

由此可见，顾客参与与顾客满意之间的关系并不确定，顾客参与与顾客满意之间形成机制的探讨也众说纷纭，尤其是在新的营销环境下，顾客角色转变为价值的共同创造者，顾客参与行为将更加普遍，在共创价值的视角下，顾客参与与顾客满意的关系有待进一步研究。

（3）顾客参与对顾客价值的影响

贾薇等（2010）将组织行为学中的心理契约概念引入顾客价值理论中，认为顾客与企业之间除了经济契约之外，还存在心理契约，并探讨了顾客参与情境下心理契约对顾客价值创造的影响。实证结果表明，顾客的交易心理契约对功能价值有显著的正向影响，对象征价值和成本价值有显著的负向影响，对体验价值没有显著影响；此外，顾客的关系心理契约对功能价值、体验价值、象征价值均具有显著的正向影响，对成本价值有显著的负向影响。

顾客参与与顾客价值的关系将在后文中详尽阐述，此处暂且不阐述。

## 第二节　顾客价值综述

### 一、顾客价值的界定

顾客价值的研究始于20世纪80年代。顾客价值的提出在很大程度上丰富了市场营销理论，拓宽了营销研究领域，也逐渐成为市场营销研究的一个重要变量。2004年，美国营销协会将市场营销的概念重新修订为“市场营销既是一种组织职能，也是为了组织自身及利益相关者的利益而创造、传播、传递顾客价值，管理顾客关系的一系列过程”。这个定义将市场营销理念从“满足与创造顾客需求的过程”发展为“创造、传播、传递顾客价值和顾客关系的过程”，企业对待顾客的方式和实现利益的方式发生了根本性变化，为顾客创造价值成为市场营销的基本任务和主要目标，Holbrook（1994）甚至认为“顾客价值是所有市场营销活动的基石”。Marketing Science Institute将顾客感知价值作为2006—2008年营销研究的前沿内容，企业也愈来愈关注顾客感知价值，为顾客创造卓越的价值成为创造和保持与顾客长期关系的关键，也是企业建立和保持竞争优势的重要途径。

纵观顾客价值研究的发展，对顾客价值的界定基本有两条思路："所得"与"所失"比较的理性认知路径和基于过程体验的多样化价值路径。

理性认知路径认为消费者是理性的，价值判断依据消费者在消费过程中"所得"与"所失"的权衡，当顾客意识到获得的收益大于其支出时，顾客才会感知到价值存在。这一思想来源于"价值分析"的基本理念，价值分析的主导思想是收益与成本之间的比较，"价值是单位费用所获得的效用"（Miles，1972）。理性认知路径的顾客价值界定是价值分析在营销学中的应用，学者们对"所得"与"所失"的范围和内容的不同解释成为他们对顾客价值界定的主要区别。Zeithaml（1988）提炼出顾客感知价值是顾客所能感知到的利益与其在获得产品和服务时所付出的成本进行权衡后对产品和服务的总体评价；Gale（1994）则认为顾客价值就是对一定价格水平上的质量感知，质量和与质量相符的价格共同决定顾客价值的高低；Flint，Woodruff and Gardial（1997）认为"顾客价值是在一个具体的使用状态下，顾客在给定的所有相关利益和付出之间的权衡，是顾客对供应商为他们创造的价值的评估"；Lin 和 Peng（2005）认为顾客价值是顾客评估某一交易活动时感知的付出与获得之间的比较。与此同时，学者们也逐渐明确了"所得"与"所失"的具体内容，如 Monroe（1991）指出感知付出是顾客购买所付出的所有成本，包括购买的价格、获取成本、运输、安装、订货处理、维修、保养、风险等，感知利益包括物理属性、服务属性、使用产品的技术支持、感知质量等；Anderson，Jain and Chintagunta（1993）认为顾客价值是顾客在为供应商提供的产品支付价格的交易中所获得的一系列经济、技术、服务和社会利益；Kolter（1994）提出了"顾客受让价值模型"，顾客受让价值是顾客总价值与顾客总成本之间的差额，明确界定了顾客总价值是顾客购买某一产品与服务中获得的产品价值、服务价值、人员价值和形象价值，顾客总成本是在评估、获得和使用该产品或服务时引起的顾客货币成本、时间成本、精力成本、体力成本。

在最近的研究中，很多学者依然沿用了理性认知的顾客价值内涵，Fang 等（2008）在研究 B-to-B 的顾客参与新产品创新的研究中指出，新产品的顾客价值就是从新产品中获取的收益和顾客为新产品付出成本的权衡。我国学者赵卫宏（2011）也认为顾客价值是消费者对在购买体验中感知的利益与为获得这些利益而感知的付出之间的权衡中获得的效用的整体评价。

基于理性的顾客价值研究对顾客价值的形成给出了一个直观而易于理解的解释，将消费者假设成理性的经济人，顾客价值的形成来源于顾客的理性认知过程，依据产品提供的利益及付出的成本之间的权衡做出消费选择。但这种方法并不适用于价值本身存在于消费的体验过程的产品，对于消费过程中形成的基于消费者体验的价值，所得与所失往往是瞬间的，并且难以衡量。

基于过程体验的顾客价值界定将顾客在消费过程中获得的多元化的顾客价值呈现出来，反映出顾客在情感、社会和关系等方面不同的价值诉求，关注消费者在消费过程中获得的多样化感受和感知。

Woods（1981）认为，消费者会在想象、情绪和欣赏中产生“消费体验”，消费者所追求的是一种令人满意的体验和心中期望的感觉，这是消费者在消费过程中追求的价值。

Hirschman and Holbrook（1982）认为消费经历不仅仅为消费者带来产品或服务的效用价值，也为消费者带来了诸如象征、享乐、美感等体验性的消费价值，功利价值和体验价值共同决定消费者对价值的判断。

Holbrook（1996）也认为单纯从商品的价格和效用来评价顾客价值显得过于狭窄，顾客在购买和消费中的心理感受和享乐成分也是顾客获得价值的重要内容，理性的顾客价值界定无法解释消费者对满足其情感和享乐产品追求的消费现象。Holbrook（1999，2005）认为顾客价值是一种“互动性、相对性、偏好性”的体验，并认为产品可以借助消费者的体验创造价值。

Woodruff（1997）认为顾客价值是顾客为达成其目标和目的，对产品属性、属性的表现和结果进行评估以及认知上的偏好。Woodruff对顾客价值的这一界定的与众不同之处在于它建立在“目的—手段链”研究模型基础之上，使顾客价值成为一个具有层级性的构念，相应地形成了顾客价值层级模式。Woodruff对顾客价值的创新性认识对顾客价值的研究产生了积极的推动作用，其理论贡献在于揭示了顾客对于购买和消费产品或服务的价值判断的内在机制，产品的属性仅仅是实现顾客想要的结果和目的的手段，对产品实现顾客的目的程度的认知才是顾客感知价值的基础和核心。这在一定程度上丰富和拓展了对顾客价值的研究，也揭示了顾客价值的本质性特征。

Butz and Goodstein（1998）认为顾客价值是顾客感知他们的需求被满足的程度，组织应该提供给顾客他们追求的结果和附加价值，包括建立顾客与企业之间的情感联系。

我国学者成海清（2007）认为，顾客感知价值是指顾客与企业及其产品的整个接触互动过程中，顾客对企业和产品的存在、作用及变化同顾客的需要相适应、相一致或相接近的程度的感知和评价。

无论哪种研究路径的顾客价值界定，可以看出顾客价值的以下几个特点。

一是顾客价值是顾客需求在价值追求上的反映，顾客价值具有主观性。顾客价值实质上是顾客对客观的企业提供物的主观感知，顾客的感知和特定的需求相联系，顾客对价值的体验是顾客对某一特定需求被满足程度的感知。除了个人需求因素之外，顾客的认知模式、个人偏好以及个性特征等因素的不同，也会使顾客对同一个消费过程感受不同，从而感知到不同的价值。因而，不仅不同的顾客对同一提供物的感知价值不同，而且同一顾客随着时间的推移，对同一提供物的感知价值也会不同。

二是顾客价值的情境依赖性和动态性。顾客价值的主观性和个体性特征决定了顾客价值是动态变化的，在不同情境下，表现出顾客对价值的敏感差异。顾客价值的动态性受多种因素的影响，如 Zaithaml（1988）认为顾客感知到的价值与购买和消费的时间和地点直接相关；Grönroos（1990）在研究关系营销时也注意到，在关系建立、维持的不同阶段顾客价值的表现有所不同，顾客价值存在动态的变化；Parasuraman（1997）则认为随着顾客购买次数的增加，顾客对价值的评价标准逐渐变得全面、抽象；Day 和 Crask（2000）的研究结果表明，顾客在购买和使用产品或服务的不同阶段对顾客价值的评价存在较大差异。

三是顾客价值是顾客情感与认知的综合反映。顾客价值反映顾客对企业提供物的基于自身需求的综合评价，这个评价既包括从提供物中获取的实际效用，满足顾客的基本需求，也包括提供物带来的情感、社会、心理等各方面的利益，是顾客整体感知系统发挥作用的结果。

## 二、顾客价值的维度

随着顾客价值研究的深入，学者们开始关注顾客在消费产品或服务中获得了哪些方面的具体的可识别的价值，顾客价值的维度构成成为研究的重要内容之一。识别顾客在消费中获得价值的类别，可促使企业了解顾客价值的构成，有针对性地提供竞争者尚未提供的顾客价值，实现差异化营销策略，帮助企业建立新的竞争优势。顾客价值维度是本研究的一个重要研究内容，下面对顾客价值维度的划分进行详尽的梳理。

由于学者们研究的行业和情境不同，对顾客价值维度的划分也存在较大差异，在众多的分类中，有几位学者的顾客价值维度的划分具有典型性和代表性，后续的研究基本上都延续着这些里程碑式的划分进行再发展或对已有的维度划分进行不同行业的验证，因而，本书对顾客价值维度的回顾可以围绕几位有代表性的学者的观点进行，自然地将顾客价值维度的研究划分为以下几大类别。

1. 以 Babin 为代表的顾客价值二分法

Babin et al.（1994）在研究顾客购物价值时提出顾客在购物中获得两类利益：功利性价值和享乐性价值。功利性价值反映产品或服务是否有效率或效果，是否能帮助消费者获取最大化利益，并节省时间及财务成本的支出；享乐性价值是顾客购物过程中形成的乐趣和享乐等娱乐和情感体验方面的价值。

Babin 的研究开启了顾客价值二分法的研究先河，后续很多学者沿着这一思路继续发展。如 Chandno，Wansink 和 Laurent（2000）对顾客价值的维度也做了类似的划分，将顾客价值的维度划分为功利主义价值和享乐主义价值，功利主义价值是消费者追求效用最大化、提高效率、节省成本、追求高品质，享乐主义价值追求内在的刺激、乐趣、自尊等；Chiu 等（2005）探索了在服务营销中效用价值和享乐价值的不同角色；Jones 等（2006）将零售顾客的体验价值划分为享乐性价值和功能性价值；Overby & Lee（2006）认为，顾客感知价值包括实用性价值和享乐性价值，并对网络消费者的偏好和购买意愿之间的关系进行了实证研究；Walls（2009）将顾客价值划分为功能价值和享乐价值，并对这两种价值进行了测量。

Chan（2010）以专业金融服务行业为例，在研究顾客参与对价值共同创造和对不同价值观下顾客与员工满意的影响中，将企业与顾客共同创造的顾客价值也进行了二分法的划分，所不同的是，他将共创的顾客价值划分为经济价值和关系价值，经济价值是核心服务的收益的增加和成本的降低，关系价值是顾客与员工之间的情感和关系联系。Chan 这里强调关系价值体现出了共同创造价值背景下，顾客与服务提供者之间互动形成的关系的重要性。

2. 以 Holbrook 为代表的体验视角的顾客价值维度的划分

Holbrook 是研究顾客体验和体验营销的重要代表人物，对顾客体验和顾客价值的研究做出了卓越的贡献。Holbrook and Hirschman（1982）认为顾客对体验价值的感知包括消费过程中象征的、享乐的和审美的价值；Holbrook（1999）从体验视角对顾客价值进行了深入的分析，指出顾客价值具有四种特性：互动性、相对性、体验性和偏好性，并从内在-外在价值、自我导向-他人导向价值、主动-被动价值三个维度将顾客价值分为八类。外在价值是产品消费中获得的功能与效用，内在价值是通过消费体验获得的价值；自我导向价值是顾客在消费中形成的对自我的评价和赞赏，他人导向价值是顾客在消费中获得社会认同、尊重及地位；主动价值是顾客在消费体验中主动控制而产生的价值，被动价值是顾客处于被动角色而获得的价值。如表 2.2 所示。

表 2.2　Holbrook 的顾客价值划分

| | | 外在价值 | 内在价值 |
|---|---|---|---|
| 自我导向 | 主动 | 效率（投入与产出、便利性） | 娱乐（乐趣） |
| | 被动 | 卓越（质量） | 美感（美丽） |
| 他人导向 | 主动 | 地位（成功、印象管理） | 道德（美德、正义、道德） |
| | 被动 | 尊敬（名誉、物质、拥有） | 心灵（忠实、着迷、神圣、魔力） |

（资料来源：Holbrook M，Hirschman E. Hedonic consumption：emerging concepts，methods，and propositions [J]. Journal of Marketing，1999 (3)：92-102.）

后来，Holbrook（2006）根据自我导向-他人导向和内在价值-外在价值两维坐标，将顾客价值划分为经济价值、社会价值、享乐价值和利他价值。经济价值度量顾客在消费产品的过程中消费目的的实现程度；社会价值是顾客消费行为受他人和社会影响的程度，是实现社会化认同的一种方式；享乐价值衡量消费体验中感知到的愉悦等心理感受；利他价值关注的是顾客自身的消费行为对他人产生的影响作用。

Pine and Gillmore（1991）借鉴了 Holbrook 的顾客价值分类思想，根据消费者的积极参与与消极参与、吸收与沉浸两个维度将顾客体验价值分为四个象限：娱乐价值、美学价值、教育价值和逃避现实价值。积极参与与消极参与的维度说明消费者是否通过直接影响事件的进行而获得体验价值，吸收与沉浸的维度区分消费者是否作为消费体验的一部分而获得体验价值。

Mathwick 等（2001）在研究消费者购物过程中感知到的体验价值时，在 Holbrook（1994）研究的基础上，提出体验价值的四个维度：消费者投入回报价值、服务卓越价值、趣味价值和审美价值。消费者投入回报价值包含财务投资及心理资源投入后产生的报酬，消费者投资报酬的价值感知来源于对质量和有效率的服务接触的感知；服务卓越价值是消费者自我外在的被动性的反应，服务卓越价值来自对完美优质的服务质量的察觉；趣味价值是通过引人入胜的活动引发趣味性交易，激发消费者内在对娱乐的追求；审美价值是消费者的心理反应，在消费者的购物过程中，零售环境的视觉美感和娱乐效果满足了消费者购物过程中的消费需求。如图 2.1 所示。

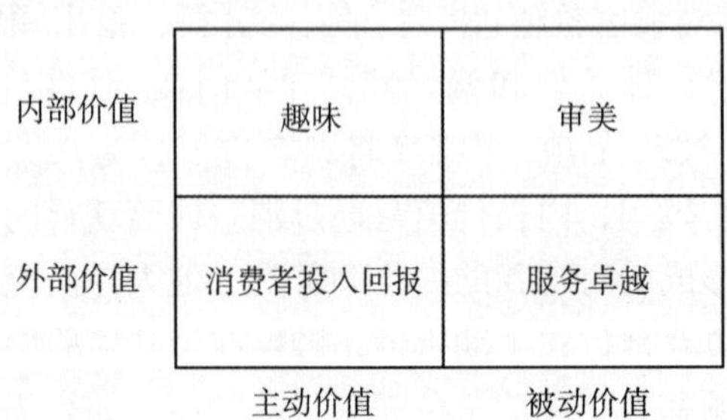


**图 2.1　Mathwick et al. 的体验价值划分**

（资料来源：Mathwick C，Malhotra N，Ridon E. Experiential value：conceptualization，measurement and application in the catalog and internet shopping environment［J］. Journal of Retailing，2001，77（1）：42.）

Jensen 和 Hansen（2007）也基于体验视角，采用扎根理论研究方法，对饮食服务消费者的顾客价值进行了研究，归纳出五个感知价值维度：卓越、和谐、情感刺激、认同及环境价值。

3. 以 Sheth 为代表的顾客价值的多维结构划分

所谓多维结构划分，是将顾客在购买和消费中获取和体验的全部价值按照可区别性类别给予清晰划分。Sheth 等（1991）在解释顾客为什么做出购买选择的研究中发现，顾客从消费中获得的利益影响消费者购买决策层面（买或不买）、产品层面（A 产品或 B 产品）、品牌层面（A 品牌或 B 品牌）的选择行为，并将顾客的消费价值划分为五种：功能价值、社会价值、情感价值、学习价值和情境价值。功能价值是顾客对产品或服务的功能的、实用的以及实际绩效的效用感知，顾客通过对产品或服务的一系列属性的衡量获得功能价值；社会价值是顾客在决定选择时，一个或多个与之相关的特定社会群体对消费选择产生的影响，顾客通过衡量消费选择的社会形象获取社会价值；情感价值是顾客正在选择或消费产品或服务时引发的情感或情绪，顾客通过一系列与选择相关的情感感知来衡量情感价值；学习价值是顾客在选择和消费中对好奇心、新奇和知识渴望的满足带来的价值，顾客通过满足其好奇心、新奇感和求知欲来获得学习价值；情境价值是由特定的情境和消费者面对选择的环境决定的。Sheht 等对顾客价值影响消费者的选择形成有三个观点：

① 消费者选择是多种消费价值的函数；

② 消费价值各维度在消费者不同的选择情境中发挥不同的作用；

③ 各消费价值是独立的。

Sheth 的研究建立在大量前人研究的基础上，对顾客在购买和消费产品或服务中获得的各种利益和价值进行了汇总并归类，在内容和类别上涵盖全面，维度划分合理。后续部分学者的研究延续了 Sheth 的研究思路，对不同消费情境下的顾客价值加以细分或发展。

Eighmey（1997）从大众传媒的角度对网络媒体进行了研究，研究表明，网络使用者对网络媒体的认知的价值可分为营销感知价值、娱乐价值、信息价值、容易使用价值、信用价值和互动价值。

Michie（2005）的研究将顾客价值分为三类：实用价值、享乐价值及象征价值。实用价值是产品本身给消费者提供的解决问题的能力，以满足消费者对产品或服务功能和效用上的要求；享乐价值是消费者在消费过程中获得的对正面情绪的知觉，如快乐、美感体验、感官上的愉悦、幻想的感觉等；象征价值是消费者购买或消费产品或服务提升了自我形象、角色地位、群体归属感和自我意识等。

Rintamaki 等（2006）在其研究中将顾客价值划分为三个维度：功利价值、享乐价值和社会价值。

Nambisan 和 Baron（2009）在分析消费者在虚拟环境下自愿参与共创价值的行为中，应用“使用与满足”理论（Katz 等，1974）的分析框架，分析了消费者共创价值的动机，认为消费者自愿参与行为并不是完全出于利他或顾客的公民行为，而是消费者在参与共创价值的过程中可以获得相应的利益，并将消费者自愿参与共同创造价值的收益划分为四类：认知和学习利益、社会整合利益、个人整合利益和享乐利益。认知和学习利益是消费者获取信息，加强对环境知识的认知，学习和掌握与产品相关的知识、技术和使用技巧。此利益可以通过顾客与企业持续的互动、分享产品知识和使用经验而获得。社会整合利益来自顾客参与活动中发展起来的社会关系纽带，包括加强消费者与他人的联系，增进归属感、社会关系和社会认同。个人整合利益与获得尊重、社会地位与自我效能感有关，在共创价值的参与活动中，消费者展示和应用了其拥有的产品知识和解决问题的能力，为产品支持做出贡献，可以由此获得被尊重感。个人整合利益强调个人信誉、社会地位、自信和自我效能。享乐利益突出参与过程中消费者审美和愉悦的情感体验，参与和互动的过程也是情感刺激体验的过程，这种享受的价值既包括与别人交流过程中带来的愉悦享受，也包括解决问题后带来的情感和智力方面的愉悦享受。

4. 以 Sweeney 为代表的综合性顾客价值维度的划分

所谓综合性顾客价值维度的划分，就是将基于理性的顾客价值与基于体验的顾客价值思想相结合对顾客价值的维度进行划分。Sweeney and Soutar（2001）在 Sheth（1991）研究的基础上，将顾客价值的维度确定为情绪价值、社会价值、质量/绩效价值、价格价值。Sweeney 等将功能价值区分为两个维度——功能价值质量要素和功能价值价格要素，他们认为顾客价值的维度不仅要考虑到顾客在消费中获得的各项具体价值，同时也应考虑顾客为此付出的价格因素对顾客价值的影响。这样，Sweeney 等就将基于理性的顾客价值与基于过程的顾客价值相结合，在价值维度划分中既体现了消费者的所得与所失的权衡，也纳入了消费者消费过程的各种价值体验，为顾客价值维度提供了新的较全面的划分方式。很多学者在研究中沿用了 Sweeney 的顾客价值划分思想。

Ruyte，Jose，Paseal（1997）认为顾客的价值包括三个方面：外部价值、内部价值和系统价值。外部价值是顾客对服务过程或服务程序的功能性和实用性的认知和判断，内部价值是顾客在服务过程中感知的情感方面的评价，系统价值是顾客在整个服务过程中对所得到的利益和所付出的成本之间的权衡。Ruyte 等对顾客价值维度的划分也将基于理性的顾客价值与基于体验的顾客价值融合起来，系统价值反映了顾客基于成本-收益分析的理性判断，内部价值和外部价值则反映出顾客在服务过程中的价值体验。

Petrick（2002）将服务质量模型的思路应用到顾客价值的研究中，将顾客感知价值也划分为五个维度：行为价格、货币价格、情感回应、质量及声望。

Wang 等（2004）以中国保险行业为背景，研究顾客价值和顾客关系管理绩效时，将顾客价值划分为功能价值、社会价值、情感价值和感知付出。

Pura（2005）在研究顾客感知价值与顾客忠诚度之间的关系时，将感知价值分为货币价值、便利价值、社交价值、情感价值、认知价值。

Roig 等（2006）立足于金融行业进行研究，发现银行业的顾客价值可分为六个维度，分别是企业的功能价值、员工的功能价值、服务的功能价值、功能价值的价格、情感价值以及社会价值。

Gounaris（2007）在其研究中将顾客价值划分为产品价值、过程价值、人员价值、情感价值和感知利失。

Smith and Colgate（2007）将顾客价值分为四个类型：功能价值、体验价值、象征价值和成本价值。功能价值与顾客对产品的期望特征相关，是顾客期望在产品或服务消费中获得效用和实现的目标；体验价值是顾客从消费中获得的情感和各种感官的体验；象征价值是顾客与产品心理内涵的关联程度；成本价值是与产品或服务相关的各种交易成本的总和。

Fiol（2009）根据前人的研究成果，在研究 B-to-B 市场的顾客感知价值对顾客忠诚的影响时将顾客感知价值分为功能价值、情感价值和社会价值。功能价值是从产品的属性、信息、服务和人际互动中获得的利益与成本，包括感知质量和货币、非货币成本；情感价值是消费者在购买和消费过程中获得的情感和情绪方面的体验，包括体验、个性化关注和人际关系；社会价值包括声誉和感知社会形象。

5. 以 Woodruff 为代表的顾客价值层级的划分

Woodruff（1997）以“目的-手段链”理论为基础，提出了顾客价值层级模型，三层顾客价值层级分别是属性、结果和最终的消费目的，低层次价值是高层次价值实现的手段。层级价值模型认为顾客的价值来源于顾客感知、偏好、评价，所以顾客价值会随着环境和时间的改变而变化。

Van der Haar 等（2001）根据顾客价值层级模型开发了企业的“计划价值图”，用以描述顾客在选择产品时，如何实现自己更高层次的目标，以及企业如何以此为基础设计顾客价值战略。

6. Parasuraman 等以消费过程不同阶段获得的顾客价值划分顾客价值维度

Parasuraman，Grewal（2000）按照消费者的消费过程区分顾客感知价值的具体内容，消费者在购买、使用和处置产品的不同阶段都会形成相应的顾客价值，因而将顾客感知价值的维度划分为获取价值、交易价值、使用价值和赎回价值。获取价值是相对于付出的货币性成本而得到的收益，交易价值是消费者在某一愉快的交易过程中获得的快乐，使用价值是消费者使用和消费产品或服务时获得的效用价值，赎回价值是产品生命周期结束时获得的剩余利益。

国外顾客价值维度的研究如表 2. 3 所示。

表 2.3　　　　　　国外顾客价值维度的研究

| 作者 | 顾客价值的维度 |
| --- | --- |
| Holbrook and Hirschman (1982) | 象征的、享乐的和审美的价值 |
| Babin (1994)、Chandno 等 (2000)、Jones 等 (2006)、Overby 等 (2006)、Walls (2009) | 功能性价值、享乐性价值 |
| Sheth (1991) | 功能价值、社会价值、情感价值、学习价值、情境价值 |
| Pine and Gillmore (1991) | 娱乐价值、美学价值、教育价值和逃避现实价值 |
| Eighmey (1997) | 营销感知价值、娱乐价值、信息价值、容易使用价值、信用价值和互动价值 |
| Ruyte, Jose, Paseal (1997) | 外部价值、内部价值和系统价值 |
| Holbrook (1996, 1999) | 外在价值-内在价值，自我导向价值-他人导向价值，主动价值-被动价值 |
| Parasuraman, Grewal (2000) | 获得价值、处置价值、使用价值、赎回价值 |
| Mathwick 等 (2001) | 消费者投入回报价值、服务卓越价值、趣味价值和审美价值 |
| Sweeney and Soutar (2001) | 情感价值、社会价值、质量/绩效价值和价格/价值的对比价值 |
| Han 等 (2001) | 内容价值、过程价值 |
| Petrick (2002) | 行为价格、货币价格、情感回应、质量及声望 |
| Wang 等 (2004) | 功能价值、社会价值、情感价值、感知付出 |
| Michie (2005) | 实用价值、享乐价值及象征价值 |
| Pura (2005) | 货币价值、便利价值、社交价值、情感价值、认知价值 |
| Roig 等 (2006) | 企业的功能价值、员工的功能价值、服务的功能价值、功能价值的价格、情感价值以及社会价值 |
| Holbrook (2006) | 经济价值、社会价值、享乐价值和利他价值 |
| Rintamaki 等 (2006) | 功利价值、享乐价值和社会价值 |
| Jensen and Hansen (2007) | 卓越、和谐、情感刺激、认同及环境价值 |
| Gounaris (2007) | 产品价值、过程价值、人员价值、情感价值和感知利失 |
| Smith and Colgate (2007) | 功能价值、体验价值、象征价值和成本价值 |
| Fiol (2009) | 功能价值、情感价值和社会价值 |
| Nambisan 和 Baron (2009) | 认知和学习利益、社会整合利益、个人整合利益和享乐利益 |
| Chan (2010) | 经济价值、关系价值 |

（资料来源：笔者根据相关文献整理。）

# 第三节　顾客满意综述

顾客满意是市场营销中的核心概念之一，对顾客满意的研究源于20世纪60年代，Caidozo（1965）最先提出顾客满意的概念后，顾客满意开始引起了学术界的关注，此后对顾客满意的研究逐步展开。

## 一、顾客满意的内涵

学者们对顾客满意的界定主要从顾客满意的形成过程和形成机理的角度进行，相应的研究也逐步形成了对顾客满意的不同解释和相关理论。回顾顾客满意的内涵和形成机理，可以为本研究的概念模型提供理论基础和支撑。

对顾客满意的理解和界定大致可以分为以下几种。

### （一）比较论

比较论认为顾客满意源自顾客的理性认知，顾客满意是基于顾客对产品或服务为自己带来效果的理性判断。顾客满意的比较论又可以分为两个分支：一个是“得”与“失”的比较；另一个是“实际绩效”与一定标准的比较。

1.“得”与“失”的比较

“得”与“失”的比较论认为顾客在购买后对购买效果进行理性判断，如果购买产品或服务为顾客带来的利益所得大于顾客为此付出的各项成本，顾客就会心生满意，认为购买行为是值得的。如Howard and Shelth（1969）认为，顾客满意是购买者对其在购买中获得的收益与付出是否合理进行评判的心理状态；Churchill and Surprenant（1982）认为，顾客满意是顾客对购买产品或服务所付出的成本与使用产品所获得的收益相比较的结果。

2.“实际绩效”与一定标准的比较

实际绩效是顾客在购买和消费产品或服务中实际获得的各种效果和收益的总和，通过将顾客获取的实际绩效与一定标准进行比较，顾客形成满意和不满意的判断，这些标准可以是预期的绩效、理想的绩效、公平的绩效或最低可容忍的绩效等。Oliver（1997）对这些比较的标准做了归纳，揭示了基于不同标准下顾客满意产生的过程。顾客满意比较评估图如图2.2所示。

在上述比较标准中，“实际绩效”与“期望”的比较在顾客满意形成理论中占有显著的地位，Oliver的“期望-不一致”理论是其典型代表。该种认识论认为顾客满意与否取决于产品或服务带给顾客的实际绩效与一定标准比较后的结果，如果实际绩效高于期望，顾客就会满意；如果实际绩效低于期望，顾客就会产生不满意；如果实际绩效与期望正好吻合，顾客就刚好满意。Oliver

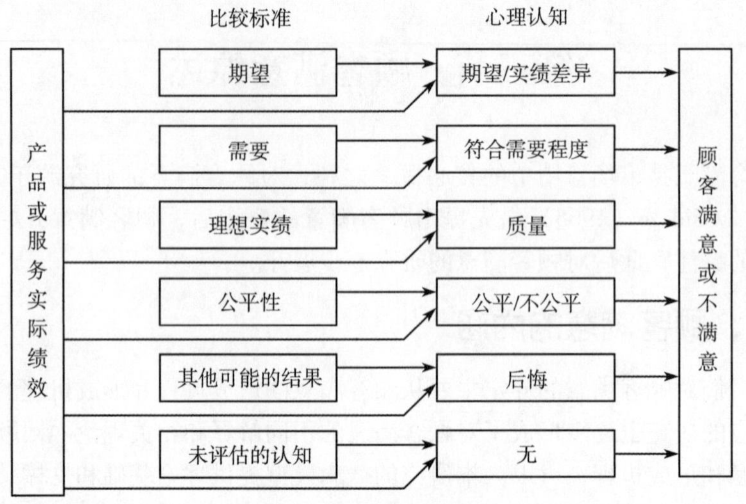


**图 2.2　顾客满意比较评估图**

（资料来源：韩小芸，汪纯孝. 服务型企业顾客满意感与忠诚感关系［M］. 北京：清华大学出版社，2003：11.）

（1980）认为顾客满意由购买前的期望和不一致性两个认知变量决定；Tes and Wilton（1988）认为顾客满意是顾客对事前预期与认知绩效之间的感知差距的评估反应；菲利普·科特勒（2001）认为满意是一个人通过对一种产品的可感知的效果（或结果）与他或她的期望值相比较后，所形成的愉悦或失望的感觉状态。

总之，“比较论”认为顾客满意与否来源于顾客对比较结果的认知，无论得失比较或与特定标准比较，都是消费者基于理性认知的对企业提供物或提供过程的理性判断和评价。

### （二）情感论

随着顾客满意研究的深入，学者们认为单纯的理性认知的过程不能完全解释顾客满意的形成，顾客满意的产生还基于顾客的感性判断。顾客在消费过程中感受的正面或负面的情感因素影响顾客满意，顾客满意与否很大程度上取决于顾客对服务结果进行评估与归因之后产生的情感。Oliver（1981）认为顾客满意是消费者对获得产品或消费经验中得到的惊喜所做的评价，是一种基于特定产品或服务交易的暂时性的情感反应；Westbrook and Oliver（1991）认为除了认知因素外，顾客满意是顾客购买后的一种情感反应，正面和负面情感直接影响顾客对满意的评估；Jayanti（1991）认为顾客很难根据产品或服务的具体属性来评估服务和感知自己是否满意，顾客在参与服务中的情感反应是影响顾客满意的重要因素。Wong（2000）也认为顾客的整体满意是情绪上的一种感觉状况，是基于情感的心理感受。

越来越多的学者认为，顾客满意是顾客理性认知与感性判断相结合的产物，顾客满意既包括认知成分，即顾客将产品或服务的实效与某一标准的比较，或顾客所得与所失的比较，也包括情感成分，即顾客从消费中获得愉悦、高兴、满足等心理反应。如 Babin and Mitch（1998）认为顾客满意是顾客对产品和服务的绩效做出认知性评价后产生的一种情感，Heitmann（2007）也认为顾客满意与否是通过与消费结果相关的情感和认知来作为判断的依据的。

### （三）价值论

价值论认为顾客满意来源于在消费过程中，顾客的需求和欲望得到了满足，产品和服务对顾客产生了相应的价值。产品或服务满足了顾客的需要，顾客就满意；产品或服务未满足顾客需要，顾客就不满意。Oliver（1997）认为顾客满意是顾客的需要得到满足之后的心理状态，是顾客对产品和服务的特征或产品和服务本身满足自己需要程度的判断；Woodruff（1997）也认为顾客满意是以产品的属性、性能和使用结果带来的价值为基础的，顾客满意源于购买前建立的期望价值层与现实获得的价值的比较。

### （四）过程论

过程论主张顾客满意是顾客对使用或消费产品、服务经历的整体评价判断，顾客满意不是由某一个方面决定的，是对消费和服务经历整体过程是否符合自己预期的评价（Giese，2000）。Oliver（1980）认为顾客满意是一种对产品、服务的特征或其所提供的消费过程的满意状况的判断；Dabhdkar and Overby（2005）将顾客满意看作对服务传递过程的整体评价。过程论表明顾客满意的形成是顾客对介入企业提供物前和消费企业提供物后的整体过程的系统全面的认知和情感评价，因而，顾客满意的形成不仅仅是结果，其本身也是一个过程。

## 二、顾客满意的形成机制

顾客满意的形成过程一直是顾客满意理论研究的一个核心内容，现已形成大量研究成果，下面从不同视角对顾客满意的形成过程进行诠释。

### （一）“期望-不一致”模型

1980 年，Oliver 提出了“期望-不一致”模型，如图 2.3 所示。该模型认为，顾客在消费过程或消费之后，会根据期望对产品或服务的实际绩效进行评估，形成三种结果：当实际绩效好于期望时，形成正向不一致，顾客就会满意；相反，当实际绩效低于期望时，形成负向不一致，顾客就会不满意；当结果与期望正好一致时，顾客就会刚好满意。Oliver（1980）在研究时，根据适应水平理论（adaptation level theory）提出了一个两阶段模型，顾客满意形成的动态过程只是这个模型的一部分，顾客第二阶段的满意是顾客第一阶段期望和不一致的函数，同时顾客满意影响态度和行为意图。

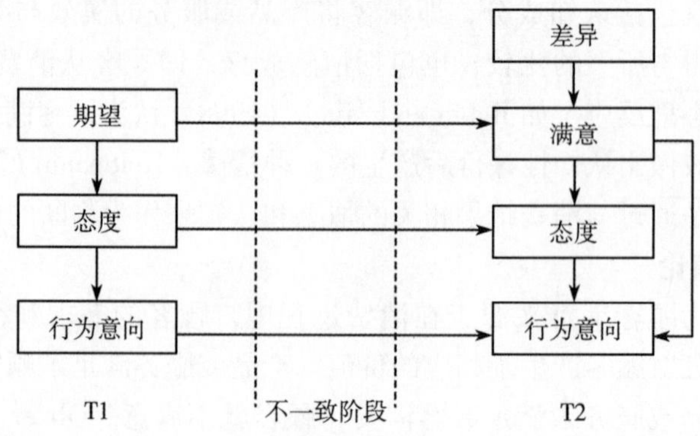


**图 2.3 “期望-不一致”模型**

（资料来源：Oliver R L. A Cognitive Model of the Antecedents and Consequences of Satisfaction Decisions［J］. Journal of Marketing Research，1980，17（4）：462.）

“期望-不一致”模型为顾客满意研究奠定了主基调，后续的研究多以该模型为基础，或对这一模型进行发展，如 Parasuraman，Zeithaml and Berry（1985）提出的“服务期望与感知的差距模型”认为感知服务质量和与前期的差异是形成顾客满意的前提。

**（二）基于认知和情感的顾客满意模型**

Oliver（1997）认为顾客满意是顾客需要得到满足后产生的一种心理反应和情感反应，顾客满意不仅仅由理性认知的“期望-不一致”决定，情感因素也是决定顾客满意的重要因素。Oliver（2000）对“期望-不一致”模型进一步发展，将更多的变量和情感因素加入模型中，除了强调期望与实际绩效差距的比较之外，还考虑了其他因素的实效与标准的比较，在顾客对实际绩效进行归因后，形成了整体情感，共同与“期望-不一致”影响顾客满意。这样，这一模型（如图 2.4 所示）就将情感因素和认知因素都融合于顾客满意的形成中。

**（三）基于顾客价值的顾客满意模型**

Woodruff（1997）提出了基于顾客价值的顾客满意模型。Woodruff 首先对顾客视角的顾客价值做了重新界定，认为顾客价值是顾客在使用情境下，为实现一定的目标，对产品属性、属性绩效和结果的评价和感知偏好。在此基础上，根据目的-手段链，提出了顾客价值层级模型，如图 2.5 所示。顾客价值层级模型由低到高分别为属性、结果和目标。在购买和使用产品时，顾客首先会考虑产品或服务的具体属性和属性效能，并会就这些属性对实现预期结果和实现顾客目标的能力形成预期，在购买和实际消费后，顾客又会通过实际使用产品或服务形成自己的实际感知价值，并将这一实际感知价值与购买前的不同层次的期望价值进行比较，从而在这些期望价值的基础上形成不同层次的顾客满意：基于属性的满意、基于结果的满意和基于目标的满意。

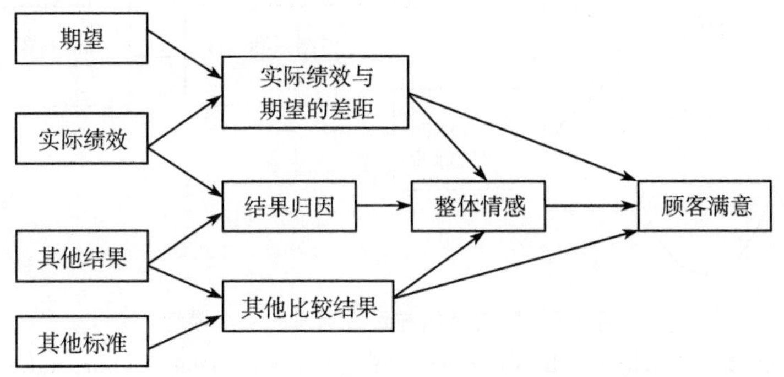


**图 2.4　基于认知和情感的顾客满意模型**

（资料来源：Oliver R L. Customer Satisfaction with Service ［M］ //Teresa A Swartz, Dawn Iacobucci. Handbook of Service Marketing and Management. Thousand Oaks：Sage Pubilications，2000：251.）

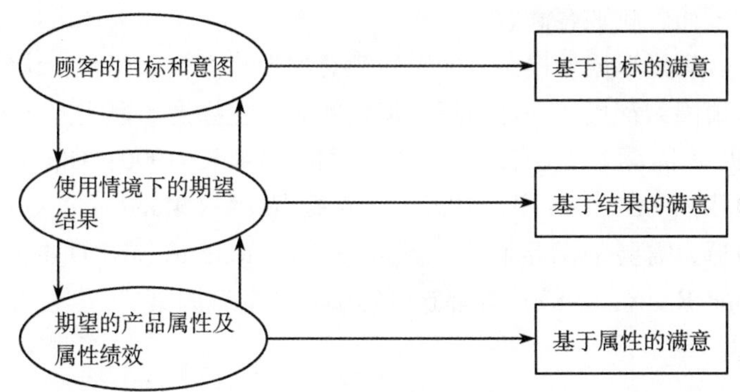


**图 2.5　顾客价值层级模型**

（资料来源：Woodruff R B. Customer value：The next source for competitive advantage ［J］. Academy of Marketing Science，1997，25(2)：142.）

Woodruff 按照 Oliver（1980）“期望-不一致”模型的基本思路，在顾客价值层级模型的基础上，开发出顾客价值与顾客满意的关系模型（如图 2.6 所示），将顾客价值嵌入了“期望-不一致”模型，该模型揭示了顾客价值对顾客满意的决定作用。

顾客价值模型与“期望-不一致”模型的结合，创新性地解释了顾客满意的形成途径。顾客价值由属性、结果和目标多个层次构成，相应地形成了不同层面的满意，对顾客总体满意的形成和构成有了清晰的认知。顾客在属性、结

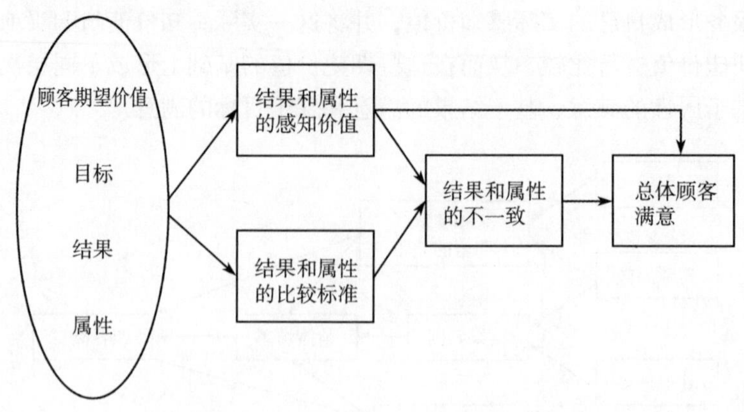


**图 2.6　顾客价值与顾客满意的关系模型**

（资料来源：Woodruff R B. Customer value：The next source for competitive advantage [J]. Academy of Marketing Science，1997，25(2)：143.）

果、目标三个价值层次上形成预期，根据属性、结果和目标三个方面评价产品的实际绩效，并与预期的顾客价值形成比较，从而形成不同层面的顾客满意和总体满意。当然，实际顾客获得的价值也可以直接形成顾客满意，或可以同其他标准相比较而影响顾客满意。

以上顾客满意形成的模型表明顾客满意的形成有多条路径，认知因素、情感因素、价值因素都可在一定情境下促使顾客产生满意。事实上，顾客满意的形成还受更多因素的影响，感知公平性（Joshi，1990；Oliver and Swan，1989）、产品质量（Fornell，1992）、消费情感（Mano and Oliver，1993；Oliver，1993）、需要的满足程度（Spreng，MacKenzie，and Olshavsky，1996；Westbrook and Reilly，1983）等都是顾客满意的前置因素。

# 第四节　对国内外研究成果的评述

通过对顾客参与、顾客价值和顾客满意等相关文献的回顾和梳理可以看到，前人的研究成果为本研究提供了丰富的理论基础和可借鉴之处；同时，也可以看到，三者的研究领域还存在可供深入研究的空间，尤其是现代信息技术的普遍应用及网络化社会结构的逐步形成，营销环境发生了巨大的变化，顾客与企业的市场角色也发生了改变，为顾客参与、顾客价值和顾客满意的研究提供了新的社会背景，也提供了新的研究契机。

① 顾客参与与顾客价值创造之间的关系值得研究。根据文献回顾，传统意义上的顾客参与行为研究集中于服务行业，后逐渐扩散到 B-to-B 市场以及

有形产品的产品开发与创新阶段。无论在哪个市场上，顾客参与都是作为企业营销战略之一为实现企业目标服务的，这些目标可能是提高企业的生产效率、为消费者提供更符合其需求的产品或服务，抑或是提高企业创新能力和减少服务失败和试错率的一种手段，顾客被作为“兼职员工”或“部分员工”纳入到企业的服务生产和传递系统。现有的研究大多偏重于顾客参与对企业经营绩效的影响，较少有研究涉及顾客参与为顾客带来哪些现实的利益。顾客参与行为是具有一定的目标指向的，作为服务生产和传递的重要参与者，顾客希望能从参与中获得收益，在参与中创造的顾客价值也备受顾客关注，这些顾客价值不仅仅是顾客态度形成的重要影响因素，还会成为顾客再次参与的动力源泉。尤其是在共同创造价值的理念之下，顾客在参与活动中更主动和富有创造性，现代信息技术的发展和网络的普及推动了顾客参与模式和参与行为的变化，对新市场环境下的顾客参与研究和顾客通过参与行为与企业共同创造的顾客价值研究就显得尤为必要，从中不仅能够洞察顾客价值构成及顾客参与行为对顾客价值形成的影响，也能为企业促进顾客价值创造提供战略性指导。

② 对顾客价值创造的研究基本建立在产品主导逻辑之下，服务主导逻辑下顾客价值创造问题值得研究。现有对顾客价值研究的一个基本前提是，企业利用内外部资源为消费者创造价值，消费者在服务过程中感知企业创造和传递的价值，顾客价值是以企业为主导创造的，消费者则是价值的被动接受者。企业致力于如何为消费者提供比竞争对手更为卓越的价值以获得竞争优势，消费者并不参与到价值创造系统中，这一过程体现出产品主导逻辑下的价值创造模式。但在现实的市场环境中，消费者的角色已经发生了变化，消费者寻求在市场上获得更多的主动权和控制权，积极参与到价值创造过程中，从被动的价值接受者转变为主动的价值共同创造者，价值创造模式逐步向服务主导逻辑下的价值共同创造让渡。根据服务主导逻辑，价值共同创造既包括企业逻辑的价值共同创造，也包括顾客逻辑的价值共同创造，卓越的顾客价值来源于企业与消费者互动中的共同创造，消费者与企业都对顾客价值创造投入资源，并有所贡献。现有的研究还未能将消费者作为价值的共同创造者来研究消费者在顾客价值创造中的作用。消费者主动而富有创造性的参与活动能够帮助消费者主动去探求并感受参与行为带给自己的种种非同凡响的体验，消费者在积极参与和互动中创造并感知着价值，在为企业创造价值的同时也为自己创造了价值。现有顾客价值的研究并未将消费者对顾客价值的贡献表现出来，也没能对消费者如何共同创造顾客价值以及共同创造的顾客价值对消费者的行为结果的影响通过理论和实证的方式予以论证。虽然共同创造价值的理念已经形成（Prahalad and Ramaswamy，2000，2004；Vargo and Lusch，2004），但目前研究的重点依然是对共同创造价值的概念性论证和文字性描述，实证研究中已有基于企业逻

辑的共同创造价值的研究，但基于顾客逻辑的对共同创造顾客价值的实证研究还只是凤毛麟角。

③ 现有顾客参与和顾客价值的研究对于顾客与企业之间的互动性体现不足。顾客参与的概念本身包含了企业与消费者之间互动的内涵，顾客参与的效果与收益由企业与消费者之间的互动质量决定，尤其是在参与度较高的情境下，企业与消费者的互动显得尤为重要。但在以往的研究中，往往将消费者和企业作为两个分割的主体进行研究，企业与消费者之间的互动性在顾客参与的研究中体现不多。另一方面，顾客价值本身也是一个互动的概念，在传统的价值创造体系下，顾客价值的主观性、个体性、情境性决定了顾客价值是建立在消费者感知基础之上的，只有顾客感知到的价值才称得上是顾客价值，企业在创造价值和顾客感知价值之间需经由企业与消费者之间的互动而实现。在共同创造价值的理念下，顾客价值的互动性特点就更为明显。企业与消费者共创价值的过程是一个双向价值创造过程，企业与消费者既共同创造了企业价值，也共同创造了顾客价值，互动是价值共创的桥梁和必不可少的条件。因而，在消费者共同创造顾客价值的研究中，将企业与消费者的互动因素考虑到价值共同创造中，并研究互动对共同创造顾客价值的影响是一个有意义的话题。

④ 现有的实证研究中，对顾客价值、顾客参与多以单维的变量加以研究，揭示它们与其他变量之间的因果逻辑关系，少有研究变量内部结构之间的关系。顾客价值与顾客参与都是具有内部维度结构的多维变量，通过已有文献可以看出顾客参与、顾客价值和顾客满意作为单维变量之间的逻辑关系，但人们并不清楚地知道具体到各个变量的多维度结构之间的逻辑关系。对企业而言，仅仅论证顾客参与、价值以及满意之间的逻辑关系是不够的，更为有意义的是了解各变量具体维度之间的关系，因为只有具体到变量的各个维度甚至于更加细微的维度测量，才能实际指导企业的运作。对这些变量维度结构之间关系的细化研究可以帮助企业制订具有实际操作意义的营销战略。

# 第三章　价值与价值创造

## 第一节　价　值

"价值"既是一个经济概念，也是一个哲学概念。价值作为对事物属性的一种认识，出现在诸多学科的研究中，最初在道德哲学中被加以研究，直到18世纪，经济学作为独立的学科而存在，对价值的研究也成为经济学所研究的一个主要内容（Ramirez，1999）。不同研究领域对价值的内涵有不同的界定，丰富而多元的内涵使价值这一概念也变得"难以琢磨"（Woodall，2003）。

### 一、经济学研究中的价值与价值决定

《辞海》对"价值"有三种解释：① 价格；② 体现在商品中的社会劳动；③ 事物的用途或积极作用。这三种解释都与经济学有关。在经济学领域中，不同的流派对价值的界定也各不相同。英国古典经济学家斯密（1776）明确将价值区分为使用价值与交换价值，他指出："价值一词有两个不同的意义，它有时表示特定物品的效用，有时又表示由于占有某物而取得的对他种货物的购买力。前者可叫作使用价值，后者可叫作交换价值。"斯密的这一区分，在价值学说的发展中起到了重要的积极作用。马克思的政治经济学则认为价值是在商品的交换关系中以货币价格相对表现出来的人类劳动的单纯凝结，体现的是商品所有者互相交换劳动的社会经济关系。

在经济学中，价值的讨论基础是不同的价值决定理论。"商品的价值是由什么因素决定的?"对于这一问题的解释，形成了不同的价值论观点，主要有四个流派：劳动价值论、生产要素价值论、效用价值论和均衡价值论。

劳动价值论认为，商品的价值决定于商品在生产中耗费的劳动时间，斯密认为"劳动是一切商品交换价值的真实尺度"，英国经济学家大卫·李嘉图认为"商品的价值量与投入它们的劳动量成正比"。马克思将劳动价值论进一步发展，提出以"社会必要劳动时间"度量商品的价值，商品的价值是由无差

别的一般人类劳动创造的。在劳动价值论中，商品价值由生产领域内的物质的、具体的因素决定，而非由生产之外的心理的和精神的因素决定。劳动价值论从卖方或供给方的角度讨论价值，可以归结为客观价值论。

生产要素价值论认为产品的价值由生产要素决定。萨伊提出了劳动、资本、土地三个生产要素，后被不断扩展，加入了知识和技术、企业家精神、管理等要素。生产价值论认为最终产品中的价值由生产要素的投入决定，每一要素都创造价值，价值也要按要素进行分配，但静态的生产要素本身不会自动创造价值，只有加入了人类劳动活动，生产要素才能够创造新的价值。和劳动价值论一样，生产要素价值论将价值的产生限定于生产过程，与流通和消费过程无关。

与客观价值论相对应的是主观价值论，典型代表是从买方或需求方讨论价值的效用价值论。效用价值论认为，人们所给予物品的价值由物品的用途决定，萨伊（1803）把物品满足人类需要的内在力量叫作效用，“创造具有任何效用的物品，就等于创造财富，因为物品的效用就是物品价值的基础，而物品的价值是财富的构成”。人们对效用的衡量是主观的，对效用的判断同个体自身的需要相联系，并且随着需要的强度和物品的稀缺性而变化。杰文斯认为“效用虽是物的一种性质，但不是物的内在性质。它最好被看作物的一种情况，即物同人的需要的关系引起的情况”，门格尔也认为“价值就是经济人对货物所具有的意义所下的判断”。英国经济学家西尼尔认为有用性、稀缺性和可交换性是价值的三要素（李建栋，2010）。随后发展起来的边际效用理论在经济学中也占有重要地位。可见，效用价值论将物品价值的评定由对价值的客观衡量转向物品使用者对物品有用性的主观感受和判断，商品的价值并不是其内在客观属性，而是人对商品效用的主观评价，价值是表示人的欲望同物品满足这种欲望的能力之间的关系，即人对物品效用的“感觉与评价”。

1844 年，恩格斯在批判效用论与生产要素论各执一词时指出“价值是生产费用对效用的关系”，这一界定将价值的客观决定与主观决定相结合，成为共同决定价值的因素（蔡继明，2010）。

19 世纪末 20 世纪初，英国著名经济学家马歇尔综合了“生产费用论”“边际效用论”“供求价格理论”而提出了“均衡价值论”。均衡价值论认为在其他条件不变的情况下，商品的价值由商品的供求状况决定，具体由商品的均衡价格衡量。在均衡价值论中，价格分析最终代替了价值分析。

经济学中的价值研究主要研究价值形成的来源和对价值的衡量，其中效用价值理论与营销学中的价值认知研究在本质上是相同的，只是研究视角有所不同，营销学对于价值的研究基于更加微观的基础，偏重于企业与消费者双方的价值创造与价值传递。

## 二、哲学研究中的价值

哲学意义上的价值是最一般意义上的价值，其内涵十分丰富，《中国大百科全书：哲学卷》将“价值”解释为：“价值的一般本质在于：它是现实的人同满足其某种需要的客体的属性之间的一种关系。”价值反映出客体对主体有用性的特质和属性，成为主体与客体之间某种关系的桥梁。

在哲学的发展中，价值的含义也在拓展，“价值既是反映主体与客体、人与世界之间的需要与被需要、满足与被满足的特定关系的范畴，又是指主体劳动实践创造的价值世界，还包括价值创造活动的价值和创造主体人的价值”（刘秀芬，1990）。哲学研究视角的价值创造的基本过程是按照人的本质力量改造对象的过程（钟克钊，1992）。人通过实践活动，在价值创造过程中实现了两个结果：一是创造了价值世界，二是在创造价值世界的同时，创造了人自身的发展。价值创造活动不仅仅是价值产生、存在和实现的客观基础，也是创造主体实现自我价值的必要形式，创造价值活动是主体创造价值和主体自身价值实现的统一（刘秀芬，1990）。因而，创造价值活动中的人们，既是主体，又是客体；既是价值的创造者，又是价值创造的产物。在价值创造中遵循着两种依据：一是遵循主体在价值创造中依据自身的需要、与环境的特定关系以及主体的目的性，二是遵循客体的性质、结构及本质联系和规律性。

哲学研究范畴中的价值和价值创造并非是特定关系意义上的价值创造，它揭示的是价值创造过程的本质，是最普遍意义上价值创造的关系活动。

## 三、市场营销学中的价值

价值是市场营销研究的一个核心概念，为顾客提供卓越的价值是形成企业竞争优势的重要内容，也是市场营销的核心目标之一（Sheth and Uslay，2007），价值是市场营销行为最重要的基础（Holbrook，1994）。

在不同的研究背景下，“价值”有不同的含义。一些文献中，价值的概念意味着收益和支出的比较、目的-途径的实现关系和对消费对象的享乐追求。价值既可表现为货币可衡量的经济价值、功能价值，也可表现为被感知的情感的、认知的、社会的（Sheth，Newman，and Gross，1991；Holbrook，2006）、享乐的和利他的（Holbrook，2006）价值。在营销学中，对价值的理解分为两个方面：一种是站在顾客的角度研究企业创造和传递给顾客的价值，是企业为顾客创造并被顾客所感知的价值，常以顾客价值、顾客感知价值为衡量；另一种是站在企业的角度研究顾客通过购买行为为企业带来的一系列价值，是企业为顾客提供和创造价值的价值产出，常以顾客终生价值为衡量，这层意义的顾客价值研究以顾客资产学派为代表。在共同创造价值背景下，市场营销对价值的研究，正在由以产品、组织和交换为中心的价值研究转向以顾客的个性化体验为基础的价值研究。

市场营销中的“价值”有多种表现形式。

1. 交换价值

交换是市场营销的内核，也是市场营销理论的关键概念之一，在市场中，交换的发生是由于交易双方都希望通过交换获取各自所需的价值。交换价值指的是购买者为提供者所提供的产品或服务愿意支付的金钱价格（Porter, 1985），对企业而言，交换价值可转化为企业的收入。交换价值强调的是买卖双方之间的等价交换，各取所需，价值已凝结在提供物中，提供物通过交换实现其价值。

2. 顾客价值

关于顾客价值，前文综述中已详尽说明，此处不再赘述。

3. 使用价值

市场营销中的使用价值（value-in-use）不同于传统意义上理解的产品的效用价值。与交换价值不同，使用价值被理解为价值不是由供应商提供的，而是消费者在使用产品和服务中，在与供应商互动的过程中创造的。使用价值是消费者在使用过程中创造或出现的价值。Wroe Alderson（1957）50 多年前就提出了使用价值的概念，“从消费者角度来讲，物品本身不具有价值，直到它被最终消费者所占有，并最终成为他的一部分”；20 世纪 90 年代初，使用价值的概念作为交换价值概念的对立在大量营销和管理的文献被提出。随着服务主导逻辑的提出，“使用价值”越来越多地受到关注，尤其是服务营销中的诺丁学派，将使用价值作为共创价值的基础和前提，Vargo and Akaka（2009）认为，如果消费者没有消费该产品，它就没有价值。使用价值的概念表明，价值是在消费者的使用过程中产生的，所以，使用价值是被消费者创造的，也是被消费者体验的。使用价值依赖于一定的情境，Vargo（2008）曾提出以情境价值（value-in-context）代替使用价值，表明使用价值本身是依附于一定的消费和使用情境之中的。

事实上，使用价值和交换价值有着千丝万缕的联系，从长期来讲，如果消费者不能创造出他们想要的价值，他们就不愿意为其支付价格或要求打折甚至停止购买。因而，交换价值与使用价值密不可分，持续创造的使用价值会提高企业的交换价值，这也是企业对与消费者共同创造使用价值应予以关注的重要原因。

# 第二节　价值创造

## 一、价值创造的标准

一般地讲，价值的概念暗含着对成本与收益的比较评估（Zeithaml，1988；Peter and Olson，1987；Woodruff，1997）或消费中得到的享乐（Holbrook，1994）。营销学中对顾客获取价值或价值创造的判断有两个标准。

### （一）以 Grönroos 为代表的“顾客利益增加说”

价值创造是一个使消费者（使用者）在某些方面变得更好（Grönroos，2008）或增加消费者的利益（Vargo，Maglio and Akaka，2008）的过程；Grönroos（2008）将顾客获取的价值定义为“价值意味着当顾客完成了自我服务过程（做饭或从 ATM 机中取款）或完全服务过程（外出就餐或通过银行的柜台取款），顾客实际上或感觉上比之前更好，顾客就获得了价值”。顾客在消费过程中使用他们的资源是为了获得渴望的价值，这些价值既包括可衡量的财务价值，也包括消费者通过体验和感知获取的过程价值，顾客“实际上或感觉上比之前更好”描述的是顾客的价值增加后的状态。Grönroos 对价值创造的理解虽然不是一个严格意义上的定义，但他给出了价值创造评价的基本思路：通过服务前后的现实或感知的正向差异来描述顾客在服务中获得的价值，服务后较服务前顾客“在实际上或在感觉上比之前更好”，顾客就从中获得了利益，也得到了价值，价值创造的判断是基于时间序列上顾客利益变化的纵向比较。

### （二）“成本收益比较说”

很多学者认为，价值意味着对成本与收益的比较评估（Zeithaml，1988；Peter and Olson，1987；Woodruff，1996），当收益大于成本时，意味着带来了新的价值。大多数对顾客感知价值的研究基于感知所得与感知所失的比较。Tirole（1988）提出的“价值-价格-成本模型”将价值创造表达得更为清晰，V 代表使用价值，P 代表交换价值，C 代表成本，V-P 表明消费者剩余，P-C 表明生产者剩余，也就是企业赢利。从消费者角度讲，价值创造意味着形成或增加消费者在消费中的价值收益或降低交换的价值，也即力求增加消费者剩余。可以看出，“成本收益说”对价值创造的衡量是基于某一活动的横断面的收益成本比较，不涉及时间序列的纵向比较。

## 二、价值创造方式的演变

从企业战略和营销角度讲，价值创造是使消费者（使用者）在某些方面变得更好（Grönroos，2008）或增加消费者的利益（Vargo，Maglio and Akaka，2008）的过程。按照价值创造主体在价值创造中的贡献不同，价值创造可以分为以下三种方式。

### （一）生产者单独创造价值

生产者单独创造价值是工业社会“产品主导逻辑（Good Dominant Logic）”下价值创造的主要方式（Vargo and Lusch，2004）。在产品主导逻辑下，生产者作为价值的唯一创造者，整合各种资源自主决定价值创造，生产者提供的产品或服务成为价值的基础，获得产品或服务的交换价值是生产者所关注的核心利益；对生产者而言，消费者仅代表着市场需求，是企业服务的目标市场，消费者通过市场交换获取所需之物，在消费中成为价值的毁灭者，因而，消费者是价值的被动接受者，被排除在价值创造系统之外。生产者单独创造价值模式下，价值在交换之前已经被生产者创造，并固化在产品之中，市场交换是价值得以实现的途径，生产与消费是两个相对独立的过程，生产者与消费者界限清晰，只在市场交换中实现两者的交互。

### （二）生产者与消费者共同创造价值

在共同创造价值模式下，消费者变得日益活跃，逐步涉入到生产者的价值创造系统，与生产者在产品或服务的设计、生产和消费等过程中形成互动和合作，进而对价值创造产生影响（Sheth，2000）。生产者的价值创造系统演化为一个开放的系统，消费者作为操纵性资源参与到价值创造过程中，成为价值的共同创造者（Vargo and Lusch，2004；Prahalad and Ramaswamy，2004）。生产者与消费者在合作互动中共同创造价值，生产和消费过程相互融合，不再独立，表现为消费者作为生产性资源加入到企业价值创造系统，同时企业通过提供价值主张、与消费者互动等形式加入到消费者的价值创造系统。

根据企业和消费者在价值创造中的地位和作用不同，可将共同创造价值划分为以企业为主导的价值共同创造和企业与消费者作为平等主体的价值共同创造两种形式。

1. 以企业为主导的价值共同创造

以企业为主导的价值共同创造表现为企业与消费者共同生产，在共同生产中，企业在自主的生产流程中，将消费者作为一种生产资源安排到企业的研发、设计、制造、分销、营销等各个环节，通过与消费者的互动实现价值共同创造。这个过程中，企业是主导者，消费者作为“部分员工”参与共同生产的行为是协助企业顺利完成价值创造与交付的一种方式。消费者的共同生产行为是被安排的、工具性的，消费者在共同生产中的选择权利较小，参与的主动性有限。虽然消费者在这一过程中参与了价值的共同创造，但这里消费者与企业共同创造的“价值”主要是“企业的价值”“交换的价值”“凝固和套嵌在产品中的价值”，因而，消费者是作为一种被操纵资源（Vargo and Lusch，2004）被加入到企业的价值创造系统的，消费者是被动的，以为企业创造交换价值为目的，整个价值共同创造过程以企业为中心。

2. 企业与消费者作为平等主体的价值共同创造

随着企业和消费者角色的转变，消费者的共同创造价值行为变得主动、积极、自主并富有创造性。在服务主导逻辑下，消费者成为价值的共同创造者，作为操纵性资源（Vargo and Lusch，2004），消费者应用自己的知识、技能、智力资本作为价值创造主体投入到价值创造系统，利用企业提供的资源为自己创造价值和寻求解决方式的过程。企业的角色则转变为为消费者参与提出价值主张（Vargo and Lusch，2004），提供参与互动和创造个性化体验的环境及条件，实现与消费者合作性、交互性地创造价值。基于服务主导逻辑的共同创造价值强调共创价值主体的平等性，各主体在价值创造中都有所贡献，并且要在价值分享中获得相应的价值，价值在相互作用中形成，所有各方都在为自己的利益投入资源，同时也在为别人的利益投入资源，共同的投入保证最终能各取所需。

**（三）消费者单独创造价值**

Grönroos（2009）将服务主导逻辑下的共同创造价值进一步发展，提出了“价值发展过程中的共同创造”，认为使用价值的创造是以消费者为主导的，企业作为一种资源参与到消费者的价值创造中，而不是消费者作为一种资源参与到企业的价值创造中，企业为消费者的价值创造过程提供支持，在这一过程中，消费者是价值的创造者，企业是价值的共同创造者。秉承这一思想，Heinonen 等（2010）提出了“顾客主导逻辑”，认为存在于日常生活中的使用价值创造由消费者主导和控制，消费者体验成为消费者主导的价值共同创造的核心内容。与共创价值下的体验不同，顾客主导逻辑下的体验超越了与企业互动的范畴，是使用价值形成的全过程体验。因而，企业关注的焦点不仅是生产和营销活动的结果以及与消费者的互动过程，更要关注与消费活动、消费体验相关的消费者的日常生活，帮助消费者通过利用产品或服务实现其目标。“顾客主导逻辑”为消费者单独创造价值提供了理论支持。

消费者单独创造价值是消费者在企业提供物的基础上，根据消费者自己的价值主张，在消费过程中对企业提供物进行价值再创造的过程。在这一过程中，企业与消费者之间不形成互动，消费者利用企业提供物单独创造价值，这一价值既可以是客观的效用价值，也可以是主观的感知价值。如消费者根据个人偏好和需求改变企业产品结构和使用方式以满足其个性化消费，并获得效用价值和心理价值。

与前两种价值创造方式不同，消费者单独创造价值本质上是消费者使用和消费产品或服务过程中的价值再创造过程，是基于使用价值基础之上的新的延伸价值的创造，并不涉及企业生产和企业价值创造过程。消费者单独创造价值方式为价值创造增加了新的元素，也正逐渐成为后工业时代一个新兴的研究领域。

价值创造方式的演变如图 3.1 所示。

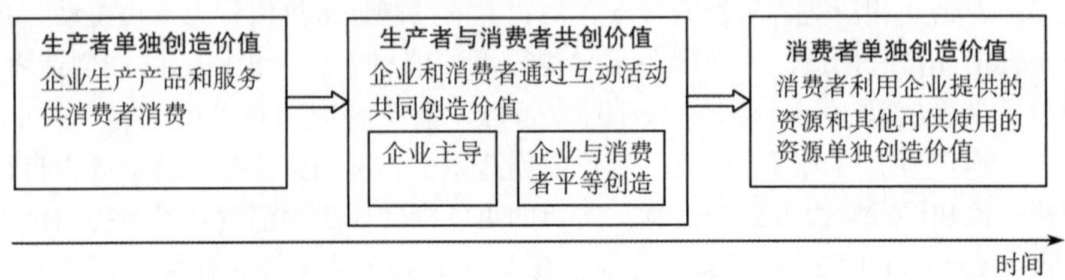


图 3.1　价值创造方式的演变

（资料来源：笔者根据相关文献绘制。）

## 三、传统价值创造模式与共同创造价值模式的比较

本书把企业单独创造价值的方式称为传统价值创造模式，将其与企业和消费者共同创造价值模式进行比较，见表 3.1。

表 3.1　传统价值创造模式与共同创造价值模式的比较

| | 传统价值创造模式 | 共同创造价值模式 |
|---|---|---|
| 关注的价值 | 交换价值 | 使用价值或情境价值 |
| 价值创造者 | 企业 | 企业、消费者、合作者网络 |
| 价值创造过程 | 公司将价值植入产品或服务，通过增加产品属性增加价值 | 企业通过市场提供物提出价值主张，消费者通过使用和消费继续创造价值 |
| 价值实现 | 关注企业单方面的价值实现 | 包括企业、消费者及合作者在内的共创价值系统的价值实现 |
| 使用资源 | 主要是被操纵资源 | 主要是操纵性资源 |
| 企业角色 | 生产和分销价值 | 提出价值主张，共创价值、提供服务 |
| 商品角色 | 产出单位 | 操纵性资源的媒介 |
| 消费者角色 | 使用和破坏企业创造的价值 | 价值的共同创造者 |

（资料来源：笔者根据相关文献整理。）

# 第三节　共同创造价值

共同创造价值作为一种新的价值创造方式正在受到学术界的关注，该理论的提出冲击着传统的价值生成方式、营销理念、企业战略乃至消费者行为研究。作为服务主导逻辑的基本信条（Vargo and Lusch，2004），共同创造价值正在成为企业获取竞争能力的下一个前沿问题（Prahalad and Ramaswamy，2004）。

## 一、共同创造价值理论产生的现实背景

任何一种新理论的出现都有其产生的社会和经济背景，后工业时代消费文化的兴起、体验经济的到来和科技的发展从不同侧面推动了共同创造价值理论的形成与发展。

1. 后工业时代消费文化的兴起成为消费者参与共同创造价值的社会基础

随着后工业时代消费文化的兴起，消费活动和消费者的地位发生了变化。一般地，消费被理解为"在现在的经济与社会条件下，人们为了满足其需求和需要，对终极产品、设施或劳务的选择、购买、维护、修理与使用的过程"（王宁，2001）。但在后工业时代，消费的意义发生了变化，法国社会学教授让·鲍德里亚认为对商品的购买、占有和使用、处置的过程只是消费的前提，有意义的消费是一种系统化的符号操作行为（鲍德里亚，2001）。后工业社会中，消费担负起塑造当代社会之功能：在生活层面，它是构建身份、构建自我和构建与他人关系的工具；在社会层面，它是维持制度、群体、结构和此类事物持续存在的纽带；在系统层面，它是确保所有生活和社会状况再生产的途径（周发财，2010）。后工业时代赋予消费更多的意义，当消费代替生产成为连接社会关系的主要纽带，人们通过消费相互沟通，通过消费获得群体认同和情感的满足之时，"生产之镜"变成了"消费之镜"（鲍德里亚，2005），人类借以认识自己和世界的镜子由生产领域转变为消费领域。"生产之镜"到"消费之镜"的转变折射出消费活动及消费者在社会中的地位变化，在工业社会，生产是主导，生产者主导着社会活动；而在后工业社会，消费活动成为塑型社会的主导性活动，消费者也日益在这些活动中活跃起来，消费者希望成为过程的控制者，而不是被动的接受者，消费者积极主动地参与到商品设计、生产和销售的过程中，在与企业的交互活动中掌握了更多的决定权，在产品的形成过程中体现自己的意志和个性，价值交换方式由生产者主导逐渐转变为由消费者主

导。这一转变的本质反映了后工业社会的消费者对参与及掌控权的追求，正如Firat，Dholakia 和 Venkatesh（1995）认为的，后现代社会的特征是生产和消费的颠倒：消费者正在夺取以前属于生产者的特权地位，争取生产中的主动性。

2. 体验经济对消费行为的影响促使消费者参与价值共同创造成为必然趋势

从 Toffler（1970）提出制造业、服务业和体验业的经济发展三阶段论，到 Pine Ⅱ等（1998）宣称“我们正在进入一个经济的新纪元：体验经济已经逐渐成为继服务经济之后的又一个经济发展阶段”，体验经济正在改变着消费行为，消费者越来越多地通过互动和参与企业价值创造过程获得消费体验。在体验经济下，消费者从购买商品的基本功效转变为追求消费中获得的愉快体验，消费的过程不再是单纯地得到某种物质产品或服务以满足功能化的需求，而是追求在消费中享受“情绪、体力、智力甚至是精神的某一特定水平时，意识中所产生的美好感觉”（Pine and Gilmore，1998），获取体验是消费者通过个性化的参与方式获得的一种体现消费者自我概念的精神需求。为了获得这些体验，消费者需与企业形成良好的互动关系，参与到企业为消费者提供消费体验的情境中去。消费者在消费活动中获得体验的基础行为是参与和互动，只有参与到体验情境中，并与企业在多个互动界面形成互动，消费者才具备体验的基础和条件。所以，随着体验经济的到来，消费者更多地以参与的方式介入到企业与自身的价值创造过程中，并在参与中获得精神的、情绪的、智力的等各方面愉悦美好的体验。在实现体验的过程中，消费者同时为自己和企业创造了价值。

3. 信息技术的发展为消费者参与共同创造价值提供了便捷高效的平台

信息技术的高速发展和互联网的普及促使企业封闭的系统开放化，沟通打破了地域的限制，大量的信息资源可低成本获得，网络信息的快速传递缓解了市场信息不对称的痼疾，消费者之间、消费者与企业之间的沟通边界日益扩大，消费者和企业两个系统相互开放并逐渐交互。一方面，消费者通过信息技术平台，低成本地获得以前无法获取的信息，由此获得市场选择的更大自由度；另一方面，畅通的信息沟通也使得企业可以低成本地获取消费者的信息，网络评论、消费者意见反馈、论坛、博客等都为企业提供了基于信息技术的了解消费者的多样化渠道。互联网和信息技术也改变了企业和消费者关系的紧密程度，两者在互动中资源相互融合，并以合作的表现形式创造更大的价值，由过去割裂的、静态的、相对封闭的、被动的关系转变为融合的、动态的、开放的、主动的、合作的关系。一个典型的例证就是基于互联网的“虚拟顾客环境（virtue customer environments）”，虚拟顾客环境使企业与消费者之间由单向的、间断的沟通转向双向的、持续的对话，为消费者参与到企业价值共创活动提供了高效的平台，消费者通过网络参与企业产品设计、为产品提供建议、与企业共同完成产品和服务的生产和传递活动，如微软通过虚拟顾客环境（VCE）收集对产品改进具有建设性的建议，PowerPoint 97 向 PowerPoint 2000 升级中，许多创新来源于虚拟顾客环境中消费者对现有产品的讨论和建议；意大利著名的摩托车品牌杜卡迪也是通过被称为“技术咖啡馆”的虚拟顾客环境，利用消费者丰富的技术知识为产品的更新换代提供产品和技术设计的建议及创意。

软件开发行业是应用开放社会媒介进行价值共创的典型行业之一。在传统的软件开发中，开发者的角色是固定且一成不变的，不同的团队负责软件开发、更新和应用，开发者和终端使用者只能应用企业提供的内容，别无选择，即使他们有比企业软件工程师更好的方法和技术，往往也会因为公司的成本目标和长期开发计划等方面的限制而使得一些活动无法操作，如编码修改、提升终端用户的体验、修补漏洞等。

在开放社会媒介被应用以前，软件行业创造价值的主要途径是通过专有软件（专有软件是指在使用、修改上有限制的软件）。软件开发公司往往自认为企业对消费者的偏好十分了解，坚信他们开发的软件能够符合消费者的需求，定期对软件进行更新主要是为了应对竞争和消费者需求的变化等市场压力。随着网络和信息技术的普及和应用，开放的社会媒介改变了人与人之间、顾客与企业之间的交流模式，也为软件开发行业带来了新的发展契机。开放社会媒介解开了公司和软件专利对消费者和开发者的束缚，他们可以利用自己的专业知识和消费经验，通过平等的渠道进入软件编码源平台，共同讨论协商与软件有关的问题，提供编码修改的建议，提供漏洞报告和相关的信息，提醒公司可能存在的问题，并提供解决方案。消费者不仅仅是软件的使用者，也成为软件的共同开发者和共同创造者。

实践证明，不仅仅是软件开发行业，许多领域如游戏行业、娱乐行业、高参与度的服务行业等，在创新和研发过程中，开放式的社会媒介的应用，邀请消费者加入价值共创活动，往往比企业垂直式创新管理更管用。

## 二、早期的共同创造价值思想

共同创造价值的思想可以追溯到 19 世纪，早在 1823 年 Storch 就提出了服务过程要求生产者和消费者之间的合作，暗含了服务的结果和价值创造由生产者和消费者共同决定（Ramirez，1999）；Bastiat（1851）提出了所有的经济活动者都是经济联系中的中间人，在经济联系中，共同决定形成经济结果（Ramirez，1999）；Fuchs（1968）在研究服务经济和服务产业的重要性时明确提出消费者是生产的一个要素，消费者作为生产过程的一个合作因素对服务行业的生产效率产生了重要影响，许多服务行业的生产效率在一定程度上依赖于消费者的知识、经验、动机和诚实程度。早期的价值共创思想表明，在服务经济中，消费者具有生产性特征，以特定的方式与生产者进行合作，并对服务生产效率和价值创造产生影响。早期的共同创造价值的思想表明，消费者与生产者之间存在千丝万缕的联系，生产不可能完全将消费者排斥在系统之外，消费者总是以特定的方式与生产者进行合作，并对生产者产生影响，但共同创造价值没有被明确直接地表述出来。

20 世纪 60 年代，经济学的一个分支理论——消费者生产理论，突破了消费者对价值创造贡献仅限于服务经济领域的局限，在更普适的基础上将消费者在价值创造中的作用以经济学的方式充分展现，这也为价值共创的正式提出提供了理论基础。

经济学中传统的效用理论假设企业的产品直接为消费者带来效用，对消费者获得效用的研究始于产品本身。Becker（1965）对这一基本假设提出了质疑。他在研究消费者劳动时间的供给问题时，提出了消费者的消费应被视为一个生产过程，为了说明这一生产过程的存在，Becker 等（1965）将消费者在市场上购买的并不能直接为其带来效用的产品或服务称为“市场产品（market goods）”，而将消费者通过结合市场产品以及自己的时间、知识、技能等生产出来的产品叫作“商品（commodity）”。“市场产品”是企业生产的提供物，而“商品”是经过消费者加工、生产、消费而获得的效用，静态的“市场产品”只有融入了“消费资本”，即消费者生产商品的能力、经验和知识等投入，才转变为“商品”，“消费资本”的应用就是消费者的生产过程。Lancaster（1966）对传统的效用理论也提出了质疑，他认为消费者的效用函数应该是一个生产过程，消费者的效用是建立在消费者利用市场产品所“生产”出的“特性”之上的，而不是原有的产品之上。

Becker 等人不断对理论进行完善，逐步构建了消费者生产理论。消费者生产理论认为，厂商提供给消费者的任何产品，都不能直接满足消费者的需要，消费者的需要是通过消费者的“生产”而得到满足的。消费者的“生产”过程是利用企业提供的产品或者服务以及消费者自己的时间、知识和能力等“消费资本”，创造出满足自己需要的价值。企业在这一过程中的首要以及最重要的目标就是帮助消费者完成这一生产过程，企业在这一生产过程中起的作用的大小、独特程度直接决定了企业的竞争优势和利润。

在消费者生产理论中，消费者执行了价值创造者的角色，但消费者的价值创造或消费者生产过程离不开一个前提条件，即消费者的生产过程是建立在企业提供物之上的，从这个角度来讲，价值是被共同创造出来的。

在实践中，共同创造价值也是由来已久的。从《牛津英语词典》的编撰和修订中可略见一斑。纵观《牛津英语词典》的形成过程，1859 年伦敦语言协会正式着手编纂《牛津英语词典》，到 1928 年《牛津英语词典》第一版出版，整个过程历经了 70 年。这 70 年的编纂过程可以说是一个伟大的全球合作和价值共创的过程。这是一项很浩大的工程，超越了个人和任何一个团队的能力所及范围，1879 年 4 月，当时的主编 James Murray 教授向全球发出倡议，请求来自大不列颠群岛、美国、英属殖民地的志愿者投身《牛津英语词典》的编撰活动。于是世界各地不同地域、不同年龄段、不同职业的人参与了这项活动，有教师、作家、退休商人、诺贝尔奖获得者，成千上万的志愿者将他们使用的与编纂词典有关的书籍以及有相关释义的句子、笔记、纸条等寄给 James Murray 博士。志愿者们的共同努力，最终促成了《牛津英语词典》在 1928 年正式出版，共收录 414825 个单词和短语。由于编纂工作涉及知识的更新，《牛津英语词典》的修订一直在持续，1999 年，《牛津英语词典》的主编 John Simpson 再次发出呼吁："我希望邀请全世界的读者来添加英语词典的内容，每个人都为语言历史的记录和牛津英语词典的发展做出贡献。"现今，《牛津英语词典》的修订向前迈出了一大步，实现了在线修订，在网络上每 15 分钟就会收到至少 1000 条新的或修订的词条。今天的《牛津英语词典》所表述和解释的已经不是一种英语，而是多种英语，是来自世界各地的英语所汇集而成的成果，不同地域的英语使用者共同发展和丰富了这一语言，也让更多的人分享了他们的知识和语言。价值在使用者之间的合作、交流和共享中被创造出来。

## 三、共同创造价值理论的形成

共同创造价值是一个较新的概念，引起学术界广泛关注也是近十年的事，对共创价值的研究还处于理论探索阶段。

共同创造价值的理念被不同学者在不同领域的研究中提出过（Grönroos，1982；Normann，1984）。Normann and Ramirez（1994）指出消费者是价值创造的积极贡献者。1999 年，Ramirez 展开对价值创造的讨论，针对传统价值创造理念提出了新的概念：价值共同生产（value co-production），在这一构念里，实施合作的双方共同参与价值创造和再创造，并对传统的价值创造模式和价值共同生产模式做了对比。在管理和营销界系统地、明确地提出共创价值观点的有两个分支：一个分支是 Prahalad 和 Ramaswamy 合作的一系列文章和专著《与消费者共同创造独特价值》生动地论述了共创价值的理念；另一分支是 Vargo 和 Lusch 在 2004 年提出了"服务主导逻辑"，其核心思想之一是消费者是价值的共同创造者。至此，共同创造价值理论引起了学术界的广泛关注，越来越多的学者研究在共同创造价值下，营销所面临的新挑战、企业战略调整及消费者行为的改变。

（一）Prahalad 和 Ramaswamy 提出的共同创造价值理论

Prahalad 和 Ramaswamy（2000，2004）从企业竞争视角，揭示了新环境下企业与消费者角色转变会带来企业经营理念与经营模式的转变，与消费者共同创造价值应成为企业构建新的战略资本和塑造新的企业能力的战略取向。其有关价值共创的基本观点如下。

1. 共同创造体验是消费者与企业共创价值的基础

Prahalad 和 Ramaswamy（2000，2004）从企业与消费者的共创价值实践案例入手，明确提出，共创价值本质上是共同创造消费者体验价值。消费体验是一个连续过程，价值共创贯穿于体验过程，消费者体验价值的形成过程也是消费者与企业共创价值过程。消费者个体成为共同创造体验的核心和决定因素，企业战略重点从提供产品和服务转向为消费者营造创新性的体验环境，企业不是向消费者销售体验，而是提供可利用的情境，让消费者自己创造对他们来说具有独特意义的体验。两位学者开发了“DART”模型，通过对话（dialogue）、获取（access）、风险评估（risk assessment）和透明性（transparency）四个要素保证共同创造价值的有效性。

2. 价值网络的互动是价值共创的实现方式

Prahalad 和 Ramaswamy（2004）认为“互动是共同创造价值的场所”，共创价值形成于消费者与价值网络各节点企业之间的异质性互动。企业与消费者的互动过程不仅能帮助企业获取消费者及其偏好的更深层次的信息，也能帮助消费者在服务提供者的支持下完成价值创造过程。互动以多种形式存在于由价值创造或体验形成的所有环节，既包括企业与消费者之间的互动，也包括消费者之间的互动和企业与价值网络上其他企业为共同的消费者创造体验而形成的互动，因而，共同创造价值的互动是价值网络的互动。企业在共创价值中的关注重心由企业内部的生产流程设计和产品质量管理转向消费者与企业之间的互动质量和为消费者提供创造独特体验的创新性互动环境。

在 Prahalad 和 Ramaswamy 看来，共同创造价值是企业与消费者合作创造价值，它既不是生产者取悦消费者的手段，也不是消费者通过参与行为为生产者创造价值，而是生产者和消费者作为对等的主体共同为自己和对方创造价值的过程，两者在价值共创中通过持续的对话和互动共同建构个性化的服务体验、共同定义和解决问题，价值共创贯穿于由企业与消费者互动和消费体验形成的整个过程。

简而言之，Prahalad and Ramaswamy 侧重于从体验的角度来考量共创价值，共同创造价值是企业在与消费者互动中共同创造消费者个性化体验的过程，其界定共同价值的核心和实质就是体验价值，互动是实现共同创造价值的方式。

### (二) Vargo 和 Lusch 提出的“服务主导逻辑”下的共同创造价值理论

1. 服务主导逻辑（service dominant logic）

2004 年，Vargo 和 Lusch 提出了服务主导逻辑。服务主导逻辑相对于产品主导逻辑（good dominant logic）而提出，产品主导逻辑是以工业经济为背景和条件的，其主导活动是物质产品的生产，服务只是依附于产品的“次优”产物（刘林青、雷昊、谭力文，2009）。在产品主导逻辑下，生产者生产产品，消费者消费产品，价值创造系统围绕企业谋求“交换价值”的运作，价值被附加于产品之上，企业是价值的创造者，消费者是价值的被动的接受者。生产者与消费者的角色和界限清晰，且被明显地割裂开来。

Vargo 和 Lusch 提出的服务主导逻辑，起初在营销学和管理学界引起了热烈的讨论，这也促进了其不断完善，并最终形成了服务主导逻辑的十个假设（见表 3.2）。

表 3.2　　服务主导逻辑的基本假设

| | 基本假设 | 解释说明 |
|---|---|---|
| FP1 | 服务是所有经济交换的根本性基础 | 操纵性资源（知识和技能）的应用，服务是所有交换的基础，为服务而交换服务 |
| FP2 | 间接交换掩盖了交换的根本性基础 | 商品、货币和制度掩盖了交换“服务为服务”的本质属性 |
| FP3 | 商品是提供服务的分销机制 | 商品（包括持久的和非持久的）通过使用提供的服务驱动价值 |
| FP4 | 操纵性资源是竞争优势的根本性来源 | 导致期望变革的相对能力驱动竞争 |
| FP5 | 所有经济都是服务经济 | 由于不断增加的专业化和外包化，服务变得越来越明显 |
| FP6 | 消费者是价值的共同创造者 | 价值创造是交互的 |
| FP7 | 企业不能传递价值，只能提供价值主张 | 企业在其价值主张得到认可后，为创造价值提供可应用的资源，并合作性地创造价值，但不能独立地创造和传递价值 |
| FP8 | 服务为中心的观点是内在的以消费者为导向的和关系性的 | 源于服务是由消费者决定的和共同创造的 |
| FP9 | 所有经济性和社会性行动者都是资源整合者 | 意味着价值创造的情境是网络的网络 |
| FP10 | 价值总是被受益人独特地和现象地决定 | 价值是独特的、体验的、情境的和充分意义的 |

（资料来源：Stephen L Vargo，Robert F Lusch. Service-dominant logic：continuing the evolution [J]. Journal of the Academy Marketing Science，2008(36)：7.）

服务主导逻辑的核心思想之一是“服务是所有经济交换的根本性基础”，假设1、假设2、假设3、假设5都围绕这一主题。这里的“服务”已经不是传统意义上作为企业的一种行为或提供物的服务，在服务主导逻辑下，服务是交换的普遍共同特性，而不是交换的一种特定形式（Payne，2008）。Vargo and Lusch（2004）将服务重新定义为过程，为了其他实体的利益而使用某人（企业、机构等）的资源和能力（知识和技能）的过程。Vargo and Lusch认为所有的经济就实质而言都是“服务对服务”的经济交换，所有的经济都是服务经济，市场主体间在相互服务中为己方和对方创造利益，服务成为所有市场行为的中介。商品在服务主导逻辑被看作服务提供的分销机制，而不是价值创造和交换的首要要素。

Grönroos（2009）从微观角度解释了服务的基础性，认为服务主导逻辑下的服务代表了消费者购买和消费的过程以及公司的商业模式和市场营销战略的过程。他将产品和服务界定为“产品是生产过程的产物，而服务或服务行为是互动过程的产物”，对消费者而言，服务意味着在价值创造方面能够使用所提供的资源（Grönroos，2008）。产品为消费者提供了潜在的价值，消费者购买了产品，并为将产品的潜在价值转换到他所需要的现实价值付出行动和努力，服务行为就是帮助消费者将潜在价值转变现实的价值。对提供者而言，使用产品只是一个封闭的系统，而使用服务行为，或使用套嵌在服务过程中的产品，才是一个开放的系统，在这个开放的系统，企业可以积极主动地发挥作用，与消费者共同创造价值。消费者与企业之间的经济活动是通过服务实现的，通过服务，参与各方都获取价值，服务的过程为服务提供者和消费者都创造价值。服务在这个过程中是一个中介，是实现目标的手段，整个经济的基础就是以服务为中介的相互的价值创造。

2. 服务主导逻辑下的共同创造价值

服务主导逻辑的核心观点之二是“消费者是价值的共同创造者”，假设4、假设6、假设7、假设10都围绕这一主题。服务主导逻辑非常强调操纵性资源的应用，认为“操纵性资源是竞争优势的根本性来源”。操纵性资源是作用于被操纵性资源，从而产生效果的资源（Vargo and Lusch，2004），操纵性资源往往是无形的，如知识、技能、智力资本等。产品主导逻辑下，竞争主要依靠被操纵性资源的独特性与优势，消费者作为被操纵性资源投入到企业的价值创造系统；而在服务主导逻辑下，竞争优势的源泉来自操纵性资源，因为它们才是效果的真正缔造者，消费者作为操纵性资源，以自己的知识、技能作用于被操纵性资源而创造价值，这一点成为价值共同创造的基础。

随着企业和消费者的角色的微妙变化，消费者从价值的被动接受者逐步转变为价值的共同创造者。服务主导逻辑下共同创造的价值并非“交换价值”，而是在消费中获取的“使用价值（value-in-use）”，这是服务主导逻辑下共同创造价值重要的前提条件。在共同创造价值系统中，消费者作为资源整合者，应用企业提供的资源和自身资源为自己创造价值和解决方式，对消费者而言，价值是随着消费者参与到价值共创活动而持续动态形成的，“价值被受益人独特地、现象地决定”（Vargo and Lusch，2008）；同时，企业致力于将自己置身于消费者的使用过程中，与消费者互动以帮助消费者实现价值共同创造，在这个过程中，企业为共同创造价值提供便利，并与消费者合作性、交互性地创造价值。因而，在服务主导逻辑下，价值的创造过程发生在消费者使用、消费产品或服务时，共同创造价值的过程包括企业提供者提供卓越的价值主张和消费者在消费产品或服务中的价值创造（Payne，2008）。

### （三）两种“共同创造价值”的比较

对两种共同创造价值理论进行比较，会发现两者之间的差异。

1. 研究视角的差异

Vargo and Lusch 提出的共同创造价值基于经济发展和演变模式的宏观视角，服务主导逻辑是一种经济模式，企业与消费者共同创造价值是这种经济模式的一种表征，明确了在“所有经济都是服务经济”的市场基础上，企业与消费者的市场关系的变化及两市场主体在价值创造中的关系变化。

Prahalad and Ramaswamy 提出的“共同创造价值”立足于企业经营和战略设计的微观基础，站在企业的层面研究此问题。新的市场条件下，价值创造方式发生了变化，共同创造价值成为市场发展的新趋势，企业如何对新变化做出经营战略的适应性转变，是 Prahalad and Ramaswamy 研究共同创造价值的初衷。两位学者从管理和竞争的视角探讨了共同创造价值，为企业在新的经济环境下向共创价值战略转变提供了全面的视角。

2. 共同创造价值内涵的差异

由于研究的背景和视角不同，两种共同创造价值的内涵不尽相同。简要地讲，Prahalad and Ramaswamy 提出的共同创造价值的实质就是共同创造体验价值，认为价值套嵌于个性化的体验之中，企业与消费者在互动共同创造个性化体验。共同创造的个性化体验可以发生在企业与消费者互动的任何阶段，包括新产品开发与设计、生产阶段、消费阶段等不同阶段。

Vargo and Lusch 提出的共同创造价值针对的是价值生成的特定阶段——使用和消费阶段，共同创造的价值特指使用价值，消费者利用企业提供的资源和自身资源，在使用与消费产品或服务过程中，通过与企业的互动，现象地独特地决定价值。可见，相对于 Prahalad and Ramaswamy 所提的共创价值，Vargo and Lusch 提出的共创价值在内涵和外延上要更窄一些，共创价值仅限于产品和服务的使用和消费阶段，不包括价值生成的其他阶段，尽管这些阶段也存在价值创造的合作行为。两种价值共创理论的详尽比较见表 3. 3。

表 3. 3 两种价值共创理论的比较

| | Vargo 和 Lusch 的价值共创理论 | Prahalad 和 Ramaswamy 的价值共创理论 |
|---|---|---|
| 理论视角 | 经济发展与演变 | 企业竞争 |
| 共创价值的内涵 | 狭义 | 广义 |
| 价值观点 | 共创价值产生于消费者使用和消费过程中 | 共创价值与体验相关，可产生于价值形成的任何阶段 |
| 价值创造过程 | 生产者通过市场提供物提出价值主张，消费者通过使用和消费继续创造价值 | 消费者与企业通过持续的对话和互动创造价值 |
| 价值创造者 | 生产者、消费者、合作者网络 | 生产者、消费者、合作企业 |
| 价值基础 | 使用价值或情境价值 | 共同创造体验 |
| 企业角色 | 提出价值主张，共创价值、提供服务 | 提供体验和互动情境，促使消费者参与价值共创 |
| 消费者角色 | 价值的共同创造者 | 价值的共同创造者<br>共同创造体验的核心<br>积极的参与者 |
| 价值实现 | 包括生产者、消费者及合作者在内的共创价值系统的价值实现 | 关注共创价值各方的价值实现 |
| 企业关注的焦点 | 提供价值主张<br>为消费者实现价值共创提供支持 | 关注消费者与企业的互动质量<br>关注创新体验的环境<br>关注体验网络 |

（资料来源：笔者根据相关资料整理。）

## 四、共同创造价值的概念辨析

到目前为止，共同创造价值依然是一个模糊的概念，在理论研究中，对于共同创造价值的理解和界定存在差异，还没有形成一个统一的被广泛认可的概念，相类似的概念之间错综交叠，使得原本模糊的概念更加模糊，有必要对共同创造价值的概念予以明确。

### （一）共同创造价值的界定

纵观相关文献，共同创造价值有狭义和广义的区分。

1. 狭义的共同创造价值

狭义的共同创造价值是以 Lusch and Vargo（2004）为代表的服务主导逻辑下的共同创造价值的概念，专指发生在产品或服务使用与消费阶段的使用价值的共同创造，前文已有详细论述，此处不再赘述。

2. 广义的共同创造价值

广义的价值共同创造认为，只要价值创造过程由消费者和企业共同完成，就属于价值共同创造，这里的价值不仅仅指为企业创造价值，也指为顾客创造价值。Sheth（2000）认为共创价值营销是指营销者与顾客在产品或服务的设计、生产和消费过程中形成互动和合作；何国正（2008）认为顾客通过直接参与价值链上的基本活动，与企业一起共同创造价值的方式即为价值共创形式；Doorn（2010）认为“共同创造”是顾客与企业通过共同的创意、设计、和其他自主行为在价值创造过程进行合作，共创价值既可以是有意识的行为，也可以是无意识的自由行为，只要消费者参与到与企业的定制化体验中，共创价值就发生了，因而，消费者提出改进服务体验的建议、帮助服务提供者、帮助其他顾客既属于顾客参与行为，也属于顾客共创价值行为（Doorn，2010）。

Grönroos（2008）在分析共同创造价值时，将共同创造价值细分为两种情况：一种是消费者作为一种资源参与到企业的价值创造中，与企业共同创造价值，这个过程发生在价值生产过程，该过程由企业主导和管理，企业是价值的创造者，消费者是价值的共创者，Grönroos 将其称为“价值形成过程的共同创造”；另外一种是企业作为一种资源参与到消费者的使用过程中，与消费者共同创造价值，这个过程发生在消费和使用领域，消费者在使用和消费的过程中发展价值，或创造由其自身决定的价值，企业通过自身行为与消费者产生互动，影响消费者的使用和消费过程，从而影响消费者的价值创造过程。整个价值创造过程由消费者主导，消费者是价值的创造者，企业是价值的共同创造者，被称为“价值发展过程的共同创造”。Grönroos（2009）认为这两个过程都存在价值共创行为，企业与消费者都是价值的共同创造者，只是在这两个不同的过程中，他们两者的关系不是平行的。Grönroos 认为服务主导逻辑下共创价值的发展实质上是服务主导逻辑下共同创造价值内涵的拓展，将 Vargo and Lusch（2004）提出的共同创造价值专指“使用价值”的共同创造，延展到包括生产领域的共同生产和消费领域的共创“使用价值”。从这个意义上讲，共同创造价值既包括生产领域的“价值形成过程的共同创造”，也包括消费领域的“价值发展过程的共同创造”，是广义意义上的价值共同创造。

另外，顾客与企业共同创造价值的形式也可对广义共同创造价值的外延予以勾勒。张祥（2007）参照波特（1985）的价值链模型，开发了顾客参与链模型，详尽地描述了顾客通过参与企业活动、与企业互动、共同创造价值的九种活动：顾客参与营销和销售活动；顾客参与零部件和原材料输入；顾客参与生产运作增值服务；顾客参与产品分销和运输活动；顾客参与服务支持；顾客参与基础设施管理活动；顾客作为企业的部分员工，接受组织的管理和培训；顾客参与新产品研发活动；顾客参与选购和供应商的选择。Payne，Storbacka and Frow（2008）将企业与顾客共同创造价值分为五种形式：通过广告和促销行为的顾客情感参与、自我服务、顾客本身是供应商提供服务体验的一部分（如迪士尼主题公园）、顾客使用供应商规定的程序进行自我选择、共同设计产品。

可见，在价值链或价值生成的各个环节，只要存在顾客与企业的合作行为，就可称为广义上的价值共同创造。事实上，由于服务无形性和生产与消费的同一性的特点，服务行业共同创造价值的特点愈发明显，共同创造价值的过程既包括企业与顾客共同创造企业价值，也包括两者共同创造顾客价值。本研究即是在共同创造价值背景下，研究共同创造的顾客价值在顾客参与和顾客满意及顾客行为意向之间的作用机制。

**（二）共同创造价值与共同生产**

共同生产与共同创造价值是在含义上最为相近也极易被混淆的一对概念，甚至一些研究中，将共同生产和共同创造价值作为相同意义的概念对待。实际上，两者既有联系，也有区别。

2004 年 Vargo and Lusch 首次提出服务主导逻辑时，使用 coproduction 来描述共同创造价值，到 2006 年，Vargo and Lusch 将 coproduction 替换成了 co-creation of value，但保留了共同生产的概念，将共同生产界定为“顾客参与到核心提供物的创造之中，可通过分享发明、共同设计、共同生产等形式实现”（Lusch and Vargo，2006）。2008 年，Vargo and Lusch（2008）进一步指出，共同生产是顾客与企业的联合行为，顾客为企业创造产出服务；共同创造价值代表了一种合作行为，在共创的活动中，顾客的特定价值被创造，共创价值既不是标准规范，也不是可选择的行为，而是要求顾客作为合作一方进行参与。总之，共同生产创造的是企业产出，共创价值是顾客决定的并且为顾客创造利益的，后者高级于前者（Vargo and Lusch，2008）。

可见，共同生产与价值共创的区别在于：共同生产代表了顾客和企业的共同行为，这个行为为企业的产出服务，而共创价值代表着平等主体之间的合作，共同创造价值的过程不仅为企业创造价值，也为顾客创造了特定的价值。共同生产将企业外资源，如顾客资源内部化或整合到企业中，目的是提高企业的产出，顾客资源只是企业实现自身目标的一个手段和方法，顾客的参与是被动的，顾客虽然能由此而得到补偿，但整个参与活动是在企业的主导和设计、安排下进行的，顾客在参与中的选择权利很小，参与的主动性有限，因而共同生产是以企业为导向和中心的理念；共创价值首先承认共创价值的主体的平等性，在价值创造中都有所贡献，并且也要在价值分享中获得相应的价值，价值是在相互作用中形成的，所有各方都在为自己的利益投入资源，同时也在为别人的利益投入资源，共同的投入保证最终能各取所需。Hilton（2008）认为企业应该对任务——以业绩为目标的共同生产（co-production）和以参与各方的价值创造为目标的共同创造（co-creation）——进行仔细区分。共同创造与消费者通过使用、消费或体验所获得的价值相关，而共同生产与消费者在使用、消费或体验之前或过程中所承担的特定任务相关。

虽然两者在概念上有区别，但共同生产和共同创造价值还是存在必然联系的，Lusch and Vargo 认为两者之间是套嵌关系，共同生产属于共同创造价值的一种形式。尤其在服务行业，服务的生产过程同时也是消费过程，生产与消费无法断然分开，从消费者角度看，与企业共同生产和共同创造价值本质上是同一过程。

## 五、共同创造价值的研究现状

### （一）影响消费者共同创造价值的因素

1. 宏观经济和社会因素

无论共同生产还是共同创造价值，都反映出顾客在价值创造活动过程中日益凸显的地位和作用，顾客角色的变化和共同创造价值模式的形成与其所处的社会经济发展阶段有密不可分的关系。Johansson（2006）认为共同创造价值一般发生在经济成熟的社会，而较少出现在经济发展初期的发展中市场，当人们的消费围绕的是维持生活的基本消费，人们关注的是大量生产、大量消费，以低成本获得所需之物以满足基本需求时，定制化、共同生产、共同创造价值将无从谈起。也正如前文所述，信息技术的发展、后工业消费文化的形成和体验经济的到来成为形成共同创造价值的必要的社会经济环境。共同创造价值的营销范式是社会经济发展到一定阶段的产物，顾客参与到价值共同创造的行为也是社会经济发展到一定阶段后的必然趋势。

2. 顾客因素

Meuter et al.（2005）的研究表明，对任务清晰的理解、顾客能力和动机是影响顾客共同生产的因素；相应地，Auh（2007）也认为影响顾客共同生产有四个前置因素：顾客与管理者的沟通、顾客专业性、情感承诺、感知相互公平性。顾客与管理者的沟通能保证顾客清楚地理解所要完成的任务；顾客专业性可以保证顾客有能力进行共同生产；情感承诺和感知相互公平性与顾客参与共同生产的动机相联系，依据社会交换理论（Blau，1964），如果感知到交互过程是连续的、及时的、开放的和公平的，顾客会回报企业更多的参与努力。

顾客的专业能力和顾客效能影响顾客参与价值共同创造的意愿和效果。价值共同创造过程中，顾客需有相应的资源和能力投入，如时间、精力、知识、技能、能力以及其他各种“可操纵资源和被操纵资源”，顾客的各项资源和能力影响共同创造价值的效果和效率。Etgar（2008）认为，除了与技术相关的能力，顾客在共同创造价值中需具备一定的“心理技能”，如与价值共创者的合作技巧、克服文化差异带来的影响的能力、对合作者的鼓励、相互学习而非信息交换的对话能力等；Pralahad and Ramaswamy（2004）也认为掌握基于计算机和信息沟通的现代对话技术对顾客参与价值共创具有重要影响。

3. 产品因素

并非所有的产品都适合共同创造的价值生成方式，共同创造价值模式与特定的产品类别相联系。Etgar（2008）认为可被感知的产品属性差异性大的产品类别适合企业与顾客共同创造价值，这些产品属性的差异性为顾客的创造提供了更关阔的空间，刺激顾客创造其个性化体验；同时，Etgar（2008）认为品牌力量也影响顾客的价值共同创造，如对于知名品牌，顾客并不想参与价值共同创造，因为不想破坏知名品牌本身的品牌魅力；Chan（2010）认为专业服务特点明显的行业，企业与消费者之间保持持续的信息沟通，互动性强，消费者参与程度高的产品适合共同创造价值模式。

4. 企业因素

顾客对企业行为的感知和态度影响顾客参与共同生产和合作行为。Grönroos（1983）认为如果顾客感知到企业具有同理心或换位思考的特质，顾客更愿意与企业共同生产；Lusch 等（1992）也认为如果顾客对企业产生信任，顾客更愿意参与到价值共创活动中去。

企业对顾客的合作行为的态度和相关措施会影响顾客参与价值共同创造过程。Hoyer 等（2010）在 B-to-C 环境下，提出了在新产品开发过程中顾客参与价值共同创造的模型，该模型描述了顾客参与共创价值的努力程度受三个前置变量的影响：顾客动机、企业对顾客参与价值共同创造的刺激和激励、来自企业方面的阻碍因素。Hoyer 等（2010）认为企业可以通过增加顾客在共同创造中的收益和减少其成本来刺激顾客参与价值共同创造活动；但另一方面，企业经营中也存在一些阻碍价值共同创造的因素，如由共同创造价值引发的公司的专利、商业秘密和知识产权的归属问题，共同创造价值要求企业和顾客之间保护相对的透明性，对于专利和商业秘密的顾虑有可能使得企业对共同创造价值望而却步，同时，顾客与企业在合作中的知识产权归属及由此带来的利益分配也是一个较为复杂的问题。

**（二）共同创造价值理论模型的建构研究**

多位学者构建了消费者与企业共同创造价值的理论模型，试图从不同研究视角揭示价值共同创造的过程。Prahalad 和 Ramaswamy（2004）从实践角度提炼了企业与消费者实现价值共同创造的必需要素，Payne（2008）从价值形成过程描述了价值创造主体创造各自价值和共创价值的方式，Etgar（2008）的描述模型阐述了顾客参与共同生产的五阶段，Hoyer（2010）则分析了新产品开发过程中价值共同创造的前因后果及影响因素。

Prahalad 和 Ramaswamy（2004）在他们的《未来的竞争——和消费者共同创造独特的价值》一书中，提出了共同创造价值的基本要素模型——DART 模型：对话（dialogue）、获取（access）、风险评估（risk assessment）和透明性（transparency）。Prahalad 和 Ramaswamy 认为四个基本要素组合在一起，可以激发企业更充分地将消费者视为合作者和价值的共同创造者，形成新的经营模式和创新模式，实现价值的共同创造，以在新的市场环境下获得竞争优势。对话意味着企业和消费者双方交互性、高度投入和采取行动的倾向。对话不仅仅意味着企业倾听顾客的心声，还包括围绕体验展开的对消费者设身处地的理解、认识消费者体验的情感、社会和文化背景，意味着平等解决问题，双方关于知识共享的沟通。获取在这里特指消费者期望获得的体验，而不是获得产品的所有权。Prahalad 和 Ramaswamy 认为，在传统的价值创造模式中，企业与消费者都关注所有权的转移，但在价值共同创造模式下，消费者可以获得体验，却未必非要拥有所有权。体验本身也是共创价值的产物，消费者关注在多个互动点上的体验获取和积累，而不仅仅关注产品的所有权转移，企业也因此可以扩大其经营机会。风险评估是消费者对可能对自己造成的损失进行评估。在共创价值下，企业已经无法单方面管理风险，一部分风险转移到消费者一方。消费者作为价值的共同创造者，在价值创造中将承担更多的责任和风险，因而，消费者要对自己可能造成的损失进行评估，在收益与风险之间做出权衡。透明性是消费者能够获得他们想要的充足信息，信息不对称正在减弱。企业与消费者之间的合作推动了信息的共享和透明化，企业无法将信息占为己有而将消费者隔绝在外，透明性反映了企业与消费者之间的相互信任，也只有这种透明性，企业与消费者之间才能实现有效互动，完成价值共同创造。

Payne 等（2008）选取了旅游、能源、零售、金融服务、物流企业、电信企业、移动电话企业等 18 个从事 B-to-B 和 B-to-C 的不同行业企业作为研究对象，研究这些企业如何与其顾客共同创造价值，并建构了顾客与企业共同创造价值的概念模型。该模型由三部分构成：顾客创造价值过程、企业创造价值过程和接触过程，见图 3. 2。在顾客创造价值过程中，顾客通过情感、认知和行为在与企业互动接触中形成关系体验，并与顾客学习共同构成了顾客价值创造的两个主要内容。情感、认知和行为三个要素在共创价值中相互作用，促使顾客在共创价值中思考、感觉和行动，通过对话实现顾客的体验价值和学习过程，在不断学习中推动顾客价值创造。企业在顾客价值创造过程中的作用是提供互动的条件和使顾客感知到企业在帮助他们利用资源实现其价值。在企业创造价值过程中，企业通过形成共创价值机会以及对共创价值实践的计划、实施和评价等过程实现企业方面的共创关系体验设计，并与企业学习共同形成一个动态发展的过程。接触过程是发生在企业和消费者之间的交易和互动过程，企业与顾客之间的“接触过程”将两个价值创造过程相互连接，两者通过沟通接触、使用接触和服务接触实现互动，企业也通过接触过程对顾客的情感、认知和行为的关系体验过程给以支持。

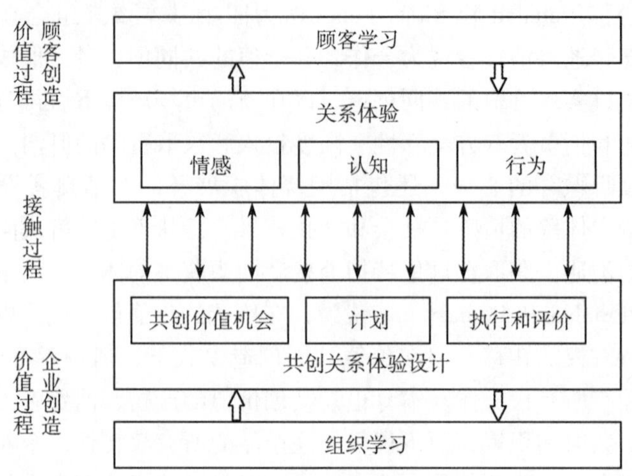


图 3.2　价值共同创造的概念模型

（资料来源：Adrian F Payne，Kaj Storbacka，Pennie Frow. Managing the co-creation of value［J］. Journal of the Academic Marketing Science，2008，36（1）：83-96.）

Etgar（2008）提出了“顾客共同生产过程的描述模型”，认为顾客共同生产是一个动态过程，将顾客参与共同生产分为了五个阶段：共同生产的前置条件、顾客参与共同生产的动机、共同生产的成本-收益分析、顾客实际参与共同生产的行为、共同生产的结果及对过程结果的评估，该模型对顾客参与共同生产过程做了全面详尽的阐述。Etgar 认为宏观经济条件以及与顾客、产品和情境相关的因素都是影响共同生产的前置因素；顾客参与共同的动机包括经济驱动、心理驱动和社会驱动，经济驱动是顾客在共同生产中渴望获得的成本节约和感知风险的降低，心理驱动是在参与共同生产的消费者希望获得的内在价值和外在价值，社会驱动是顾客由于参与共同生产而建立的新的社会联系和社会网络资源；参与产品行为要付出成本，包括经济成本和非经济成本，如参与时物质资源的投入，非经济成本主要是共同生产努力中的心理和社会损失，顾客要对参与共同生产付出的成本和获得的收益做出比较和权衡，从而做出决策。Etgar 也分析了顾客在构思、设计、生产、组装、分销、消费等不同阶段的顾客共同生产行为，同时，根据成本-收益分析评价共同生产行为是否值得，并对行为做出相应的调整。

Hoyer（2010）分析了消费者参与新产品开发中的价值共创过程，构建了包括消费者参与新产品开发的动机、价值共同创造环节、价值共同创造结果以及企业对价值共同创造的激励与阻碍因素为基本内容的共创价值概念模型，认为经济、社会、技术和心理因素构成了消费者参与价值共同创造的动机，消费者在新产品构思、开发、商业化和新产品上市后等不同阶段参与了全过程价值共同创造，价值共创最终为企业和消费者带来了不同的结果；在价值共同创造过程中，企业可通过增加消费者利益和减少消费者成本等措施激励消费者参与价值共创，同时，企业对商业秘密、智力资本的分享、信息冗余、产品不可行等问题的顾虑也会对价值共同创造形成负向影响。

# 第四章　消费者共同创造顾客价值的理论基础及机制

在共同创造价值视角下，消费者作为操纵性资源参与价值共同创造，在价值创造中承担着越来越多样化的角色：积极参与到服务生产和传递中，促使产品或服务更符合个性化需求；参与企业的新产品和服务的设计开发过程中，将自己拥有的资源注入到企业的价值创造系统中；通过博客、社群、论坛等新兴媒体影响相关消费群体、企业甚至整个社会……可以看到，"市场话语权"已悄然转向了消费者，消费者积极主动、富有创造性的参与活动改变了企业与消费者之间的关系，也改变了消费者在价值创造中的地位和作用。本章分析新的市场环境下，消费者角色的变化及其对营销的影响，消费者参与价值共同创造的理论基础以及消费者共同创造价值的过程机制。

## 第一节　消费者角色的变化

在讨论消费者角色的变化之前，先看看现代生活中的消费者是否与之前的有所不同。

以医疗行业为例，现代消费者即患者在得知自己的病情后，不再仅仅是被动地接受医生的治疗方案，而是积极地与医生互动合作，寻找对自己最有效的个性化治疗方案。在这一过程中，他会通过互联网或其他可能的渠道广泛地收集与病情相关的资料，关注和学习相应病情的治疗方案；他可能会加入一个相同患者建立的社群，与其他患者交流各自的病情和治疗方案，并从其他人那里得到帮助；他会主动记录接受治疗后的详细疗效信息、个人感受和需求，并与主治医生沟通，推动医生提出符合自己病情的有效治疗方案；他也许会将从其他患者或医疗机构那里得知的有效治疗方案与主治医生展开讨论，对治疗方案提出自己的一些看法；他也会将自己的治疗效果与其他患者分享，希望能够对他们的治疗产生帮助，并对这种病情的控制与治疗产生贡献；等等。可见，在新的环境下，消费者由过去被动的价值消耗者转变为积极主动的合作者和价值共同创造者，消费者角色的变化将带来消费和生产领域的一系列变化，这是一个值得思考和研究的问题。

从社会学的角度看，“角色”是个人作为社会成员学习调整自己的行为以适应他在社会上的位置（Solomon et al.，1985）。Bateson and Hoffman（1999）认为企业和消费者在互动中都会对对方的行为有所预期，这些规范性的预期就是“角色”。对消费者角色的分析最初源于消费者在服务生产和传递中的参与性，在服务领域中，企业与消费者互动是服务的基本特征，消费者行为及其对企业产生的影响和作用效果成为营销学者们关心的问题。

消费者角色的变化依赖于两个必要条件。

第一个必要条件是消费者能力的提高。消费者能力是消费者所拥有的知识技能、学习欲望以及他们积极参与对话的能力，消费者能力被认为是企业竞争力的新源泉。在全球化和网络化的环境中，消费者获取知识的能力随着信息化的发展逐步提高，他们可以通过各种渠道获得所需的信息，见多识广的消费者在参与中更有主见，能准确而有创造性地表达特定的需求。消费者所拥有的知识技能、积极参与对话和互动的能力一方面能使消费者的参与行为成为可能，尤其是在需要一定技术和参与程度高的环境之下，没有相应的能力，消费者无法进行参与；另一方面，消费者的能力能促进消费者提高参与的效率，消费者在参与中积极学习，获取更多的知识和技能，得到学习乐趣的同时，也为下一次参与做好新的准备，这种不断循环提高的学习过程成就了消费者在参与企业价值创造中的地位，消费者参与的主动性也会随着消费者能力的提高越来越明显。在信息和知识社会中，生产要素的重要性越来越多地体现在智力资本的贡献上，消费者能力的提升改变了原有市场体系中企业能力与消费者能力的对比结构，成为推动消费者角色变化的本质和决定性的因素。

第二个必要条件是信息技术的发展。消费者与企业互动中的新技术扩散重新定义了消费者在价值共创中的作用和角色（Bitner，Brown，and Meuter，2000；Dahan and Hauser，2002；Sawhney，Verona and Prandelli，2005）。互联网的普及促使消费者可在更加透明的市场环境下进行选择和决策，这在某种程度上增强了消费者选择的主动性，增强了企业与消费者的互动性、交往的效率和透明度，新的信息技术赋予了消费者对企业产生作用的巨大能量。如虚拟消费者环境（virtual customer environments）的应用大大拓展了消费者参与企业活动的范围和参与的频率，提高了消费者参与的效率，同时也为消费者带来了参与的乐趣。

## 一、消费者角色及其变化

在企业战略研究中，消费者作为智力资本的一种，即顾客资本，与企业的人力资本和结构资本共同创造价值（Petrash，1996）。顾客资本是现有的顾客基础、顾客关系、顾客潜能以及关系资本的价值，代表着企业对外部无形资源拥有的一种潜能。顾客资本表明顾客对企业具有重要的战略意义。

消费者角色定位常常与企业的价值链活动密切相关，以消费者对生产、消费、竞争的影响作为角色定位的依据。Zeithaml and Bitner（1996）界定了顾客在服务传递中的三种角色：第一，顾客被看作一种生产资源或服务企业的“兼职员工”，在服务的过程中提供信息和努力，提高企业的生产效率；第二，顾客被看作他们自己的服务质量、价值和满意的贡献者，顾客可以从参与中获得个人利益；第三，顾客被作为服务的竞争者，如果顾客自行完成服务，会构成对服务企业的某种竞争压力，顾客就可能会成为服务企业潜在的竞争对手。Lengnick-Hall（1996）认为消费者在参与服务过程中承担了五种角色：资源、合作生产者、购买者、使用者和产品；Storbacka and Lehtinen（2001）认为消费者在与企业的互动中扮演了不同的角色：支付者、消费者、能力和资源的提供者、质量控制者、共同生产者和共同营销者；Gouthier and Schmid（2003）对消费者角色做了更深入的探讨，认为消费者在服务的生产和传递过程中承担了六种角色：

① 共同设计角色（the co-designer role），消费者将服务和服务过程的感知和期望告知服务提供者，消费者成为规划和介绍新服务以及改进已有服务的重要资源；

② 共同生产要素角色（the co-production factor role），消费者将其资源运用于服务的过程，积极主动地参与服务生产与传递；

③ 共同互动角色（the co-interactor），消费者只有通过与服务提供者或第三方（如其他消费者）互动才能创造服务；

④ 领导替代者（the substitute for leadership），这意味着消费者承担服务企业管理者的一些职能，如消费者可以影响服务一线员工的动机、态度和行为（Schneider and Bowen，1995）；

⑤ 购买者角色（the buyer role），消费者是产品或服务的购买者；

⑥ 共同营销者角色（the co-marketer role），消费者是企业的支持者和促销者。

Gouthier and Schmid（2003）认为共同生产要素角色、共同互动角色和购买者角色属于消费者的基本角色，共同设计角色、领导替代者和共同营销者角色属于消费者的附加角色。消费者在与企业互动中承担多种角色，每一角色的实现会使消费者和企业双方都获得收益。消费者角色及其为消费者和企业带来的收益见表 4.1。

**表 4.1　　消费者角色及其为消费者和企业带来的收益**

| 消费者角色 | 消费者获益 | 企业获益 |
| --- | --- | --- |
| 共同设计角色 | 更好地解决问题<br>获得更高的消费者满意 | 获取信息<br>设计新的服务<br>节约市场调查成本 |
| 共同生产要素角色 | 解决问题的先决条件 | 服务生产的先决条件<br>决定服务过程和服务结果 |
| 共同互动角色 | 更好地控制服务生产过程<br>获得更高的服务过程质量和结果质量<br>时间优势 | 更高的服务过程质量和结果质量<br>低成本<br>高效率 |
| 领导替代者 | 积极的情感体验<br>对服务员工的正向影响 | 服务员工更多的满意 |
| 购买者角色 | 更好地满足需求<br>低的服务价格 | 高销售收入（重复购买、追加购买） |
| 共同营销者角色 | 获得更高的声望 | 获得正面的推荐 |

（资料来源：Gouthier Matthias，Schmid Stefan. Customers and Customer Relationships in Service Firms：The Perspective of the Resource-Based View［J］. Marketing Theory，2003(3)：119-143.）

现实中，随着现代技术的发展，消费者有能力获取更多的信息并与企业充分沟通，消费者希望在交换中承担更多的角色（Hoyer 等，2010）。如医院的很多患者已经不是被动的医疗接受者，他们通过互联网获取疾病的相关信息和治疗方法，追踪医疗记录以及最新的临床治疗方案，他们大胆地质疑为其实施治疗的医生，积极参与到自己的治疗过程之中，并在这一过程中与他人分享个人体验。现有研究中，许多术语被用来描绘消费者的角色正在发生变化：产销者（prosumer）、主角（protagonist）、后消费者（post-consumer）等。Cova and Dalli（2009）将消费者的角色界定为"工作的消费者"（working consumer），描述了现代消费者新角色的社会文化和社会经济特性，表明消费者在价值创造过程中通过无形的劳动和社会关系扮演的积极角色。消费者角色的变化改变着消费者的行为，也改变着消费者与企业、消费者与服务提供者的关系。

服务主导逻辑提出后，消费者成为价值共同创造者的角色备受瞩目。Prahalad 和 Ramaswamy（2000）认为，新环境下，"最基本的变化是消费者角色的变化——从彼此孤立到联系在一起，从无知到见多识广，从被动到积极主动”，消费者正在从“被动的观众”转变为“主动的表演者”。在价值共同创造中，消费者作为资源整合者，整合来自供应商的资源和消费者自身的知识、技能、经验，在与企业互动中创造价值，消费者成为价值的共同创造者。对消费者而言，价值创造伴随着消费者参与活动的持续动态形成，在这一过程中，消费者创造并感知价值的形成，正如 Vargo 和 Lusch（2008）所言，“价值被受收益人独特地、现象地决定”。消费者对价值创造的贡献也反映在对所创造价值的分配上，如在 B-to-B 市场上，Fang（2004）认为，顾客参与供应商共同创造价值过程中扮演了三种角色：资源、共同生产者和竞争者。顾客既是企业的合作者又是竞争者，作为合作者，顾客向供应商提供信息，适应供应商的生产过程，实施合作行为，提高产品的价值；作为竞争者，顾客追求自我利益最大化，会与供应商就价格、交货期限或其他条款与供应商进行谈判，从而影响价值的分割。

Grönroos（2008）在《重新审视服务逻辑：谁是价值的创造者？谁是价值的共创者?》一文中，对消费者角色和企业角色做了更深入细致的阐述。他认为，单纯从使用价值角度讲，在与企业没有互动的情况下，消费者是价值的创造者，而非价值的共创者；企业的角色是为消费者的价值生成过程提供必要的资源和所需的条件，帮助和促进消费者创造价值，是价值的促进者。只有通过企业与消费者的互动，企业积极参与到消费者的价值生成过程中（消费过程），企业才由价值促进者转变为价值的共同创造者。在这个过程中，不是消费者创造机会参与到企业的价值生成过程，而是企业创造机会参与到消费者的价值生成过程中；消费者不是与企业共同创造价值，而是企业通过与消费者互动实现与消费者共同创造价值。可见，Grönroos（2008）认为在共同创造使用价值的视角下，消费者是价值的创造者。表 4. 2 描述了三种价值创造方式下企业与消费者的角色变化。

**表 4. 2　使用价值创造视角下消费者与企业角色的模式**

| 模型类型 | 企业角色 | 消费者角色 |
| --- | --- | --- |
| 服务逻辑下的使用价值创造模型——价值实现模型 | 企业向消费者提供创造价值的各种资源，是价值促进者；企业通过参与消费者价值生成过程（消费过程），与消费者互动，成为价值的共同创造者 | 消费者应用必要的资源和技能在消费者价值生成过程（消费过程）中创造价值，成为价值的创造者；通过与企业的价值支持互动，实现价值 |
| 产品逻辑下的使用价值创造模型——价值促成模型 | 企业向消费者提供创造价值的各种资源，是价值的促进者 | 消费者应用必要的资源和技能在消费者价值生成过程（消费过程）中创造价值，成为价值的创造者，实现价值 |

续表 4.2

| 模型类型 | 企业角色 | 消费者角色 |
|---|---|---|
| 基于交换价值的创造模型——交换价值模型 | 企业通过提供产品或服务与消费者进行交换，是交换价值的创造者 | 在消费者价值生成过程（消费过程）中创造和实现使用价值 |

（资料来源：Grönroos C. Service logic revisited：who creates value? and who co-creates? [J]. European Business Review，2008，20(4)：308.）

三种不同的价值创造模式的演变体现出消费者角色与企业角色在相互作用中的变化。在交换价值模型中，企业生产产品和服务，消费者在使用和消费中自行创造使用价值，企业是交换价值的创造者；在价值促成模型中，企业向消费者提供价值主张和价值创造的各种资源，由于没有互动，消费者自行创造使用价值，企业是价值的促进者；在价值实现模型中，企业不仅为消费者提供各种资源，还通过与消费者的互动，与消费者共同创造使用价值。互动是消费者与企业共同创造价值的桥梁。

表 4.3 总结了消费者角色演变和消费者与企业关系变化的过程。

表 4.3　　消费者角色演变和消费者与企业关系变化的过程

| | 消费者作为价值被动接受者 | | | 消费者作为价值共创者 |
|---|---|---|---|---|
| | 吸引事先设定的消费者 | 与单个消费者交易 | 与消费者建立长期关系 | 企业与消费者共同创造价值 |
| 时间 | 20 世纪 70—80 年代 | 20 世纪 80—90 年代 | 20 世纪 90 年代后 | 21 世纪 |
| 企业经营导向 | 产品导向 | 消费导向 | 关系导向 | 价值共创导向 |
| 企业与消费者的关系 | 简单的交易，交换价值是关注的焦点 | | 企业与消费者建立长期合作关系 | 消费者是操纵性资源，通过互动与持续对话与企业共同创造价值 |
| 消费者价值创造 | 消费者是被动的价值接受者，不参与价值创造系统 | | 共同创造关系价值 | 消费者在价值创造体系中，通过与企业合作为自己和企业创造价值 |
| 消费者行为 | 被动的 | 被动的 | 反映性的 | 积极主动的 |

续表 4.3

| | 消费者作为价值被动接受者 | | | 消费者作为价值共创者 |
|---|---|---|---|---|
| | 吸引事先设定的消费者 | 与单个消费者交易 | 与消费者建立长期关系 | 企业与消费者共同创造价值 |
| 企业与消费者的互动 | 传统的市场调研；了解并满足消费者需求，单向沟通，较少反馈 | 建立消费者数据库和企业与消费者个人的联系，双向沟通 | 与消费者共同寻找解决问题的方案，关注消费者长期利益，与消费者建立长期关系 | 企业建立和完善消费者形成独特体验的环境，与消费者共同界定和解决问题，通过互动和提供支持帮助消费者实现价值共创 |

［资料来源：Prahalad C K，Ramaswamy V. Co-opting Customer Competence［J］. Harvard Business Review，2000，78(1)：80.（有改动）］

总之，在新的市场环境下，消费者角色已经发生了转变，消费者不只是作为“部分员工”与企业共同生产，还在价值共创中通过积极主动、富有创造性的参与，利用企业与自身的资源实现消费者价值的创造。消费者角色的转变为企业经营带来了新的机遇和挑战，也为企业战略、营销管理和消费者行为等领域带来了更广阔的研究空间。

## 二、消费者角色变化对企业营销战略的影响

消费者与企业是市场交换的两大主体，顾客角色的转变冲击着传统的价值生成方式、营销理念、企业战略乃至消费者行为研究。顾客在市场中角色和地位的变化促使企业重新审视企业与顾客的关系，重新认知和界定企业和顾客的各自角色，并相应调整企业战略和营销战略以适应这种变化。

1. 企业角色的调整与转变

在传统的价值创造模式下，企业创造价值并传递给消费者，企业实施传统的 STP 战略和营销组合策略就可实现企业目标，通过市场细分和目标市场选择锁定顾客，并以适宜的市场定位战略和营销组合实现价值传递。在新的共创价值模式下，消费者努力争取在企业经营体系中的每一部分发挥其影响力，在新工具的帮助下，消费者成为积极的价值共创者，在价值形成和创造过程自由地表达自己的观点，与企业共同创造和构建个性化价值和体验。顾客角色的转变意味着企业角色也应进行相应的调整和转变。传统价值创造方式下，企业是价值创造的主导者，受企业目标驱使，自由支配各种资源独立进行价值创造。在共创价值模式下，顾客成为价值的共同创造者，企业在价值共创系统中扮演三种角色。第一，提供价值主张，即企业根据顾客需求提出满足需求的价值实现方式，这是价值共创的基础平台，只有价值主张被顾客认可和接受，顾客才

有意愿参与到价值共创中来。第二，通过与顾客互动实现价值共创。企业和顾客在共同的价值主张基础上，逐步形成双方的价值共创目标，并通过资源投入与交换、互动与合作实现价值共创，企业在这一过程中需积极寻求顾客的参与和合作。这一过程是价值共创的核心和实质内容。第三，企业提供价值共创支持系统。为保障价值共创的顺利实施，企业需提供相应的基础设施等硬件条件，并建立适应价值共创的组织结构、规章制度、员工管理、顾客促进、组织文化等软件环境，帮助顾客完成价值共创。

因而，在共创价值模式下，企业营销战略需由为消费者创造和提供价值转变为为消费者提供价值主张和创造价值的支持环境，在互动中与消费者共同创造价值。总之，共创价值情境下，企业不再是价值的唯一创造者，企业要转变原有的角色定位，在价值共创中明确自身的角色内容和经营重点，才能形成有效的营销战略。

2. 建立与顾客的互动机制和共创顾客体验价值是企业营销战略调整的方向

首先，建立企业与顾客的互动机制是共创价值的必要途径。互动是共同创造价值的主要方式（Prahalad and Ramaswamy，2004），共创价值形成于顾客与价值网络各节点之间的异质性互动。企业与顾客的互动过程不仅能帮助企业获取顾客及其偏好的更深层次的信息，也能帮助顾客在服务提供者的支持下完成价值创造过程。互动以多种形式存在于价值创造或体验形成的所有环节，既包括企业与顾客之间的互动，也包括顾客之间的互动和企业与价值网络上其他企业为共同的顾客创造体验而形成的互动，因而，共同创造价值的互动是价值网络的互动。企业在共创价值中的重心应由企业内部的生产流程设计和产品质量管理转向顾客与企业之间的互动质量和为顾客提供创造独特体验的创新性互动环境，利用互动资源和互动策略在企业内部形成促进顾客参与价值共创的互动机制，将互动机制嵌入企业的服务流程设计和价值生成系统设计中。将互动作为共同创造的基础，是企业所面临的新现实的关键所在，正如Storbacka和Lehtinen（2001）所说，共同创造互动机会应是企业创造价值的战略选择。

其次，与顾客共创体验价值是营销战略调整的重要方面。Prahalad和Ramaswamy（2000，2004）提出，共创价值本质上是共同创造消费者体验价值。消费体验是一个连续过程，价值共创贯穿于体验过程，顾客体验价值的形成过程也是顾客与企业共创价值的过程，顾客个体成为共同创造体验的核心和决定因素。传统的营销研究消费者如何感知价值，以便为消费者创造价值并顺利传递给消费者，最终获得消费者的满意和忠诚，但是在服务主导逻辑下，价值由企业和消费者共同创造，价值不再根植于企业提供的产品或服务中，而是存在于消费者的体验中，消费者由被动地感知和接受价值转变为主动地参与和创造价值，顾客价值形成方式的这种变化有可能导致顾客满意、顾客忠诚等变量的决定因素和形成机制也随之发生变化。企业战略重点必须由以企业为中心的供应链过程的价值创造向以顾客个体为中心的个性体验和价值共创过程转变，从直接提供产品和服务转向为顾客提供价值主张和营造创新性的体验环境，为顾客建立一个基于顾客参与的体验系统或体验网络，提升顾客的体验价值和体验质量。在这一过程中，企业不是向顾客销售体验，而是提供可利用的情境，让顾客自己创造对他们来说具有独特意义的体验。

3. 企业对顾客进行适当的心理授权

顾客的心理授权即顾客对企业赋予其相应权利的体验和认知。对顾客的心理授权实质上是对顾客参与价值共创的激励，顾客可从共创价值活动中获得控制感和满意感等有价值的经历。在共创价值过程中，顾客在社会交换中愿意承担更多角色，希望通过应用自己掌握的知识和技能，对价值创造的过程和结果产生影响。顾客对价值创造过程的感知影响力和感知控制可强化顾客的自我效能感，增强顾客参与价值共创的意愿和主动性。同时，由心理授权带来的感知控制可以正向影响顾客对价值共创的体验，促使他们对创造的价值产生积极的评价，并形成顾客满意（Faranda，2001）。因而，企业应在价值共创的不同环节赋予顾客不同的权利，增加顾客与企业的互动节点，使价值创造过程成为一个更加开放的系统，提升顾客在价值共创中的愉悦体验。顾客心理授权可作为新的价值创造方式下企业营销战略的新选择。

## 第二节 消费者共同创造顾客价值的理论基础

### 一、共同创造顾客价值的特征

除了具有顾客价值的一般特征外，共同创造顾客价值还具有以下特征。

① 消费者与服务提供者的互动是共同创造顾客价值的现实基础和条件。在服务营销中，特别是在诺丁学派的研究中，互动是一个关键性的概念。互动意味着行为各方通过行为相互作用并对对方产生影响。在缺乏互动的情形下，消费者与企业是两个相对封闭的系统，交互的节点仅出现在消费者与企业的市场交换活动中。在互动情形下，企业与消费者之间的对话使两者融入到一个整合的过程中，互动促使企业和消费者系统成为开放的、动态的系统，两者资源相互渗透融合，实现价值共同创造。Prahalad 和 Ramaswamy（2004）认为，企业与消费者之间的互动是共同创造价值的场所，共同创造价值只在企业与消费者之间存在互动的情况下才发生，没有互动，共创价值就没有生成的条件。

Grönroos（2009）将企业与消费者之间的互动作为区别单独创造价值和共同创造价值的重要标志。没有与消费者之间的互动，企业只是价值的单独创造者或使用价值的促成者。因而，在整个共创价值的概念中，互动是一个不可缺少的核心概念，互动提供了一个共创顾客价值的平台，共同创造的顾客价值在企业与消费者的互动过程中形成。

② 消费者对共同创造顾客价值的评价兼有消费者对价值创造的贡献评价和对企业创造顾客价值的评价。传统的顾客价值由企业创造并传递给消费者，由于自身并不对顾客价值的创造形成影响，消费者对顾客价值的评价实质上是对企业创造顾客价值的过程与结果、效率与效果的评价；在价值共同创造下，顾客价值由消费者和企业共同创造，消费者凭借资源贡献和参与行为对顾客价值创造形成影响，成为共同创造顾客价值的主体之一。相应地，消费者对共同创造顾客价值的评价也由单一地对企业价值创造的评价转向对消费者与企业共同创造价值的评价，合作互动、个性化体验情境这些能够引起价值共创的因素在价值共创评价中显得尤为重要。同时，在价值体验中，由于亲身参与价值共创，消费者对价值评价更为直接，能感受到比企业创造顾客价值更为丰富的价值，如参与价值共同创造带来的控制感、成就感等心理体验，在参与中获得学习价值等认知体验。

## 二、消费者共同创造顾客价值的理论基础

### （一）资源交换理论

资源交换理论是社会交换理论的一个分支，专门研究社会交换中的交换内容。社会交换理论基于社会学、社会心理学和经济学的研究视角，将人类的社会互动过程视为有形和无形的资源交换过程，人们之间的相互交往和社会联结建立在相互的交换基础之上，人与人之间的互动关系从本质上来说就是一种交换关系，社会即是个人行动和行为交换的结果（Homans，1958）。

资源交换理论是对社会交换理论在交换内容上的具体化。资源交换理论将社会交换中的交换内容作为一种资源来研究，并将交换资源界定为：可以通过人际行为传递的任何物质的或符号的事物，这些事物既可以是有形的，也可以是无形的。资源交换理论的两位先驱 Edua Foa 和 Uriel Foa 将交换的资源分为六大类：爱、地位、服务、信息、货物和金钱（孙庆民，1994）。Homans（1958）认为尊重、社会赞许、服务、友爱、服从、威望和情感等非物质因素都是社会交换的内容；Blau（1964）也在其研究中提出除了物质交换之外，作为交换的六类交换物包括：个人魅力、社会接受、社会认可、有效服务、尊敬或声誉、服从或权利。同时，交换资源的价值需满足交换双方的需要和利益，满足对方需要和利益的资源交换才是有意义的，正如 Emerson（1976）所言：

"资源并非个体行动者的财产和特征，而是行动者之间关系的特征，任何个体所拥有的能力只有在与赏识这种能力的个体建立交换关系时，它才能成为一种资源。"可以看出，资源是建立在对对方产生效用的基础之上的，否则，无法形成交换关系，也无所谓资源。

资源交换理论为企业与消费者共同创造价值提供了理论基础。企业和消费者在互动中成为资源交换的两个主体，两者之间的交换不仅仅体现在市场上的物质交换，也体现在互动中的非物质交换。在与企业的交互过程中，消费者投入了相应的资源，这些资源包括生理的、物质的、体力的、时间的各种努力和投入，如消费者的情感、认知、承诺、信息、知识、经验、与企业互动的行为等，一些学者将消费者与企业之间的交换分为三个层次，即情感层次、知识层次和行为层次。相应地，消费者的资源投入在与企业的互动活动中实现消费者与企业的资源交换，消费者在与企业的多项资源交换的过程实质上就是消费者与企业价值共同创造的过程，双方在投入资源的基础上，通过互动和资源交换，获取可以满足各自利益的产出，实现顾客价值和企业价值的共同创造。价值的共同创造本源上源于双方资源的交换，正是在资源的相互交换过程中形成了新的价值，消费者和企业在资源交换过程中获得各自所需的价值，消费者与企业的互动成为资源交换和价值共同创造实现的必要条件。资源交换与价值创造见图 4. 1。

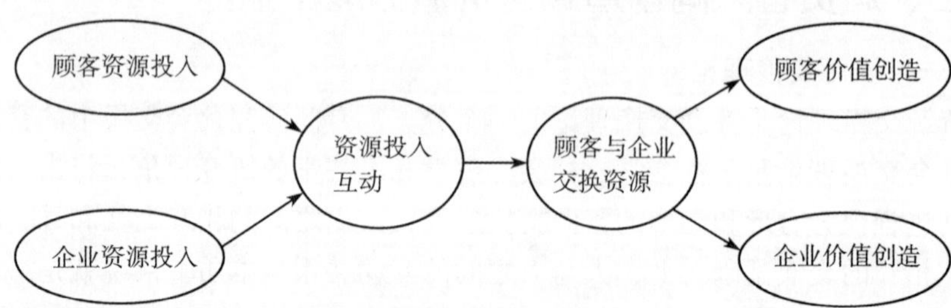


**图 4. 1　资源交换与价值创造**

### （二）体验理论

在体验理论出现以前，学术界认为消费者的行为决策依赖于信息处理过程。信息处理过程是理性的认知过程，消费者通过信息处理获取足够的知识来评价产品或服务为自己带来的利与弊。这种认知带来的行为直接以目的为导向。但消费者信息处理过程无法解释现实中的一些"非理性"的消费现象，信息处理过程决定消费者行为决策的命题受到了挑战，对消费者的理性假设逐渐发展为以 Holbrook 为代表的"体验学派"，体验理论也应运而生。Holbrook and Hirschman（1982）提出"消费是对象征意义、享乐反应和审美标准的主观意识状态”，“体验来源于直接观看或参与某事件——无论是真实的、梦幻般的还是虚拟的”（Schmitt，1999）。消费体验理论和消费者文化理论（Arnould，2005）都强调消费的情感、情境、象征等非效用方面，这些产生于消费的过程之中，消费者通过主动参与到企业提供的互动场景，从感官、情感、思考、行动和关联等诸方面获得体验。

体验理论认为，消费者体验和体验价值是消费者个体和社会构建的现象（Crossley，2006）。Schmitt（1999）认为消费者体验的产生是消费者对感官、内心与思维引发的刺激。消费者体验的形成是应用自己的“内部的现实主义”来阐释和看待外部世界，赋予外部世界他内心的意义（Gould，1993）。消费者会根据自己内在的主观性、情境因素以及特定的时间对其体验和体验价值进行主观重构。因而，体验是个性化的，当消费者价值和消费者体验相联系，消费者的体验和消费者价值被现象地决定（Vargo and Lusch，2008）。

体验理论为本研究提供了理论支撑。体验理论和核心观点集中于消费的象征、情感等非效用层面，价值存在于消费的体验过程而不仅仅是消费的结果和目的。消费体验理论的提出拓展了对消费行为的研究，消费者行为动机和对消费行为的评价不仅仅局限于消费带来的基本效用，消费者还追求消费过程带来的情感、享乐、审美等多维的过程感受。消费者在价值判断上除了受理性认知层面的影响外，还受消费者消费者过程的主观意识和情境的影响。因而，消费者在消费中并非被动的产品或服务的接受者，而是各种体验的积极追寻者。这与本书的研究视角是一致的，本研究在共同创造价值视角下，研究顾客在参与服务生产与传递，与企业共同创造顾客价值，进而形成对顾客满意和顾客行为意向的影响。对消费者而言，共同创造的价值本质上是体验价值（Prahalad and Ramaswamy，2000），消费者与企业的互动过程，既是体验的过程，也是价值创造的过程；消费者对顾客价值的感知评价既包括结果感知，也包括过程感知；既包含理性认知的效用评价，也包含感性的体验评价。对共同创造顾客价值的评价和判断是消费的过程与结果的统一、认知与体验的结合。体验理论为共同创造顾客价值的形成提供了坚实的理论基础。

### （三）人际相互依赖理论

人际相互依赖理论（interpersonal interdependence theory）是社会心理学中的一个重要分支。1959 年，凯莱和蒂鲍共同提出了社会互动概念，并在此基础上，进一步形成了人际相互依赖理论。该理论认为，人际关系的产生和变化不仅仅是由个体本身的特征决定的，个体之间的互动以及由互动形成的人际情境共同影响人际关系的结果和进程。人际相互依赖理论的一个重要理论构成是构建了人际相互依赖情境模式：SABI 模式（Rusbult 等，2003），该模式认为，在一定的社会关系背景下，两个主体（A 和 B）之间的互动（I）取决于个体

A 和 B 的人际倾向在特定的人际相互依赖情境（S）下的相互作用。

在企业与消费者的价值共同创造中，人际相互依赖理论依然适用。通常情况下，个体倾向于以最大化自己的利益和最小化自己的成本为目标来安排人际交往与互动。同时为了得到回报，人际交往和互动各方都付出资源和努力在相互依赖中进行交换和协调。服务提供者与消费者之间也存在相互依赖性，在服务接触和互动中，服务提供者和消费者双方为了获得满意的服务过程和服务结果相互依赖，彼此付出，实施协调行为，共同决定行为结果。一方面，消费者参与价值共创的行为结果除了受消费者个人参与意愿和参与努力的影响外，也受到服务提供者的态度与行为的影响和消费者与服务提供者互动情境的影响。另一方面，服务提供者的服务效果也是由服务提供者的态度、专业能力、行为、消费者的合作意愿与合作努力和互动情境共同决定的。因而，根据相互依赖理论，共同创造价值实际上依赖于互动双方的交换和协调行为，消费者和服务提供者为了共同的价值创造目标——获得各自在价值创造中的利益，双方围绕服务的设计、生产、消费相互协调，相互合作，形成了相互依赖关系，通过双方的互动协作行为共同创造价值。

同时，根据相互依赖理论，互动情境在价值共同创造中的作用也无可替代，互动情境影响消费者与服务提供者之间的和谐和合作水平、相互依赖程度以及交互行为和问题处理的程度，Mikulincer（1998）的研究指出，互动事件的心理体验过程依赖于当时的情境结构，个体互动是根据具体的情境结构实施行为的。因而，情境因素是形成人际互动的关键因素，相应地，在服务提供者与消费者之间的相互依赖关系中，企业对互动情境的设置成为促进价值共同创造的重要因素。服务提供者、消费者、互动情境构成了价值共同创造的基本要素，三者共同决定价值共同创造的过程和结果，这与价值共同创造理论的基本观点也是一致的。相互依赖理论的基本观点为消费者与企业共同创造价值提供了理论基础。

## 第三节　消费者共同创造顾客价值的机制

根据合作理论，个体或组织之间的合作源自彼此对对方资源的需要，而且相关资源只有通过合作才可能获取并加以利用（Hakansson 和 Prenkert，2004）。企业和消费者在广泛的社会交换中都无法控制为创造价值所需的全部资源和条件，因此存在天然的相互依存关系。两者之间的相互依存关系是价值共创的基础。共同投入资源来创造价值，导致价值共创过程成为一种为消费者和企业双方创造价值的过程（Cova 和 Salle，2008）。消费者和企业为了创造各自所需的价值而投入自己的资源，通过互动和合作来实现资源交换，在为自己创造价值的同时也为对方创造价值（参见图4.2）。

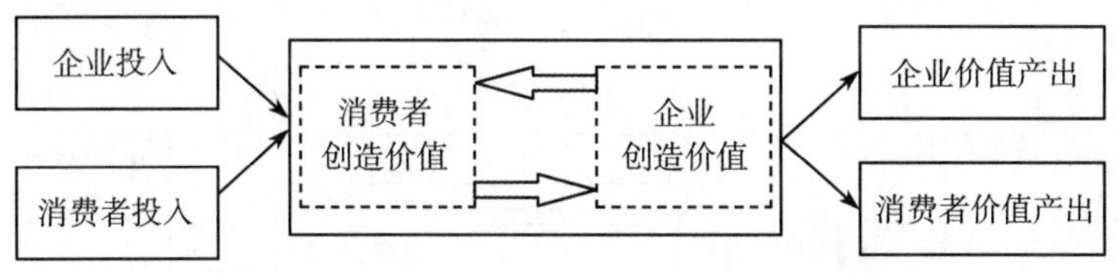


**图4.2　企业与消费者的价值共创过程**

在价值共创过程中，企业和消费者作为价值创造的两个主体遵循两种不同的逻辑，即生产者逻辑和消费者逻辑。基于生产者逻辑的价值共创是企业以价值创造为出发点，在价值共创过程中与消费者进行互动，努力创造与消费者共创价值的机会，并根据企业战略和资源来安排、组织、管理和评估价值共创活动；而基于消费者逻辑的价值共创则是消费者以自身利益为出发点，利用企业提供的资源和其自身拥有的资源和技能，在价值共创活动中为自己创造价值，并对价值共创的投入-产出和价值共创过程进行评估。这两种价值共创逻辑实质上是一个过程的两种不同视角，是不同价值创造主体基于自身的价值追求对价值共创过程的诠释，两种逻辑统一于价值共创行为。

## 一、基于生产者逻辑的价值共创

企业必须在价值共创过程中实现其自身的价值目标，通过把各种有形和无形资源投入价值创造系统，根据消费者的价值诉求提出价值主张，整合消费者投入价值共创的资源，通过与消费者的持续互动和合作来完成价值共创（参见图4.2的中间部分），最终实现具体表现为改善企业经营绩效、塑造品牌、密切与消费者的关系以及提高企业创新能力等的企业价值产出（Grönroos，2000；Fang，2008）。在基于生产者逻辑的价值共创系统中，消费者的价值诉求与价值共创核心系统之间、价值共创核心系统与消费者为共创价值而投入的资源之间都存在双向影响关系，各个因素既相互促进又相互制约，共同作用形成了价值共创系统。Jaworski 和 Kohli（2006）甚至认为，在共创价值中，消费者的需求也是共同创造的产物。消费者在基于生产者逻辑的价值共创中发挥着三方面的作用：一是向价值共创系统表达价值诉求，二是与企业互动共同创造价值，三是为价值共创系统提供资源。如图4.3所示，基于生产者逻辑的价值共创是以企业为主体的投入-产出过程，企业为与消费者共创价值提供机会和条件，追求价值共创效率（Kalaignanam 和 Varadarajan，2006），对价值共创过程进行管理、评估（Payne，2008），通过信息反馈过程把价值共创的各个环节相互连接起来，使之成为一个动态系统。

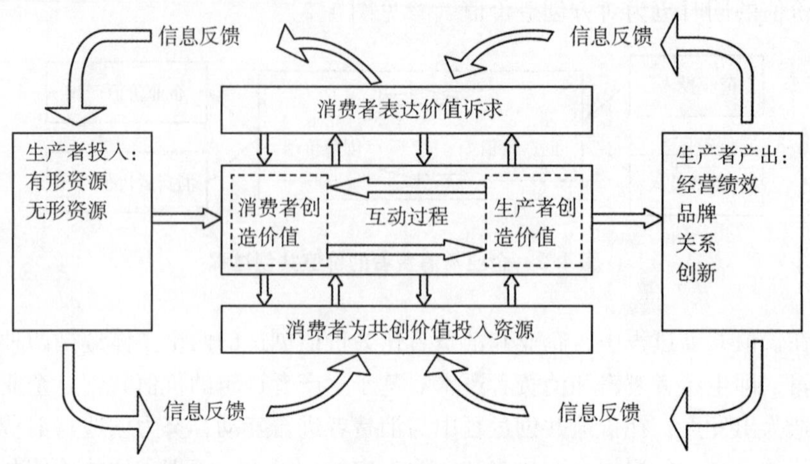


图 4.3 基于生产者逻辑的价值共创过程模型

目前基于生产者逻辑的价值共创研究主要集中探讨价值共创对企业经营绩效的影响，以及企业对价值共创的促进与管理等问题。例如，Prahalad 和 Ramaswamy（2004）构建了一个所谓的“DART”（英语单词“dialogue”“access”“risk assessment”“transparency”的首字母缩写）模型，建议通过对话、体验、风险评估和提高透明度来激发企业与消费者共同创造价值，以保证共创价值的效率；Payne（2008）根据服务主导逻辑提出了一个价值共创概念模型，并用它探讨了生产者与消费者构建价值共创系统、实现价值共创的过程和途径，为企业实施价值共创管理提出了有益的建议；Fang（2008）基于 B-to-B 市场实证研究了消费者参与价值共创对新产品创新程度和导入市场速度的影响；Chan（2010）考察了顾客参与价值共创对不同价值观的顾客和员工满意度的影响及其影响员工绩效的理。

## 二、基于消费者逻辑的价值共创

根据服务主导逻辑，消费者共创价值的过程就是他们利用其自身资源以及企业所提供的资源为自己创造价值和提供问题解决方案的过程（Grönroos，2008）。基于消费者逻辑的价值共创过程同样是一种投入-产出过程（Etgar，2008；O'Hern 和 Rindfleisch，2009）。如图 4.4 所示，消费者作为价值共创者，把自己的时间、精力、信息、知识和技能等资源投入价值共创系统，并与企业的资源进行整合，通过互动把消费者价值创造过程与企业的价值创造过程连接起来、相互渗透融合。消费者与企业在持续的资源交换、互动、对话和合作中完成价值共创。企业在价值共创系统中扮演提出价值主张、通过与消费者互动共同创造价值、提供价值共创支持系统三种角色（Vargo 和 Lusch，2004；Prahalad 和 Ramaswamy，2004；Cova 和 Salle，2008）。具体而言，企业根据消费者的需求提出价值主张，在消费者接受其提出的主张以后，与消费者形成共同的价值创造目标，并通过资源交换和互动与消费者实现价值共创。为保证价值共创能够顺利进行，企业还必须提供价值共创支持系统，包括基础设施等硬件以及组织结构、规章制度、文化、氛围等软件（Kelley，1992），以帮助和支持消费者实现价值共创。可以看到，在基于消费者逻辑的价值共创系统中，企业提出价值主张与价值共创核心系统之间、价值共创核心系统与企业提供的价值共创支持系统之间存在双向影响关系，消费者与企业的价值共创信息及时地向企业价值主张和企业价值共创支持系统做出反馈；同时，企业与消费者价值共创也受限于企业提出的价值主张和提供的价值共创支持系统。通过价值共创，消费者在合作和互动过程中获得各种不同的体验、多维的顾客价值以及由此而形成的顾客满意和顾客忠诚等价值产出（Auh，2007）。

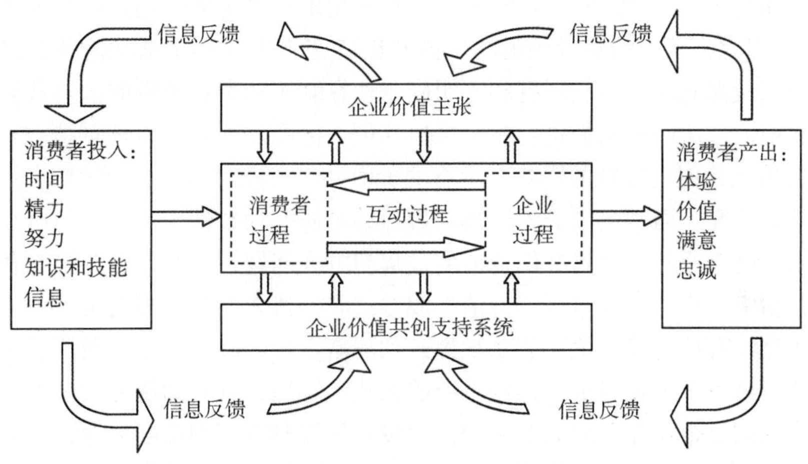


**图 4.4　基于消费者逻辑的价值共创过程模型**

消费者的个人学习和企业的组织学习都是价值共创系统重要的组成部分（Payne，2008）。通过消费者的个人学习和企业的组织学习，基于消费者逻辑的价值共创过程会形成多重循环：消费者的个人学习和信息反馈促使消费者投入与价值共创系统之间形成闭合循环，消费者在价值共创过程中不断学习和积累经验，调整自己的资源投入量和结构以获得尽可能大的价值产出；同时，企业的组织学习和信息反馈也会促成价值共创系统与消费者价值产出之间的闭合循环，企业在价值共创过程中不断开展组织学习，从消费者那里获得信息，把价值共创的效果和产出信息反馈给价值共创支持系统和价值共创核心系统，以提高共同创造消费者价值的效率，并且在与消费者共创价值的同时实现企业自己的价值。企业的组织学习和消费者的个人学习这两个重要环节能激活整个价值共创系统，使价值共创成为一个持续发展的动态过程。

价值共创把企业与消费者两者融合在一起，促使双方积极互动、相互学习、相互影响并相互渗透（Grönroos，2008）。价值共创的生产者逻辑和消费者逻辑反映了这两个价值创造主体从各自的角度对同一价值共创过程的不同理解。无论哪种逻辑都表明，企业和消费者都是作为资源拥有者参与价值共创，并为自己和对方的价值创造做出贡献，这是两种不同逻辑的共同之处。

通过对两种不同的价值共创逻辑的分析，可以发现基于消费者逻辑的价值共创和价值共创过程模型更能反映服务主导逻辑下价值共创的本质特征。如图 4.4 所示，基于消费者逻辑的价值共创突出了消费者在价值共创中的地位和作用，反映了消费者与企业在价值共创中的角色关系，企业与消费者在价值共创中进行的持续学习使得价值共创成为一种动态发展过程。基于消费者逻辑的价值共创过程模型进一步显示价值共创的价值产出是消费者利益的实现，而消费者利益和价值的实现是消费者参与价值共创的主要动机和前提（Nambisan，2009）。因此，基于消费者逻辑的价值共创研究不但有利于推动消费者参与价值共创的最终实现，而且还有利于明确企业在基于消费者逻辑的价值共创中的职能和角色，从而推动消费者参与价值共创。但受“企业是价值创造主要贡献者”的传统价值创造观的影响，现有的价值共创研究大多是基于生产者逻辑的价值共创研究，而基于消费者逻辑的价值共创研究为数甚少。现有的研究也没有深入探讨企业与消费者共创价值的过程和方式问题，因此，企业和消费者在价值共创中的价值形成过程、价值生成方式和价值表现尚不很明确。此外，现有的研究没有把构建价值共创系统提升到战略管理的高度。基于消费者逻辑的价值共创离不开企业对价值共创系统的构建和管理，现有的研究大多致力于探究价值共创对企业经营绩效的影响，但没有从战略管理的高度去探讨企业应该在新的价值创造模式下如何建立新的价值创造系统，如何实现战略转变，如何帮助消费者共创价值，而这些方面的研究对企业构建可持续竞争优势具有重要的现实意义。

消费者逻辑的价值共创模式也为未来的研究提供了新的研究主题。

首先，消费者与企业共创价值的实现途径。从广义说，价值共创是消费者与企业在互动中创造价值的合作行为。在现有的研究中，消费者主要通过参与新产品开发、服务创新、共同生产等方式与企业共同创造价值，因此，这种价值共创属于广义的价值共创，也是基于生产者逻辑的价值共创。在服务主导逻辑下，价值共创主要聚焦于“使用价值”和消费者体验，这些与消费者密切相关的价值内容更应该基于消费者逻辑来进行分析。因此，未来应该深入研究基于使用价值和消费者体验的价值共创途径，如在现有的价值共创途径之外，消费者还可以通过哪些有意识或无意识的行为方式来与生产者共创价值。

其次，消费者参与价值共创的机制。了解消费者参与价值共创的机制是企业对消费者价值共创进行管理的前提，消费者价值共创机制研究既要开展动机研究，也应进行过程研究。目前已有一些学者（如 Meuter 等，2005；Etgar，2008；Hoyer 等，2010）开始研究消费者参与价值共创的动机和影响因素问题，如 Etgar（2008）研究发现消费者参与共同生产会受到经济、心理和社会动机的驱动。本书提出的基于消费者逻辑的价值共创过程模型中的某些因素也可作为消费者价值共创机制研究的内容，如消费者价值共创的投入-产出过程、消费者参与价值共创的心理和行为模式以及消费者学习方式和学习过程对价值共创系统的作用等都是值得研究的问题。

最后，企业促进消费者价值共创的战略与策略研究。共同创造价值的基本思想要求企业在设计提供物时重新界定价值共创各方的作用和相互关系，把消费者的价值共创方式和消费者与企业的关系体现在其组织、流程设计等内部管理过程中，形成一个新的价值创造系统。在价值共创中，与消费者互动和消费体验是两个核心问题。Prahalad 等（2004）和 Cova（2008）都认为，提高与消费者价值共创的互动质量和为消费者提供独特体验支持系统是促进消费者价值共创的重要战略。未来应该重点研究企业与消费者的互动方式，并实证研究不同互动方式和策略对消费者价值共创产出和企业价值共创产出的影响。此外，未来的研究还应该帮助企业解决在不同情境下如何向消费者提供创造独特体验的适宜情境和条件，帮助消费者解决如何完善执行价值共创角色的知识和技能并改善体验质量等实际问题。

# 第五章　研究框架及理论假设

## 第一节　顾客参与的界定及维度的确定

本研究的主旨在于探索在共同创造价值视角下，顾客参与对顾客满意和顾客行为意向的影响机制。共同创造价值是一个重要的研究背景，在企业创造价值向共同创造价值转换的过程中，消费者角色的变化起到了至关重要的推动作用。共同创造价值视角下顾客积极主动的参与行为表现与传统价值创造方式下的顾客参与行为表现有所不同。

### 一、共同创造价值视角下顾客参与的界定

正如前文文献综述中对顾客参与研究的梳理，虽然对顾客参与没有公认的标准界定，但对顾客参与的内涵还是具有较为一致的看法。第一，顾客参与是顾客介入到企业服务生产和传递中的行为。顾客参与最初与服务相联系，这主要是源于服务生产和消费不可分离的特性，服务生产的过程同时也是消费的过程，顾客为了获得更好的服务参与到了服务的生产过程中。第二，顾客参与是顾客将一定的资源投入到服务的生产和传递中，并利用这些资源进行价值创造的过程。参与的过程必然伴随着资源的投入，资源是顾客参与到企业服务界面的桥梁，这些资源包括知识、经验、努力、情感、体力、货币等有形和无形的资源。第三，顾客参与暗含了顾客与企业的合作创造价值的过程。顾客在服务生产和传递过程投入资源，并与企业资源共同发挥作用，最终形成服务结果。双方的资源融合和互动的效率取决于顾客与企业的合作程度，因而，服务的最终结果是由企业和顾客共同决定的。

本研究从顾客的视角研究顾客参与，将顾客参与限定在服务行业，在共同创造价值背景下，借鉴前人对顾客参与的定义，将顾客参与界定为："在服务的生产和传递过程中，顾客为实现特定的目标，在与企业的服务互动中提供各项资源，并做出各种合作性努力与行为，以实现价值创造的过程。"这一界定

强调了以下几点。第一，顾客参与是有目的性的行为，参与的目的性与顾客参与的主动性相联系，当顾客参与能够实现顾客目标或顾客利益时，顾客参与的主动性将加强，Ennew and Bink（1999）认为无论是对顾客还是服务提供者，参与行为应该带来收益。这些顾客目标包括获得符合偏好的定制化服务，更高效便捷、高质量的服务，更优惠的价格，感知风险的降低和更多样化的体验等。第二，强调顾客与企业之间的互动性。共同创造价值视角下，企业和消费者在资源交换中实现参与和互动，顾客参与过程通过双方的互动形式实现，顾客参与的互动性特点明显。第三，强调企业和消费者的合作性，顾客参与是一个价值创造的过程。共同创造价值下的参与是价值创造主体间平等地参与，合作成为顾客参与的行为基础，顾客参与的目的是实现价值创造，这一价值创造不是由顾客单独完成的，而是与企业在互动与合作中共同完成的。

## 二、共同创造价值视角下顾客参与的新特点

1. 顾客成为操纵性资源，而非被操纵性资源参与到价值共同创造

传统的顾客参与中，顾客参与被作为一种生产资源投入到企业服务生产和传递的过程，其目的是保证服务顺利完成，提高企业的产出效率，并可为企业带来收益。在这一前提下，顾客参与演变为协助企业顺利完成价值创造与交付的一种方式，顾客的参与行为在企业的主导、设计和安排下进行，顾客在参与中的选择权利较小，参与的主动性有限。虽然在传统的顾客参与中顾客也扮演了资源和共同生产者的角色，参与了价值的共同创造，但这里顾客与企业共同创造的“价值”主要是“企业的价值”“交换的价值”“凝固和套嵌在产品中的价值”，因而，顾客是被作为一种被操纵资源（Vargo and Lusch，2004）加入到企业的价值创造系统中的，价值的创造过程以企业为中心。

在共同创造价值视角下，顾客作为操纵性资源（Vargo and Lusch，2004），应用自己的知识、技能、智力等资本作为价值创造主体投入到企业价值创造系统，利用企业提供的资源和自身资源为自己创造价值和解决方式，顾客的参与行为将变得更加主动、积极、自主化和富有创造性，顾客的参与是顾客主导的。相应地，企业在价值共同创造中的角色转变为为顾客参与提出价值主张，提供参与互动的环境和条件，与顾客合作性、交互性地创造价值。共同创造价值强调共创价值主体的平等性，各主体在价值创造中都有所贡献，并且也要在价值分享中获得相应的价值，价值在相互作用中形成，所有各方都在为自己的利益投入资源，同时也在为别人的利益投入资源，共同的投入才保证最终能各取所需。

2. 顾客的参与行为表现出更多的主动性和能动性

在现代化信息技术和后现代消费文化的推动下，顾客在整个经济领域变得

越来越活跃，顾客的“权利范围”逐渐扩散，顾客正在以越来越多样化的角色出现在交换的社会中。顾客积极地参与到与企业的各种互动方式中，愿意更自由地表达和实现自己的主张，顾客角色和能力的变化推动顾客在参与企业价值创造中的行为方式和地位的改变，顾客成为价值的共同创造者参与到企业的价值创造系统（Prahalad and Ramaswamy，2004；Vargo and Lusch，2004），相应地，顾客在价值共同创造中的参与行为也表现得更加积极主动，并富有创造性。

3. 顾客在参与中的“话语权”逐渐凸现，参与的范围和权利正在增大

作为价值的共同创造者，顾客不仅积极主动地参与价值共创活动，在价值创造中也拥有了比以往更丰富的权利。顾客不仅可以自行开发新产品，将顾客的创意和偏好融入到新产品中，一些企业甚至将选择进入市场的产品的权利交给消费者。如 Mountain Dew 公司在推出新产品时，由消费者通过在 DEWmocracy. com 上投票来决定软饮料的新口味；M & M's 公司在 2002 年成功地发动超过一千万的消费者对其新设计的 M & M 颜色进行偏好选择。顾客参与已不仅仅局限于服务接触中帮助服务生产和传递顺利进行的参与行为，企业通过授权方式给予顾客本属于企业决策范围内更多的决定权利和选择权利，并把顾客的选择和决定付诸营销实践。从某种意义上讲，顾客的主动性由于企业授权变得尤为突出，顾客在市场中拥有了更多的“话语权”，参与的权利和范围正在逐步增大。

顾客参与范围和权利的扩大可以顾客参与新产品开发为例加以说明。如图 5.1 所示，在共同创造价值下，企业将顾客纳入到新产品开发或服务创新的更多环节中，赋予他们权利，授予他们工具，将顾客从新产品开发细枝末节的修改者转变为产品主要的创新者。

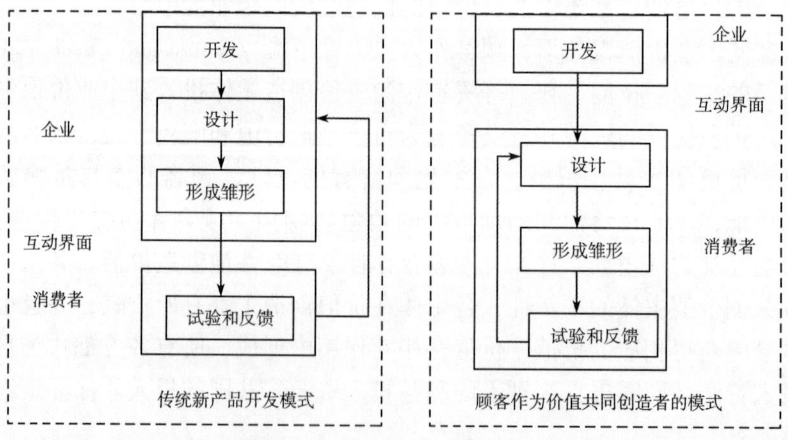


**图 5.1　传统新产品开发模式与顾客作为价值共同创造者的模式的比较**

（资料来源：笔者根据文献自己绘制。）

## 三、顾客参与维度的确定

### （一）已有文献对顾客参与维度的划分

顾客参与是一个多维的行为构念，根据现有文献，学者们对顾客参与维度的研究成果比较丰富，维度的构成存在差异，这一方面是由于不同的学者研究的视角和研究方法不同，另一方面也因为顾客的参与行为在不同的服务行业、不同情境中表现出不同的行为方式。随着现代科技和信息的发展，顾客参与行为会呈现出新的形式和新的特点，顾客参与维度的构成也会随之发生新的变化，这应是一个动态发展的过程。

通过对现有文献的梳理发现，顾客参与维度的划分基本遵循三种思路。

一是按照顾客参与的投入资源进行划分。顾客参与需要投入相应的资源，资源投入状况成为衡量顾客参与的重要尺度，如 Silpakit，Fisk（1985）将顾客参与划分为精神投入、体力投入和情绪投入。

二是提炼和抽象出顾客参与过程的行为表现作为顾客参与的维度，这种维度划分方式被较广泛地接受和应用，研究成果也相对丰富，如 Kellogg，Youngdahl and Bowen（1997）采用“关键事件分析法”确定了顾客参与的四种形式：事前准备、建立关系、信息交换行为和干涉行为。Ennew and Bink（1999）研究了英国小企业与其银行之间的参与行为，揭示了参与、感知服务质量、满意和顾客保持之间的关系，研究中的参与包括顾客和服务提供者双方的参与。Ennew and Bink（1999）认为无论对服务提供者或顾客，一般意义上的参与概念可以分为三个维度：信息分享、责任行为和人际互动。Claycomb 等（2001）以餐饮业为研究对象将顾客参与维度划分为出席次数、信息提供、合作生产。He（2004）在 B-to-B 市场用户参与系统开发研究中将顾客的参与维度划分为用户与企业的关系、责任行为、亲自动手、沟通活动。Chan（2010）在研究顾客参与价值共同创造过程中对顾客满意及员工工作绩效影响的研究中，将顾客参与的维度划分为信息分享、提供建议和参与决策。

三是将顾客参与的资源投入和顾客参与行为表现相结合共同勾勒顾客参与的维度，如 Hsieh，Yen 和 Chin（2004）认为在服务传递过程中，顾客会以四种形式参与到服务过程中：时间、努力程度、信息供应和共同制造。

另外，Alam（2002）突破了顾客参与的行为构念，以更全面的视角研究了顾客参与服务创新，对顾客参与的衡量区分了四个方面：顾客参与目标、顾客参与阶段、顾客参与强度和顾客参与模式，从不同侧面完整地描绘出顾客在服务创新中的参与过程。

Bloemer（1999）对顾客参与做了进一步研究，认为顾客参与互动强度的衡量包括顾客与企业接触的频率、互动双向性、共同解决问题的程度以及参与程度四个方面。

国内学者对顾客参与维度也做了相应的研究，朱俊、陈荣秋（2006）在提出全面顾客参与的基础上，从顾客参与的层次、顾客参与的过程、顾客参与的时间三个维度出发，认为顾客参与应是顾客全方位参与、全过程参与和最有价值顾客的终生参与；彭艳君和景奉杰（2008）通过对美发业的研究，将顾客参与维度划分为事前准备、信息分享、合作行为和人际互动。

国内外学者对顾客参与维度的划分见表5.1。

**表5.1 国内外学者对顾客参与维度的划分**

| 研究者 | 维度的划分 | 维度的含义 |
|---|---|---|
| Silpakit，Fisk（1985） | 精神投入 | 顾客在信息和心智上所做的努力 |
| | 体力投入 | 包括有形实物和无形的体能劳力 |
| | 情绪投入 | 顾客在参与活动中态度和情感上的付出 |
| Kellogg，Youngdahl and Bowen（1997） | 事前准备 | 为服务做准备，包括寻求熟人信息、比较商家等行为 |
| | 建立关系 | 通过微笑、友善的言语，与供应商相互了解等手段与服务提供者建立关系 |
| | 信息交换 | 通过提供和寻求信息来明确服务期望和了解服务情形，包括收集各个服务变量参数、调整心理预期、确立自己在服务传递过程中的地位 |
| | 干涉行为 | 顾客提供负面反馈，并热衷于问题的诊断与解决 |
| Ennew，Bink（1999） | 信息分享 | 顾客通过分享信息确保服务提供者能满足其需要 |
| | 责任行为 | 顾客承担不完全员工的角色，顾客为服务产品的共同生产者 |
| | 人际互动 | 顾客与服务提供者的互动活动，如信任、可靠性、支持、灵活性、承诺等 |
| Claycomb et al.（2001） | 出席次数 | 出席次数衡量顾客在过去一周内的消费次数 |
| | 信息提供 | 顾客与企业交流信息、提供建议和信息传递的程度 |
| | 合作生产 | 顾客与企业在服务生产与传递过程中的合作与配合 |
| Lloyd（2003） | 感知努力 | 顾客精力、时间、坚持程度和智力上的投入 |
| | 任务定义 | 顾客对工作任务的认知，了解工作中的步骤、使用该服务的相关知识和难易程度 |
| | 信息搜寻 | 顾客搜索服务的需求和顾客应该扮演的角色的相关信息 |

续表 5.1

| 研究者 | 维度的划分 | 维度的含义 |
|---|---|---|
| Hsieh，Yen 和 Chin（2004） | 时间 | 顾客参与的时间 |
| | 努力程度 | 顾客为参与活动付出的努力 |
| | 信息提供 | 顾客为服务提供者提供所需的信息 |
| | 共同生产 | 顾客与服务提供者合作生产 |
| 朱俊、陈荣秋（2006） | 顾客参与层次 | 顾客参与到企业的“战略层—执行层—作业层”的不同层面 |
| | 顾客参与过程 | 顾客参与产品创意的形成、设计与开发、产品制造、产品销售、售后服务和废旧产品回收等环节 |
| | 顾客参与时间 | 最有价值顾客的终生参与 |
| 张若勇、刘新梅、张永胜（2007） | 合作生产 | 顾客在服务生产过程中付出的智力、体力和情感投入 |
| | 顾客接触 | 顾客与服务生产环节交互的纵深程度 |
| | 服务定制 | 服务过程中顾客需求的个性化程度 |
| 彭艳君、景奉杰（2008） | 事前准备 | 服务的准备行为 |
| | 信息分享 | 顾客将信息资源输入给企业，以确保需要被满足 |
| | 合作行为 | 顾客在与服务提供者的关系中要履行的职责 |
| | 人际互动 | 包括诸如信任、可靠、支持、合作配合、承诺等人际关系因素 |
| Fang（2008） | 信息来源 | 在新产品开发过程中向制造商提供信息 |
| | 共同开发 | 顾客与企业共同参与新产品开发，解决问题 |
| Gallan（2008） | 知识投入 | 顾客分享环境信息和对服务的需求 |
| | 努力投入 | 顾客在参与服务体验中付出的努力 |
| Chan（2010） | 信息分享 | 顾客与企业分享已有的信息 |
| | 提供建议 | 顾客为企业的服务产出提供建议 |
| | 参与决策 | 参与决定企业如何提供服务 |

（资料来源：笔者根据相关文献整理。）

### （二）本研究中顾客参与维度的划分

本研究的顾客参与维度在前人研究的基础上进行了发展，加入了顾客参与价值共创的一些特质，增加了反映顾客参与新特点的维度，将顾客参与的维度划分为信息分享、合作行为和共同决策。

1. 信息分享

信息分享是顾客与服务提供者之间为确保服务质量而进行的持续不断的信息交换。在价值共创活动中，企业与顾客之间需保持双向、持续和动态的信息交换。Jaworski and Kohli（2006）认为共创价值要求企业和顾客进行开放式的对话，企业和顾客相互了解对方的需求和能力有利于价值共同创造；Prahalad 和 Ramaswamy（2000）也认为“对话”是实现消费者与企业共同创造价值的基本要素之一。信息分享强调“相互性”，企业与顾客通过双向信息交换实现相互了解和学习。基于此，本书构建了信息分享作为顾客参与的维度之一，意指顾客向服务提供者提供需求信息、服务体验信息和服务提供者向顾客提供服务信息的双向信息交换。信息分享的双向性体现出顾客和服务交换者两个交换主体的平等性和互动性。

2. 合作行为

合作行为是被大多数学者认可的顾客参与维度（Ennew，Bink，1999；Claycomb 等，2001；Hsieh 等，2004）。合作行为是顾客为了获得良好的服务效果，与服务提供者在服务生产与传递过程中的合作与配合。服务的特性决定了服务生产与传递中的部分内容必须由顾客和服务提供者共同完成，作为服务的共同生产者和价值的共同创造者，顾客与服务提供者投入各自的资源，在互动中共同完成价值的创造，顾客的合作行为直接关系到价值创造的效率和服务质量。

3. 共同决策

共同决策是在服务生产与传递过程中，顾客与服务提供者共同决定服务提供的内容、方式等，反映了共同创造价值视角下顾客参与的新特点。Lee（2001）认为顾客在参与服务提供过程中，承担服务提供的决策责任。共创价值的一个特征是“共同决策”，Jaworski and Kohli（2006）认为企业与顾客共同决策服务生产与传递的参与领域和参与内容。Auh（2007）认为在共同生产中，顾客被授予更多的权利与企业共同生产，顾客与企业之间的界限变得模糊。由于顾客在共创价值中的角色变化，顾客不再是被动参与到企业价值生产过程，顾客参与的主动性反映在顾客与企业在服务生产与传递中共同对“解决方案”进行选择和决策。另一方面，在共创价值下，企业逐步认识到顾客希望在服务生产与传递中获得更大的选择权、控制权和决策权，在获得心理满足的同时，得到符合顾客偏好的服务结果，企业和服务提供者有意识地逐步将一些本该由企业决策的内容交由顾客决策，赋予顾客更大的权利，如企业采用“授权战略”，赋予消费者在产品或服务生产过程中相应的权利，使消费者感受到自主的控制感，从而得到心理的满足。顾客逐渐增强的能动性与企业的授权战略相结合，顾客在参与行为中会表现出主动性和对过程的控制感。因而，在共同创造价值背景下，共同决策成为顾客参与的一个重要行为表现。

## 第二节　共创顾客价值及其维度的确定

### 一、共同创造价值视角下的顾客价值

在本研究中，共同创造顾客价值是一个重要的变量，承接着顾客参与、顾客满意和顾客行为意向之间的关系。传统的顾客价值的基本假设是价值是由企业创造的，顾客通过认知、情感以及多感官刺激而感知获得，在价值生成上，经由了企业创造、顾客感知的过程，因而，企业是价值的创造者，顾客是价值的接受者。在共同创造价值视角下，如同企业与消费者共同开发新产品一样，顾客价值的形成也是企业与顾客共同投入与相互互动中产生的，顾客价值既不是企业单方面创造的结果，也不是顾客自行决定的，而是双方共同创造的结果。Oliver（1999）发展了"扩展价值"（extended value）的概念，认为价值既可认为是产品和服务使用过程中的感知价值，也可认为是消费过程中创造的价值。事实上，共同创造顾客价值正是对 Oliver 的两种价值认知的统一。Auh（2007）认为共同生产是提高顾客感知价值的重要方法，这是因为在共同生产和共同创造价值中，价值是由顾客与企业共同创造的，而不是企业为顾客创造了价值。

顾客对价值的感知和顾客共创价值过程互为前提和条件，两者不是线性的关系，而是一个闭合的圆圈。价值被现象地、个性地决定，如 iPhone 的用户并不是价值的被动接受者，他们在自己的社会情境中为自己创造独特的体验和价值，并积极感知，顾客在价值形成中已成为价值创造者，他们可以影响甚至决定价值创造的时间、地点和方式（Firat and Dholakia，2006）。可以看出，共同创造顾客价值强调顾客价值的形成过程，而不是对已经生成的价值的感知过程；强调顾客在创造顾客价值中的作用，而非片面强调企业对顾客价值的创造。

### 二、共同创造顾客价值的维度

如前文综述，顾客价值的维度划分已有了丰富的研究成果，但在共同创造价值背景下，对共同创造顾客价值的研究还鲜有人做。顾客价值的衡量大体有两种思路。一是顾客所得与所失的比较，这种衡量方法建立在消费过程中的所得和所失是可以计量或被顾客感知并能够比较的基础之上，但这种方法并不适

用于价值存在于消费体验过程的产品。对于消费者的体验，所得与所失较难衡量，更不易比较。二是对消费过程中顾客获得的价值分类研究来衡量顾客从消费过程中获得了哪些价值，这些价值基于消费者的认知、体验和感知的基础之上。本研究对顾客价值的划分将遵循第二种思路进行。

事实上，消费者在消费的过程中包含了两个基本过程：信息处理过程和体验过程（Payne，2008）。信息处理过程是理性的认知的过程，顾客可通过信息处理获取足够的知识来评价产品或服务为自己带来的利与弊，这种认知是一个理性的过程，由此带来的行为直接以目的为导向。体验过程强调消费的情感、情境、象征等非效用方面（Holbrook and Hirschman，1982），顾客的价值并非产生于消费的目的，而是消费的过程与体验。Holbrook（1996）将顾客价值定义为“互动的、相对的偏好体验”，将体验对消费者的价值强调到极致。体验主导下的行为不一定受行为目的支配，而是体验的结果。因此，可以认为，形成顾客价值的来源有两个：来自认知的价值和来自体验的价值。这两种价值来源统一于共同创造价值的过程中，正如 Cova & Salle（2008）所言，“通过共创功能和体验，消费者也为自己共同建构了价值。”本研究根据认知和体验两个价值来源，采用了文献和理论驱动与深度访谈相结合的方法，对共同创造顾客价值做进一步探索。

从概念的外延上看，共同创造顾客价值包含在顾客价值这个大概念之下，需要找出的是顾客与企业共同创造的顾客价值有哪些。本研究选择了八名有两年以上健身或瑜伽训练经历并有私人教练的顾客进行了深度访谈，方法上采用了半结构式访谈，事先准备好访谈问题，在得到回答反馈后及时调整问题，并进行追问，深入挖掘顾客在参与过程中共创的顾客价值。深入访谈对象的详细情况见表 5.2。

表 5.2　深入访谈对象的详细情况

| 职业 | 人数 | 性别 | 年龄 | 受教育程度 | 健身年限 |
|---|---|---|---|---|---|
| 企业员工 | 3 | 男 | 37 | 研究生 | 3 年 |
| | | 男 | 32 | 本科 | 2 年 |
| | | 女 | 35 | 本科 | 3 年 |
| 大学教师 | 2 | 女 | 38 | 研究生 | 4 年 |
| | | 女 | 27 | 研究生 | 2 年 |
| 私营业主 | 2 | 男 | 40 | 本科 | 3 年 |
| | | 男 | 42 | 专科 | 3 年 |
| 在校学生 | 1 | 女 | 27 | 研究生 | 2 年 |

通过一对一的、半结构化的深度访谈，并对访谈结果进行了归纳、总结、筛选，深入了解顾客参与与服务提供者互动过程中获得的心理的、功能的、社会的、内在的、享乐的等各项价值。通过对访谈问题的深入了解和不断追问，发现了顾客在健身过程中比较注重的一些价值。深度访谈的内容见表 5.3。

**表 5.3　深度访谈的内容**

| 访谈的内容 | 回答要点总结 |
|---|---|
| 1. 您与教练在训练中感受到愉快吗？什么促使您感觉到愉快？<br>2. 您认为自己从健身活动中或与教练的互动中得到了什么？感觉怎样？为什么？<br>3. 您在健身中比较注重哪些方面？ | 健身对健康体魄的促进作用<br>新鲜感<br>完成了一个训练项目有成就感<br>结识了一些朋友<br>感到放松<br>通过参与可以有针对性地解决我的个人健身问题<br>学到了一些健身知识和方法，以后也可以用到<br>挑战自我<br>被尊重的感觉<br>出出汗心情舒畅<br>释放压力<br>让自己变得更自信<br>从教练那里得到很多帮助<br>和教练相处融洽让人感觉挺好<br>得到教练的专业化指导<br>健身后神清气爽<br>会更加自信<br>结交了兴趣相同的朋友 |

通过深度访谈的三个问题，从直接和间接两方面获取了顾客在参与和互动中实际获得的顾客价值。将顾客在参与中获得的价值描述与顾客价值理论的维度进行参照，参考了 Babin 等（1994），Chandno、Wansink 和 Laurent（2000），Sheth 等（1991），Rintamaki 等（2006）对价值维度的划分以及 Chan（2010）对共同创造顾客价值的划分，提出了共同创造顾客价值的四个维度：经济价值、关系价值、享乐价值和学习价值。

1. 经济价值

经济价值是指顾客通过参与行为获得的服务效用的增加和成本的降低，即顾客参与促使顾客获得更高质量、更加个性化和专业化的服务，减少获取成本，降低顾客的感知成本。经济价值与顾客的参与行为密不可分并直接相关，经济价值并非衡量服务本身直接提供给顾客的功能和效用，因为无论顾客参与与否，产品或服务都应提供给顾客基本功能和效用。这里的经济价值衡量了顾客参与对服务效用价值的实现程度和实现效率产生的影响，而不是对服务提供的具体效用价值的分类衡量。

2. 关系价值

关系价值指在顾客价值共同创造中，顾客通过与服务提供者和其他消费者之间的互动形成的良好的人际关系和构筑新的社会网络形成的价值。参与和互动将消费者与服务提供者、消费者与消费者之间联系起来，在互动中相互沟通、交往、合作、帮助，形成基于社会交往和社会交换的新的人际网络，并在这一过程中创造消费者可感知的关系利益和价值。关系价值建立在互动的基础上，双方的互动越频繁、投入越充分，关系维系的时间越长，对于互动双方而言关系价值越大。

3. 享乐价值

享乐价值是顾客在参与过程中形成的乐趣、愉悦等娱乐和情感体验方面的价值以及追求自尊、自我实现等的内在价值。

Oliver（1999）认为价值不仅仅来源于产品，也来源于消费和互动体验；Sweeney and Soutar（2001）认为功能价值和享乐价值是顾客消费过程中的两大价值追求。顾客不仅希望在产品购买和消费中获得相应的效用和相应的功能价值，也享受购买和消费过程中带来的愉悦、刺激、快乐的体验。Shiv 等（2005）认为，顾客的购买和消费过程是顾客理性思考过程和对感官和心理刺激的体验过程的统一。顾客对享乐价值的判断来源于顾客的心理体验和情感体验，而非理性的认知体验。顾客在与服务提供者互动的过程中，体验由参与和互动带来的愉悦、快乐、刺激、兴奋等感觉。如果双方的合作活动目标中含有任务导向成分时，顾客的成功参与往往还伴随着自信、挑战自我、自我实现、成就感等内在价值。

4. 学习价值

学习价值是顾客在参与过程中通过与服务提供者的信息交换和亲身体验获取的、对提高自身知识和能力有益的认知性价值。

在共同创造价值中，知识转移是一个双向流动的过程，一方面，顾客通过在价值链上不同的参与活动将蕴藏于自身的知识资本融入到企业新产品开发、服务创新、生产、营销等各个环节，与企业共同创造价值；另一方面，顾客在参与过程中，通过认知体验、情感体验和行为体验学习到企业的产品和服务知识、创新知识、企业文化等与企业相关的知识内容，尤其是与顾客的内在需求相吻合的知识获取将在顾客未来的消费中发挥作用，这对顾客来说尤为重要。在以往的研究中，较多关注消费者的知识转移为企业创造价值的过程，企业如何充分利用顾客的知识增强企业的创新性、提高创新效率和减少创新失败，并逐步形成了顾客知识管理、顾客创新等研究领域。这些研究突出的是顾客对企业的资源效用，是企业从顾客那里学习的过程。但对于顾客从企业方面学习，在参与和价值共同创造中获得来自企业的学习体验的研究却少之又少。在共同创造价值的视角下，价值创造主体间的信息交换和相互学习伴随着双方的互动一起发生，顾客积极的角色促使顾客在参与中探索和获得新知，这种获取新的并能在未来得益的知识体验也成为顾客参与顾客价值共同创造的内容之一。

## 第三节　研究框架及理论假设

### 一、研究框架

共同创造价值是一个前沿的研究领域，目前对共同创造价值的研究处于理论探索时期，为数不多的实证研究也主要集中于企业视角的共同创造价值研究，如顾客与企业共同生产、顾客参与新产品开发或服务创新对企业经营绩效、创新能力等的影响，少有以顾客为主线研究顾客参与顾客价值共同创造对顾客态度和行为影响的研究。在新的市场环境和消费文化下，顾客积极主动、富有创造性地参与到价值共同创造的现象日益增多，企业也开始关注顾客的共同创造价值行为，谋求与顾客在互动中共同实现和创造双方的利益。企业应该清楚的是，顾客之所以愿意参与、与企业形成互动，背后一定存在利益动机和价值诉求，企业需要了解顾客在参与活动中与企业共同为顾客自己创造了哪些价值，这些价值对他们的态度和行为的形成有哪些影响，只有揭示了顾客行为背后的这个“黑箱”，企业才能有针对性地搭建顾客参与和共同创造价值的舞台，提出对顾客有意义的“价值主张”以及提供实现“价值主张”的互动情境和体验事件，有意识地鼓励和引导顾客有效参与到价值共同创造中来，在共同创造价值过程中努力实现顾客价值的共同创造，并逐步形成企业与顾客共同创造价值的战略模式。

围绕此目的，本研究以顾客为研究视角，探索顾客的参与行为对共同创造顾客价值进而对顾客满意和顾客购后行为的影响。本研究的理论模型如图 5.2 所示。

本研究的理论模型以行为—过程—结果为研究主线，研究顾客通过参与和互动行为与企业共同创造顾客价值，共创顾客价值作为一个重要的中介变量对顾客态度和行为意向产生的影响这一连续的过程，揭示顾客参与与形成顾客满意和顾客行为意向的内在机制。理论模型加入了感知员工支持这一变量作为顾客参与和共创顾客价值关系之间的调节变量，体现共同创造价值的基础——企业与顾客之间的互动。过程和互动是服务的特征（Gronoos，2009），在服务提供者为顾客提供服务的情况下，服务提供者与消费者形成互动，并影响消费者过程，从消费者那里学习，教给他们新的技能，提供给他们比自我服务更丰富

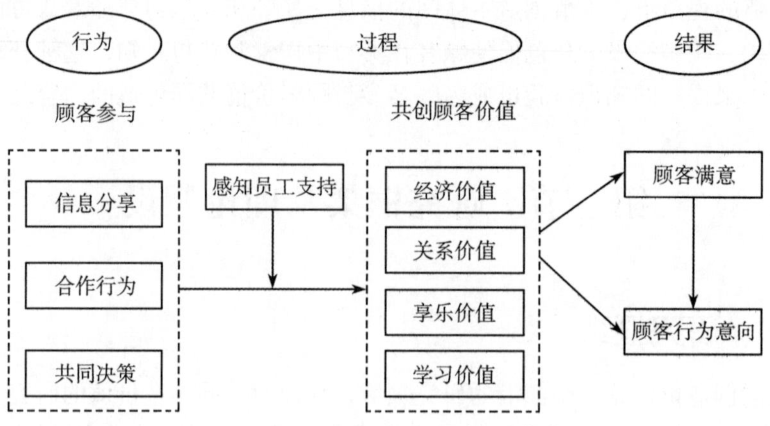


图 5.2 本研究的理论模型

多样的形式，调整他们可能超出预期的偏好，整个过程是以创造顾客价值为目标的服务过程。与顾客的自我服务相比，这一过程为服务提供者提供了更多影响消费者的空间和灵活性，这源于服务提供者能够与消费者在消费的过程中形成互动，在互动中积极地影响消费的结果和产出。顾客与服务提供者的双向互动成为共同创造价值的基础。模型中，互动不仅仅表现在顾客积极的参与行为上，同时表现在作为服务提供者的员工对顾客参与行为的支持上，通过员工的支持行为，引导和促进顾客积极参与价值共同创造。因而，顾客感知员工的支持程度影响顾客参与行为与共同创造顾客价值之间的关系。

理论模型描述了从顾客参与行为到顾客满意和顾客行为意向的内在逻辑关系，主要需验证以下几个关系：① 共同创造顾客价值是否中介了顾客参与与顾客满意之间的关系；② 共同创造顾客价值是否中介了顾客参与与顾客行为意向之间的关系；③ 感知员工支持是否调节了顾客参与和共同创造顾客价值之间的关系；④ 顾客参与、共同创造顾客价值与顾客满意、顾客行为意向之间的逻辑关系是否成立。

## 二、理论假设的推演

### (一) 顾客参与与共同创造顾客价值的关系

如前文所述，顾客共同创造价值的过程是顾客将自身资源投入到企业的价值创造系统中，企业为顾客提供互动的平台，并形成合作的共同目标，在此共同目标下，顾客与企业在互动中共同创造价值。共创价值是服务主导逻辑的核心概念，也是顾客参与的基本前提，顾客在参与和互动中，不仅为企业创造了价值，也为自己创造了个性化的体验和价值，在参与过程中创造的价值会为顾客带来更多的满意。Cova and Dalli（2009）认为顾客参与服务的生产和传递程度越深，顾客在这一过程中感知到的价值和满意程度就越多；Harris 等（2001）在其研究中也认为，顾客参与是提升顾客感知价值的重要方法之一；Gentile（2007）认为顾客的体验和对价值的感知来自顾客与产品、企业或组织之间的互动，互动意味着顾客在理性、情感、感觉、生理和精神上不同程度地参与，因而顾客的参与和与企业互动对顾客价值的创造产生了重要影响。随着顾客参与的资源投入加大和顾客参与的逐步深入，顾客与服务提供者的关系互动频繁，顾客从认知和体验两个共创价值来源感受顾客与企业的价值创造过程，参与的过程促使消费者对价值共同创造以最直接的亲身体验而感知，从这点来讲，顾客参与对顾客价值共同创造有直接影响。

从顾客参与的动机来讲，已有研究表明，顾客只有预期到能从参与行为中获利，顾客才会进行参与（Ennew and Binks，1999）；关于合作的研究文献也进一步发现，在合作前，合作的各方都要对合作的经济和心理收益、交易成本及风险进行衡量和比较（Smith，Carroll，and Ashford，1995）；Grace 等（2008）的研究认为，在服务联合创造过程中，顾客高参与行为的目的是为了获得更高的感知价值，并且顾客参与影响了服务共同创造的结果。因而，顾客在参与过程具有价值追求的动机，希望从参与行为中获益，也会在参与过程尽可能使自己获得收益。在共同创造视角下，顾客对价值的追求是通过企业与消费者双方的共创行为实现的，顾客可以通过直接的参与方式影响和促进共同创造的顾客价值。从整体上看，顾客参与和顾客共同创造顾客价值两变量之间存在正向的关系。接下来从共创顾客价值的具体维度视角推演假设。

1. 顾客参与与经济价值

顾客积极地参与能保证服务质量，增加成功服务的可能性，同时也会保障自己消费目标的实现。根据代理理论，顾客（被代理人）监督服务代理者对服务的完成情况，顾客参与到服务过程可以减少服务失败带来的财务和绩效风险，顾客通过信息分享和合作行为也使得顾客有机会将自己的需求直接输入到服务系统，进行更多的选择，并与服务提供者一起创造更高水平的定制化服务。Kellogg，Youngdahl 和 Bowen（1997）认为顾客在服务过程中的参与可以看作一种顾客的质量保障行为，可以保证得到预期的服务结果；Lloyd（2003）指出顾客参与帮助顾客获得多种收益，如减少风险、获得心理满足和获得经济利益，其中感知获得的经济利益（economic benefits）是决定顾客参与的一个主要因素；Etgar（2008）认为消费者参与共同生产受经济利益的驱动，通过控制生产的过程，顾客可以获得成本节约和感知风险的降低；Chan（2010）认为，顾客参与通过三种方式创造经济价值：更好的服务质量、顾客定制化服务和增加控制感。Parker 等（2000）认为顾客在参与服务生产和传递过程中获得了价格折扣、对服务过程的控制感、省时以及更多样、个性化的服务等经济利益。因而，本书提出：

假设 1　顾客参与行为对共创经济价值存在显著的正向影响

假设 1a　信息分享对共创经济价值存在显著的正向影响

假设 1b　合作行为对共创经济价值存在显著的正向影响

假设 1c　共同决策对共创经济价值存在显著的正向影响

2. 顾客参与与关系价值

关系价值是顾客与服务提供者之间在互动过程中形成的情感和关系联系。根据社会交换理论，人们在社会交换中，交换的不仅仅是物质的经济的价值，爱、尊重、赞许、情感等都作为交换内容将社会个体相联系。Ravald 和 Grönroos（1996）认为在分析产品或服务所提供的利益时，关系利益也应该纳入到顾客价值中去，“顾客的感知价值是随着关系的发展而被创造和传递的。”关系本身对顾客感知价值产生重要的影响，顾客注重与服务提供者之间互动形成的关系利益。Price 和 Amould（1999）的研究结果表明，在与服务提供者的频繁服务接触和互动中，顾客和服务提供者会进行“友情交换”，他们彼此熟悉，产生亲密感，顾客和服务提供者之间建立起一定程度的商业友谊，为顾客带来良好的人际关系和社会支持等利益，同时商业友谊往往伴随着顾客的忠诚、承诺和正面的口碑等顾客行为；John（2003）的研究也表明顾客参与可以使顾客获得心理和情感方面的愉悦，包括自我展现的机会、获得关注和地位、获得自我认同、社会融洽和归属感等。

在共同创造价值中，顾客与服务提供者的频繁互动致使两者关系紧密，Vargo and Lusch（2004）认为服务提供和价值共同创造意味着交易是关系性的，在这种关系性的交易中，顾客与员工能够通过他们互动的愉悦感和关系的建立共同创造关系价值。友好的、充满乐趣的人际关系会增加顾客的价值，从而增加顾客的满意度。Claycomb 等（2001）认为顾客参与促进顾客与员工之间的沟通和关系的建立；Foreyt and Poston（1998）、Street 等（2003）在对健康护理的研究表明，患者与医生的价值观和偏好的逐步融合会提高护理水平，促进形成更多的理解、真诚和友善的互动，最终创造关系价值。顾客与员工在互动的过程中，每一方都在为双方共同创造关系价值（Fleming，Coffman，and Harter，2005）。Etgar（2008）对消费者参与共同生产进行了研究，认为共同生产为消费者和其合作伙伴提供了一个交流和对话的平台，参与到行为网络中创造了社会联系价值——和有相同兴趣和爱好的人分享思想、共同行动的乐趣，共同生产使得消费者能参与到实际的和虚拟的共同生产沟通和社会网络中，与价值共同创造者形成良好的社会互动和社会关系。因此，本书提出：

假设 2　顾客参与行为对共创关系价值存在显著的正向影响

假设 2a　信息分享对共创关系价值存在显著的正向影响

假设 2b　合作行为对共创关系价值存在显著的正向影响

假设 2c　共同决策对共创关系价值存在显著的正向影响

3. 顾客参与与享乐价值

人类对享乐的追求似乎与生俱来，古典哲学家对人类追求享乐的研究由来已久，Edmund（1961）曾经指出：愉快是幸福生活的开始和结束……人类将"愉快"作为选择与回避的标准，用感觉来判断每一桩事情的好与坏。享乐主义研究的学者认为，能够产生快乐的行为将在记忆中保存下来，不断产生快乐结果的行为将会在未来的行为中再次表现，现在行为的效果很可能成为未来行为的动因。

享乐价值是一个宽泛的概念，顾客在参与价值共同创造过程中，享乐价值具体表现为顾客在参与价值共创中获得的愉悦感、新奇感、控制感以及成功参与所带来的成就感等心理价值。

在共创价值中，顾客与顾客之间、顾客与环境之间、顾客与服务提供者之间的互动行为会增加顾客的享乐价值（Keng 等，2007），顾客的互动和参与行为是形成顾客体验必要的行为基础，而体验正是享乐价值的源泉。从这个意义上讲，顾客的参与行为会为其带来享乐价值。Rodie et al.（2000）认为，顾客通过参与和互动行为可以感受到愉悦感、新奇感和快乐感；Hoyer（2010）认为顾客在共创价值中追求自身的价值实现，一方面，顾客追求内在的价值，期望在参与中实现自我表达和自尊感，同时消费者的参与提高了正面的情绪和对做贡献的享受（Evans and Wolf，2005）；Etgar（2008）在其研究中认为，消费者参与，获得出于自身的内在体验，如兴奋、乐趣、审美、精神享受、寻求变化、违背日常生活常规等；Chang（2009）的研究结果表明，顾客在积极参与互动产品设计和定制化产品时，不仅得到了效用利益，也得到了享乐利益。效用利益指产品的功能性、便利性和产品效率，享乐利益则是基于心理愉悦的乐趣、享受、幻想、感官刺激等体验。除此之外，顾客在参与过程中还获得了拥有感、责任和控制感，互动化设计为顾客提供了表达自己偏好的平台，顾客因此而得到心灵的愉悦感；Martin 和 Home（1995）的研究表明，顾客通过参与行为增加了对参与过程和与服务提供者接触过程的控制感、对决策的自主权，满足了顾客的个性化需求，让顾客感受到自尊；Tian 等（2001）也认为消费者通过共同生产满足其自我表达的需求和展现自己的独特性，应用自己内在的能力将隐藏的幻想变为现实，从而获得一种满足感和成就感。因此，本书提出：

假设 3　顾客参与行为对共创享乐价值存在显著的正向影响

假设 3a　信息分享对共创享乐价值存在显著的正向影响

假设 3b　合作行为对共创享乐价值存在显著的正向影响

假设 3c　共同决策对共创享乐价值存在显著的正向影响

4. 顾客参与与学习价值

情境学习理论认为，学习不仅仅是一个个性化的意义建构的心理过程，而且是一个社会性的、实践性的、以差异资源为中介的参与过程。根据学习情境理论，参与是一种很好的学习形式，学习者处于一种有着共同目标导向的实践共同体中（Wenger，1998），学习在互动的参与中被构建。一个人在参与的过程中越积极，投入越大，学习的动机和可能性也越大。克努兹（2010）认为感知、传递、体验、模仿和参与都是情境学习的主要方式，学习者在特定的社会情境下，通过参与和人际互动自然地形成学习。

早在 1991 年 Sheth 等对顾客价值维度的划分中就提出了学习价值，认为学习价值是顾客在选择和消费中的好奇心、新奇和对知识的渴望带来的满足感，顾客通过在消费和选择中满足其好奇心、新奇感和求知欲来获得学习价值。

在共同创造价值下，顾客作为操纵性资源，希望在参与和互动中获取知识。Payne（2008）认为共创价值的过程是企业与顾客相互学习的过程。顾客通过与服务提供者的对话参与到服务生产和传递的各个环节，这种对话形式应该被看成是相互学习的互动过程，一方面，顾客在共创价值过程中通过认知和体验获取知识、信息和经验，完成学习过程，并将所学习到的知识应用到价值共同创造活动中，顾客学习和价值共同创造形成一个闭合的循环，对顾客与提供商未来的共创价值行为产生影响；另一方面，企业在与顾客的互动接触中从顾客那里获得信息和知识资本，促使企业在创造共创价值机会、计划、执行等实践中不断发展改进。顾客学习和组织学习融合于共同创造价值的框架之下，通过学习行为，各自形成两个相互依存、交互又相互独立的价值创造体系。可见，从顾客视角来看，顾客的学习行为和过程是保证和提高顾客共同创造价值的重要手段，学习过程使得顾客参与价值共同创造过程成为一个连续、持续改进的过程。

Payne（2008）进一步将顾客学习过程分为三种形式：记忆、内化、协调。记忆过程是简单的学习过程，只是顾客的专注过程，而不是对情感和信息的加工过程；内化是顾客领会并消化吸收共创价值过程中的体验和信息；协调是一个双向的学习过程，顾客仔细思考如何与服务提供者更好地共同创造价值，并促使顾客改变自己的行为或者以新的方式使用资源，帮助顾客理解企业的价值主张，积极共创价值。

Etgar（2008）认为如果消费者能在共同生产中学会新的知识和技能来应对新的挑战，消费者将更加愿意参与到共同生产中来；Hoyer（2010）认为顾客参与价值共同创造过程渴望获得技术、产品或服务的知识，获得信息获取和知识学习的认知利益；Nambisan（2002）在其研究中也指出，顾客通过参与服务创新过程可以获得新的知识，满足其创新需求或求知欲望，应用自己内在的能力将隐藏的幻想变为现实。我国学者张凤超、尤树洋（2010）在对具有“共同制造”特征的食品加工企业的实证研究中，认为顾客参与直接影响顾客学习行为的效果，在共同制造的组织模式下，顾客通过参与获得了企业提供的产品制造工艺及流程知识，形成了一定的知识结构，掌握了相应的技能，在参与中完成了学习。实证结果也证明，顾客参与和顾客学习正相关。

Thompson and Zanna（1995）的研究发现当个人与所被认知的任务高度关联时，不论人们是否具有认知需求，他们都会表现出积极进行思考和参与决策等认知行为。在本研究中，参与健身活动是一项顾客涉入度较高的活动，且顾客参与程度的强弱直接关系到顾客健身的效果，顾客自身的行为对健身的结果产生较大的影响，如果顾客积极参与健身过程并在参与中勤于思考、主动学习、参与决策，顾客不仅仅能在此次健身活动中获得良好的健身效果，还能在健身过程中主动寻求解决自身健身问题的方案，学习到一套健身方法，在此次健身活动结束后，进行自主地健身锻炼。因而，从顾客角度来讲，顾客与被认知的任务有高度关联性，顾客具有认知需求，具备了产生认知行为的动机。因而，本书提出：

假设 4　顾客参与行为对共创顾客学习价值存在显著的正向影响

假设 4a　信息分享对共创顾客学习价值存在显著的正向影响

假设 4b　合作行为对共创顾客学习价值存在显著的正向影响

假设 4c　共同决策对共创顾客学习价值存在显著的正向影响

**（二）感知员工支持对顾客参与和共同创造顾客价值的关系**

在共同创造价值的过程中，消费者整合资源，在生产、消费和使用过程中创造属于他们的价值，但顾客价值的创造不是单一依靠顾客完成的，企业以资源和互动的过程支持消费者，促使消费者能够在价值共创中为他们自己创造价值，具体而言，企业围绕实现消费者需求的途径提出价值主张，为价值共同创造提供支持系统，并努力发展企业与消费者之间的互动过程，促使顾客积极参与到互动活动中来。由此可见，对于顾客而言，顾客价值的共同创造不仅仅取决于顾客的参与程度，也取决于企业或服务提供者与顾客的互动质量和对顾客共同创造价值过程的支持，企业如果希望通过顾客参与共同创造价值的方式提升企业的竞争力，企业需要提高促使顾客在共创价值过程中提供更多资源的能力和帮助顾客有效参与的能力，在消费者价值共同创造中给予支持。因而，本研究将感知员工支持作为标志互动的一个重要变量引入理论模型。

在服务营销中，互动已经不是一个新概念，发生在员工与顾客界面的互动，常常是服务交换的关键内容。Bitner 等（1990）认为员工与顾客的互动包括对顾客需要与要求的回应态度、行为以及处理服务失败事件的能力。互动质量对顾客的感知总体服务质量会产生重要影响，Solomon 等（1985）认为在服务购买中，与服务提供者之间的人际互动质量是消费者满意的主要决定因素。

共同创造价值的核心概念是互动，互动具有生产性，互动是服务体验和价值创造的发动机（Grönroos，2008）。互动的过程不仅能帮助企业获取顾客及其偏好的更深层次的信息，也能帮助顾客在服务提供者的支持下完成价值创造过程。在共同创造价值视角下，企业的目标不是为顾客创造价值，而是推动和促进顾客共同创造价值，为顾客创造价值提供便利条件和支持帮助。Hoyer（2010）在建构顾客参与新产品开发的模型中，将企业的刺激和激励因素作为影响消费者共同创造价值程度的重要因素。

共同创造价值在顾客与企业的互动中实现，顾客与企业之间的互动质量是形成顾客价值的一个重要影响因素。顾客对互动质量的感知来源于两个方面：一是基于对方的互动表现而形成的互动质量的判断，二是基于互动的结果而形成的对互动质量的判断。顾客对于互动质量和共创价值的体验，不仅仅来源于对结果的评价，更注重的是对过程的体验。Brady and Cronin Jr.（2001）区分了顾客感知互动质量的三个方面：服务提供者的态度、服务提供者的行为、服务提供者的专业性，并分别以可靠性、反应性、移情性等质量特性加以衡量。Bopp（1986）在研究医疗服务业时，认为互动质量是一个二维概念，包括技术质量和表现质量，技术质量是诊断、咨询和治疗等健康问题的解决程度，表现质量是患者对医护人员的互动态度和行为的评价，包括表现关心、表现技能和表现能力。表现关心反映员工的态度和行为：对患者表现的情感、温暖和友谊，向患者传递被关注的感觉，理解患者的处境和需要以及服务接触的行为控制。表现技能强调服务提供者的态度和行为与患者期望的职业品行是否一致，对患者是否礼貌，是否让患者产生诚实、信任、自由表现的感觉。表现能力反映服务提供者的交流和行为能否对患者做出准确、全面细致的诊断和治疗。

服务提供者是顾客与环境和企业内部运营之间的一条纽带，他们在理解、过滤和解读往来于企业与顾客之间的信息和资源的过程中承担着关键角色。在价值共同创造过程中，服务提供者的服务态度、对顾客的心理和行为上的支持、对顾客的关心程度会影响顾客的消费体验和消费情绪，进而影响顾客共同创造价值的效果。服务提供者的支持性和顾客与企业的互动质量会对顾客价值的共同创造产生重要影响。Ennew and Bink（1999）认为顾客参与的程度和参与效果受到个人特质和组织支持氛围的影响；Price 等（1995）的研究表明服务提供者对顾客的真诚态度、友好行为、理解支持以及对顾客利益的关注会引发顾客正向积极的消费情感，进而影响顾客对服务过程的感知和评价；Kellogg 等（1997）在研究中指出，服务提供者通过与顾客在服务生产过程的互动，向顾客提供必要的信息支持、任务引导和支持性帮助，会使顾客产生愉悦、舒适的感觉。基于以上，本研究认为在共同创造价值下，服务提供者与顾客互动表现出的友善、关注、支持和帮助对顾客感知顾客价值创造将有积极正面的影响，因而提出以下假设：

假设 5　感知员工支持调节顾客参与与共同创造顾客价值之间的关系
假设 5a　感知员工支持调节顾客参与与共同创造经济价值之间的关系
假设 5b　感知员工支持调节顾客参与与共同创造关系价值之间的关系
假设 5c　感知员工支持调节顾客参与与共同创造学习价值之间的关系
假设 5d　感知员工支持调节顾客参与与共同创造享乐价值之间的关系

**（三）共同创造顾客价值与顾客满意的关系**

对于顾客价值与顾客满意之间是否存在关系，不同学者有不同的观点。一些学者认为顾客满意与态度相关，测量消费者对产品和服务的感觉，而顾客价值则与行为相关，测量顾客如何行动（Butz & Goodstein，1996），因而，顾客价值和顾客满意之间不存在明确关系；而另一些学者则认为价值描述了顾客与产品之间的关系，满意测量了顾客对产品或服务的心理反应，价值涵盖了产品和特定使用情况的关系，顾客价值与满意是相关的。在认可顾客价值和顾客满意关系的前提下，对顾客价值和顾客满意两者的因果关系问题上也存在不同的观点，一些学者支持满意-价值因果关系，认为顾客满意是顾客价值的决定因素。如 Oliver（1999）对价值和满意的关系有独到的看法，他认为价值是消费体验的主要结果，是消费者获得满意后的状态反映，而满意是促进消费过程中创造价值的推动因素。简言之，Oliver 认为满意是价值产生的前置变量。但大多数学者支持价值-满意因果关系的观点，即顾客价值是顾客满意的前置变量。Day（2002）认为顾客价值是消费者做决策首要考虑的核心因素；Spreng 等（1993）的研究得出的结论是：感知价值具有重要的潜在作用，它可能显著改变满意或不满意的方向，以及满意或不满意的极限值；Jones and Sasser（1995）认为“为顾客提供价值也许是唯一实现顾客满意和忠诚的可靠方法”。来自不同行业的实证研究证明了顾客价值与顾客满意之间的因果关系，McDougall et al.（2000）对顾客价值在汽车维修业、旅馆业、牙医和美容等典型服务行业的重要性进行了论证，实证结果证实了顾客感知价值与顾客满意之间的正相关关系；Yang，Peterson（2004）对在线网络银行服务的使用者进行了调查，实证结果表明，顾客感知价值对顾客满意和顾客忠诚都存在显著的正相关关系；Wang（2004）以中国的保险行业作为研究背景，研究了顾客价值对顾客满意、品牌忠诚以及顾客关系管理绩效之间的关系，研究结果表明，所有的顾客价值维度对顾客满意都存在显著的正向作用。我国学者白长虹和廖伟（2001）对顾客感知价值与顾客满意之间的关系也进行了实证研究，研究表明顾客感知价值与顾客满意在逻辑关系上存在层次上的互动，相应地形成了不同层次的顾客满意，顾客感知价值是顾客满意的重要决定因素。

如前文所述，在共同创造价值视角下，顾客价值既不是企业单方面创造的，也不是顾客自行决定的，而是双方共同创造的结果。传统价值创造方式下顾客价值对顾客满意的正向影响已经被证实，在共同创造价值下，共创顾客价值对顾客满意将有更深层次的影响。这主要源于两个方面。

一方面，作为价值的共同创造者，顾客创造并直接体验价值的生成过程，对共同创造的顾客价值感知更为深刻、直接和细致。Auh（2007）认为，消费者参与共同生产或共同创造价值会提升消费者对价值的感知，因为价值是由消费者与企业共同创造的，而不是企业为消费者创造的。直接参与价值共创提高了消费者对价值的感知。

另一方面，消费者参与价值共同创造的一个显著特点是消费者对价值创造过程和结果具有控制感和影响力，当消费者认为自己在价值创造中有所贡献，并能体验到由价值共同创造带来的独有的对价值创造过程的控制感和影响力时，顾客会增加对产品或服务的正向评价，从而提高顾客满意度。根据社会学、心理学，当参与者在互动中感觉自主、胜任和有关联时，社会互动便令人愉快。Bateson 和 Hui（1991）的研究表明感知控制对顾客体验服务过程的愉悦程度有重要作用；当赋予顾客对服务过程和结果有更多的控制权时，顾客将体会到某种愉悦（Dabholkar，1990）。Pierce 等（2003）也认为控制感和控制能力可以带来效能感、内在的愉悦和满足感，并正向影响顾客的服务体验和顾客满意度。Etgar（2008）认为，参与共同生产能够让消费者感受到做得更好的一种体验，消费者在此过程感受到自主性，即能够自主选择的自由感，这种自由感带给消费者心理上的愉悦和满足；Ramani 和 Kumar（2008）认为顾客参与价值共创增加了顾客的知识和对服务的影响力，顾客在参与和共同创造价值中获得更多的决策权利，从而促进顾客感受到形成更高的满意度。在共同创造价值活动中，顾客感受到的控制感来自多个方面：顾客与服务提供者通过信息交换表达自己的主张，并对服务提供者的行为产生影响，与服务提供者的信息交换程度越深，顾客的感知控制越明显；合作行为使消费者在参与中体验到自主性和对服务结果的关联性，顾客在参与中投入的物质、精神等有形和无形资源越多，在服务的形成过程中贡献越大，越有利于对服务的过程形成控制感；共同决策则赋予消费者“有影响力的”心理体验，授权顾客掌控传统上由营销者决定的一些因素，顾客感知到自己的能力能对结果产生一定的影响，具有决策控制权（Averill，1973），当个人具有对服务过程和结果的决策的选择权时，会感知到自己拥有的控制感。Crane-Ross 等（2006）在对心理疾病的康复治疗的研究中发现，以康复为导向的护理系统如果赋予消费者一定的权利，积极鼓励其参与到服务的设计、执行和评估中，患者会积极予以配合，促进患者对服务效果的感知，并获得更多的顾客满意。正是通过顾客在价值共同创造中体验到的对服务过程和结果的控制感和影响力，顾客从心理认知和情感体验上获得比传统顾客价值创造更多的满意感。

基于以上论述，本研究提出以下假设：

假设 6　共创顾客价值对顾客满意存在显著的正向影响

假设 6a　经济价值对顾客满意存在显著的正向影响

假设 6b　关系价值对顾客满意存在显著的正向影响

假设 6c　享乐价值对顾客满意存在显著的正向影响

假设 6d　学习价值对顾客满意存在显著的正向影响

**（四）共同创造顾客价值与顾客满意、顾客行为意向的关系**

在高竞争行业，企业越来越多地关注顾客购后的行为意向，而不仅仅是顾客满意，因为满意的顾客并不一定会忠诚于企业，满意的顾客也会有转向竞争对手的倾向（Mittal and Lasser，1998）。本研究将顾客满意和顾客行为意向作为结果变量予以分析，顾客行为意向特指消费者再次购买的行为倾向和正向推荐的行为倾向。

在服务营销的研究领域里，顾客价值、顾客满意和顾客行为意向是常被研究的变量，对三者的关系有不同的观点。Cronin（2000）对相关文献做了梳理，总结了已有文献对三个变量之间研究的不同逻辑路径，这些研究路径之间的差异主要反映在究竟是顾客满意还是顾客价值引发了顾客的行为意向。Cronin（2000）的观点认为无论"满意主导论"抑或"价值主导论"都是由研究目的决定的，如果研究者的目的是评价顾客满意的作用，那么整个研究围绕的就是顾客满意，研究的模型结构将以顾客满意作为核心和主导，研究其对消费者的行为意向的影响也就顺理成章。反之，应用于顾客价值亦然。Cronin（2000）总结和归纳了研究以上几个变量的关系的四种模型：价值模型、满意模型、间接模型和综合模型。

1. 价值模型

研究的核心内容是顾客价值，认为顾客的感知价值是形成顾客行为意向的唯一直接因素，服务质量、顾客利失和顾客满意共同作用对顾客感知价值产生影响，间接影响顾客行为意向（Gale，1994；Cronin 等，1997；Sweeney 等，1999）。模型中顾客满意成为影响顾客感知价值的因素之一。如图 5.3 所示。

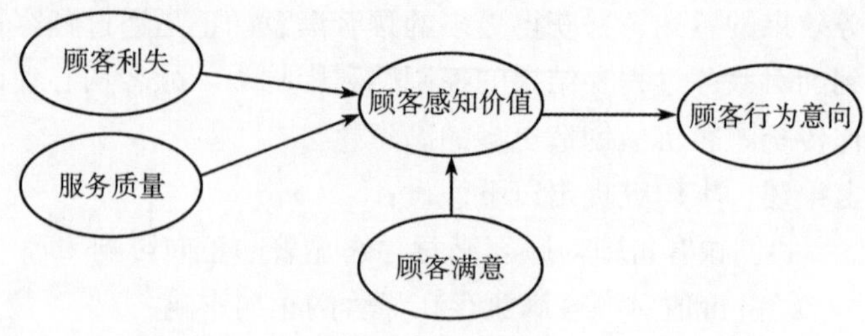


图 5.3　价值模型

2. 满意模型

该模型研究的核心内容是顾客满意，认为顾客满意是形成顾客行为意向的唯一直接因素，其他因素通过顾客满意间接影响顾客的行为意向（Fornell et al.，1996；Spreng，Mackenzie，and Olshavsky，1996）。如图 5.4 所示。

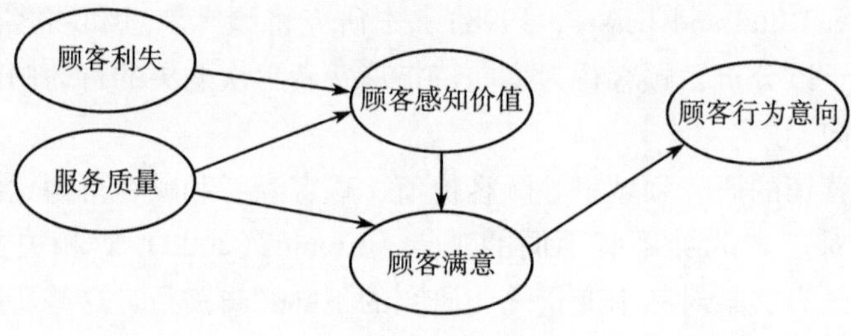


图 5.4　满意模型

3. 间接模型

Cronin（2000）将其称为间接模型，实际上它是一个双路径模型，描述了顾客行为倾向受到来自两条路径的影响：顾客感知价值直接影响行为意向，同时，顾客感知价值通过顾客满意间接影响顾客行为意向。如图 5.5 所示。

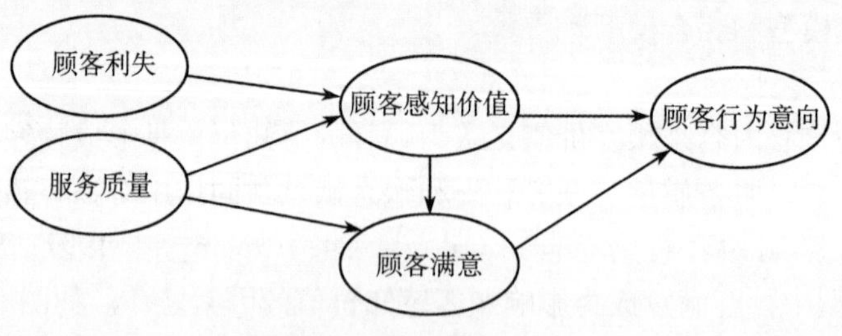


图 5.5　间接模型

4. 综合模型

综合模型是 Cronin（2000）在研究中提出的模型，该模型将顾客感知价值、顾客满意和服务质量都作为影响顾客行为意向的因素，模型中，服务质量既有直接效应，又存在两条间接效应。该模型综合考虑了各个变量之间的关系。如图 5. 6 所示。

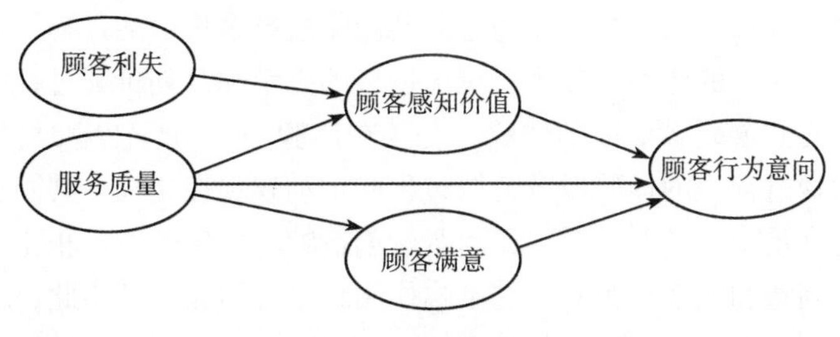


**图 5. 6 综合模型**

本研究基于共同创造价值的视角研究顾客参与对顾客满意和顾客购后行为意向的影响，共同创造的顾客价值在本研究中是一个重要的变量，共同创造的顾客价值是否直接影响顾客行为意向抑或通过顾客满意间接影响顾客行为意向是本研究需要验证的两条路径。共同创造顾客价值、顾客满意和顾客行为意向三者之间的关系与 Cronin（2000）总结的“间接模型”的关系路径相同。

实证研究中，Bolton and Drew（1991）在他们对持续性服务（电话服务）的研究中，将重复购买意向与价值联系起来，并认为，与感知服务质量相比，感知价值是顾客对服务总体评价的一个更丰富、更精细化的指标。在已有的实证研究中，关于顾客价值、顾客满意和顾客行为意向之间的关系的研究结论并不一致。Patterson 和 Spreng（1997）在 B-B 市场上的研究结果显示，感知价值正向影响顾客满意，满意正向影响再购买意愿；但是感知价值对重复购买意愿的正向作用没有得到支持。但 Gounaris 等（2007）的研究却得出不一样的结论：为顾客提供卓越的顾客价值可以带来诸如正向口碑、再次购买等正向的行为倾向。Chang and Wildt（1994）的研究也显示顾客感知价值对顾客购买意愿有重要影响。Cronin（2000）调查了六个服务行业，实证结果表明，服务质量和顾客价值共同导致顾客满意，顾客满意、顾客价值和服务质量对顾客行为意向的直接作用显著，同时，顾客价值通过顾客满意对顾客行为倾向的间接影响关系也显著；Choi 等（2004）对医护服务行业进行了研究，实证结果表明顾客价值对顾客行为倾向存在显著的正向作用，同时顾客满意也中介了顾客价值对顾客行为倾向的间接影响；Tam（2004）的研究进一步显示：感知价值和顾客满意都会对顾客购后行为产生影响，且感知价值的影响大于顾客满意对购后行为的影响；国内学者董大海对柴油机市场的实证研究得出了与 Tam（2004）类似的结论，顾客价值和顾客满意都是顾客行为倾向的重要直接影响因素，并且顾客价值对消费者行为倾向的影响大于顾客满意对消费者行为倾向的影响。在顾客满意和顾客行为意向的关系上，Zeithaml 等（1996）认为满意的顾客倾向于购买和消费该种服务，他们也更有可能产生强烈的再购买意愿和向其他顾客推荐产品或服务的意愿。

本研究认为由于顾客参与了与企业共同创造顾客价值的过程，顾客对参与过程和结果有深入的体验，顾客对价值创造的贡献和共创价值过程中的控制感会提升顾客对共创顾客价值的体验，尤其在体验经济与后工业时代的背景下，顾客追求消费过程中的体验以及消费过程的主动权和控制权，共同创造顾客价值可适宜地满足顾客的新的需求，与企业创造顾客价值的方式相比，共创顾客价值对顾客满意和顾客行为意向的影响作用将更为明显。基于此，本研究提出如下假设：

假设 7　共创顾客价值对顾客行为意向存在显著的正向影响

假设 7a　经济价值对顾客行为意向存在显著的正向影响

假设 7b　关系价值对顾客行为意向存在显著的正向影响

假设 7c　学习价值对顾客行为意向存在显著的正向影响

假设 7d　享乐价值对顾客行为意向存在显著的正向影响

假设 8　顾客满意对顾客行为意向存在显著的正向影响

假设 9　共创顾客价值在顾客参与和顾客满意之间具有中介效应

假设 10　共创顾客价值在顾客参与和顾客行为意向之间具有中介效应

假设 11　顾客满意在共同创造顾客价值和顾客行为意向之间具有部分中介效应

# 第六章　测量量表的形成及数据收集

## 第一节　研究行业及样本对象的选取

### 一、选取研究行业的特征

本研究立论的现实基础是消费者与企业共同创造价值，因而，在研究行业的选择上，要考虑具有共同创造价值特征的行业。事实上，并不是每种产品都适合共同创造价值的形成模式，Chan（2010）认为共同创造价值的特点在专业服务行业体现得比较明显，如医疗护理行业、金融服务行业、法律服务行业等。在这些专业化服务领域，消费者涉入度较高，需要积极参与到服务的生产和传递中，可以自主地决定将自己的偏好付诸现实，以便形成符合个性化、满足个体独特性需要的服务，服务的定制化程度也比较明显。另外，这些行业的消费者与服务提供者之间表现出较强的互动性，双方高频率的接触、信息及时沟通、持续的沟通在专业服务中显得尤为重要；服务提供者与消费者之间存在较明显的相互信任和相互依赖的关系，服务质量和服务效果取决于各方的投入和努力程度，最终由双方的态度和行为共同决定。因而，对于专业服务行业而言，高参与度、高定制化程度、高接触和高信任质量、高相互依赖性是这些行业的共同特征（Auh，2007）。

Hubbert（1995）对不同服务中的顾客参与水平进行了划分，将顾客参与程度划分为低水平顾客参与、中等水平顾客参与和高水平顾客参与，描述了不同参与水平顾客的行为表现与相对应的典型行业。高参与水平的顾客在参与中投入精力、时间、情感、承诺、信息、知识等多种资源，积极的参与行为实现了服务的个性化，顾客与服务提供者在服务生产和消费中积极互动，共同决定服务结果。可以看出，高水平顾客参与的特征与共同创造价值的特征基本一致，两者有许多共通之处。不同服务中的顾客参与水平如表6.1所示。

表 6.1　　不同服务中的顾客参与水平

| | 低水平顾客参与 | 中等水平顾客参与 | 高水平顾客参与 |
|---|---|---|---|
| 顾客的作用 | 顾客出现在服务传递的现场 | 需要顾客投入以完成服务 | 顾客与企业共同生产服务产品 |
| 服务特征 | 服务是标准化的 | 顾客投入使标准服务趋向定制化 | 积极的顾客参与形成个性化的服务 |
| 顾客投入与服务完成 | 支付货币也许是唯一要求的顾客投入 | 顾客进行信息等必需的投入，服务由服务提供者提供 | 顾客进行多样化投入，与服务提供者共同创造服务结果 |
| 典型服务 | 航空旅行、汽车旅馆、快餐店等 | 理发、年度体检、全方位服务的餐厅等 | 婚姻咨询、个人培训、减肥计划、管理咨询等 |

（资料来源：Hubbert A R. Customer Co-Creation of Service Outcomes：Effects of Locus of Causality Attributions［D］. Tempe：Arizonz State University，1995.）

## 二、研究行业及样本对象的确定

目前对消费者共同创造价值或共同生产的实证研究中，选取的行业大多集中在金融服务、医疗服务、美容美发、培训、旅游等。本研究基于共同创造价值表现出的高参与度、高定制化程度、高接触和高信任质量、高相互依赖性等行业特征，选择健身行业作为研究的目标行业。

健身行业是一个具有发展潜力的行业。随着人们生活水平的提高，消费结构发生了变化，恩格尔系数逐年下降，用于娱乐、健康等服务性的消费支出和消费比例逐渐增大，消费结构的升级和人们对健康的追求推动了健身行业不断发展，使其成为一个快速发展的行业。现代人在物质生活水平提高的同时，更加关注自己的健康状况，工作之余，通过各种健身活动缓解快节奏生活带来的心理疲劳，释放工作压力。在生活节奏不断加快的今天，越来越多的人通过健身活动保持健康的身体、强健的体魄和充沛的精力，健身成为新的生活方式的体现。健身行业作为一个极具潜力的朝阳行业，未来的发展前景广阔，因而对健身行业的研究具有现实意义。

# 第二节　测量量表的设计

本研究量表的设计采用了理论驱动与深度访谈相结合的方法。研究主要涉及顾客参与、共同创造顾客价值、顾客满意、顾客行为意向、感知员工支持五个主要变量。由于单一测项测量难以有效涵盖变量的内涵，也很难满足测量的信度和效度要求，因此五个变量的各个维度都采用多测项测量。本研究中的主要研究变量都存在已有的量表，但由于研究情境和研究的侧重点不尽相同，本书对量表开发的主要思路是将现有量表的测项与本研究的研究情境相结合，参考前人的研究成果，尽量设计符合本研究情境的测项，并进行定性与定量分析，确保量表的信度和效度，并保证对特定研究情境较精确的测量。根据Churchill（1979）的结论，在现有文献的基础上构建研究的理论框架，理论框架是设计测量量表的依据；对于具体的测项可以参照现有学者的研究，在此基础上可根据实际研究做适当的调整。因而，本研究的测量量表的开发基本上遵循以下步骤：根据现有文献和深度访谈确定研究变量的维度和测项，这既保证了测量量表具有一定的理论基础，也保证了测量量表与实际研究的问题相吻合；通过专家访谈和焦点小组访谈等形式对测项和维度进行定性讨论，以确保其内容的效度；最后以信度效度分析、探索性因子分析等定量分析的方法最终确定量表。本研究测量量表的形成过程可以用图 6. 1 表示。

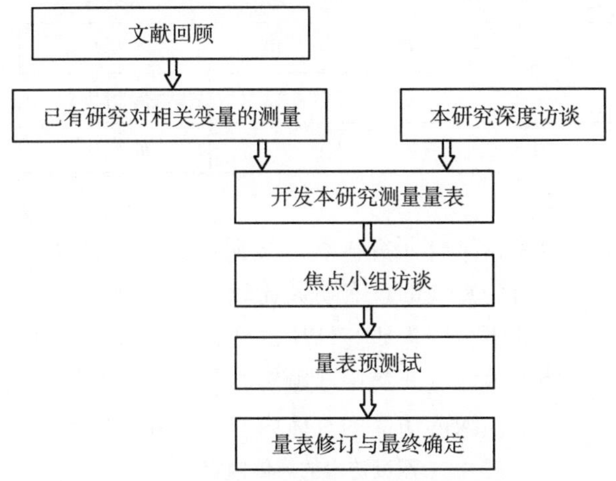


**图 6. 1　本研究测量量表的形成过程**

## 一、深度访谈

深度访谈是本研究测量量表形成中使用的一种重要方法。深度访谈是“一对一”地进行访谈的方法，访问者事先准备好半结构式的访谈提纲，对受访者就某一问题进行深入了解，在访谈步步深入的过程中可以逐步发现受访者的行为表现和行为动机。深度访谈虽然费事费力，但可获得真实可靠的第一手资料，并可以揭示出现象背后的本质，是在探索性定性研究中经常用到的方法。本研究对顾客参与和共同创造顾客价值的测量基础除来源于现有的文献，还有一个重要来源，就是深度访谈。

### （一）访谈对象

我们选择了八名有两年以上健身或瑜伽训练经历并有私人教练的消费者进行深度访谈（与前文共同创造顾客价值的受访者相同）。方法上采用了半结构式访谈，事先准备好访谈问题，在得到回答反馈后及时调整问题，并进行追问，通过深度访谈了解顾客的实际参与健身的行为表现。深度访谈对象的详细情况如表 6.2 所示。

表 6.2 深度访谈对象的详细情况

| 职业 | 人数 | 性别 | 年龄 | 受教育程度 | 健身年限 |
| --- | --- | --- | --- | --- | --- |
| 企业员工 | 3 | 男 | 37 | 研究生 | 3 年 |
| | | 男 | 32 | 本科生 | 2 年 |
| | | 女 | 35 | 本科生 | 3 年 |
| 大学教师 | 2 | 女 | 38 | 研究生 | 4 年 |
| | | 女 | 27 | 研究生 | 2 年 |
| 私营业主 | 2 | 男 | 40 | 本科生 | 3 年 |
| | | 男 | 42 | 专科生 | 3 年 |
| 在校学生 | 1 | 女 | 27 | 研究生 | 2 年 |

### （二）访谈内容

深入访谈的内容紧密结合研究内容，按照研究变量涉及的问题逐项进行。由于顾客满意和顾客行为意向的现有研究比较充分，测量量表也很成熟，并且对这两个变量的测量并不会因为研究情境的变化而有太大改变，测量的稳健性较好，因而深度访谈的内容主要集中在顾客参与行为、共同创造顾客价值和感知员工支持三个变量上。深度访谈的具体内容如表 6.3 所示。

表 6.3 深度访谈的具体内容

| 研究变量 | 访谈内容 |
| --- | --- |
| 顾客参与行为 | 1. 请描述您进行健身活动的具体过程。 |
| | 2. 在健身过程中，您认为哪些活动是您与教练在互动？ |
| | 3. 教练对您的影响表现在哪些方面？ |
| | 4. 您对教练的教授活动是否产生影响？表现在哪些方面？ |
| | 5. 您与教练之间就哪些信息进行沟通？ |
| | 6. 您通常如何做，以保证您的健身效果达到更好？ |

续表 6.3

| 研究变量 | 访谈内容 |
|---|---|
| 共同创造顾客价值 | 1. 您与教练在训练中感受到愉快吗？什么促使您感觉到愉快？ |
| | 2. 您认为自己从健身活动中或与教练的互动中得到了什么？感觉怎样？为什么？ |
| 感知员工支持 | 1. 为使您达到最好的健身效果，您觉得您的教练做了哪些工作？ |
| | 2. 您能感受到教练对您健身的支持与帮助吗？具体体现在哪些环节上？ |

### （三）访谈结果

访谈中，笔者围绕研究问题和访谈提纲与受访者进行了一对一的深入交谈，并做好访问记录。通过对八名顾客的深度访谈，对访谈结果经过整理，总结如表 6.4 所示。

表 6.4　　深度访谈结果总结

| | |
|---|---|
| 顾客参与行为 | 告知教练目前的身体状况，希望在哪些方面得到锻炼<br>运动量过大或感觉不舒服会告知教练<br>告诉教练健身后的一些身体变化<br>教练对训练项目的内容、目的、要求会告诉顾客<br>尽量配合教练的训练<br>尽量保证健身的时间和次数<br>健身过程很用心<br>积极锻炼，保证效果<br>教练会按照我的时间安排健身时间<br>教练按照我的体质和健身情况调整运动量 |
| 共同创造顾客价值 | 健身对健康体魄的促进作用<br>新鲜感<br>完成了一个训练项目有成就感<br>结识了一些朋友<br>感到放松<br>通过参与，可以有针对性地解决我的个人健身问题<br>学到一些健身知识和方法，以后也可以用到<br>挑战自我<br>被尊重的感觉<br>出出汗后心情舒畅<br>释放压力<br>让自己变得更自信<br>从教练那里得到了很多帮助<br>和教练相处融洽让人感觉挺好<br>得到教练的专业化指导<br>健身后神清气爽<br>虽然艰难地完成了任务，但感觉很好<br>会更加自信<br>结交了新的朋友 |

续表 6.4

| | |
|---|---|
| 感知员工支持 | 我在健身上有什么要求教练会尽量满足我<br>我在练习中有困难时，教练会尽力帮助<br>教练让人感觉亲切，容易接近，态度很好<br>教练和我聊天，让我感觉很放松、挺舒服<br>教练会给我加油鼓劲，鼓励我完成练习项目<br>教练的确对我的健身训练很有帮助 |

深度访谈获得了在顾客参与健身的情境下，顾客参与行为、共同创造顾客价值和感知员工支持的第一手资料，为测量量表的设计提供了依据。

## 二、测量量表的初步形成

在参阅了大量国内外关于测量研究变量的文献基础上，结合本研究所做的深度访谈结果，形成了初步的测量量表。对于英文文献中的测量量表，首先明确各个研究的研究背景，考虑量表的适用性和可借鉴性；对可借鉴的量表，进行了双向互译，以保证翻译的准确性和语义的正确表达。采用 Brislin（1980）对双向互译的建议，邀请市场营销专业的三位博士生将英文量表翻译成中文，综合三位博士生翻译之精华形成了一份翻译较为准确的中文量表，再请精通英语的同学将中文翻译成英文，比照互译后与原英文的差别，经过共同讨论，进行斟酌与修改，最后形成了大家认可的中文翻译。

对于初步形成的量表，为了保证量表的内容的效度，确定量表能够在内容上清晰而完整地反映变量要测量的内容，随后进行了焦点小组讨论和专家讨论。首先邀请了九名博士生和三名硕士生认真阅读初步设计的量表，对量表中出现的表达不清、用词含糊、容易引起歧义的语句和词汇予以标出，说明原因，并进行讨论和修改。将修改好的量表再次请专业之外的同学和拟被调查对象仔细阅读，并给予反馈意见，对量表中表达不清、专业性强和晦涩难懂的语句再次进行修改，尽量使测量量表通俗易懂、言简意赅。Bensaou 和 Anderson（1999）认为，理论模型中的变量及其测量，可通过专家访谈的形式来确保其内容的效度。测量量表最后交由一名博士生导师和三名博士研究生共同讨论，主要就量表的测量内容是否全面、测项是否能覆盖被测量变量的全部内容及其适用性给予评价。经过修改后最终形成了初步的量表。

整体量表包含六部分内容。第一部分为顾客参与行为测量。被调查者根据自身的健身体验对测项逐项打分，评价消费者在价值共同创造中的参与行为表现。第二部分为感知员工支持测量，评价消费者感知服务提供者对消费者价值共同创造的支持程度。第三部分为共同创造顾客价值测量，主要测量消费者与服务提供者共同创造的顾客价值。第四部分为顾客满意测量，测量消费者在参与共同创造价值中的满意程度。第五部分为顾客行为意向测量，主要测量消费者在购买和消费之后的行为意向，包括再次购买的意愿和推荐的意愿。第六部分是被调查者的个人基本信息情况。整个量表采用 Likert 7 点量表法，1~7 分别代表“非常不同意”到“非常同意”七个语义判断。

## 三、预测试

为了保证量表的调查效果，在正式调查之前，先做了一个预测试。预测试的主要目的是通过对量表的定量分析，对影响量表信度和效度的测项进行删除，保证量表的有效性。对测项进行删除的依据主要有两个。一个指标是 Cronbach 一致性系数 α，Cronbach α 系数表明量表测量的内部一致性。一般情况下，如果量表所包含的题项越多，内部一致性系数 α 越高，删除某一题项后，系数 α 会相对变小。但如果删除某一题项，系数 α 反而变大，说明该题项所要测量的行为或心理特质与量表其他测项所要测量的行为或心理特质不同质，可以考虑删除该题项，以提高量表的信度。另一个指标是项目总相关系数（CITC）。项目总相关系数表明该测项与量表其他测项加总之间的相关程度，根据 Churchill（1979）的建议，凡是项目总相关系数小于 0.5（有时放宽到 0.4）且删除后 α 值会增加的测项应删除。

Churchill（1979）认为，在做因子分析前，应先对量表的测项进行纯化，以减少不适宜测项对因子分析的干扰。本书主要依据 Cronbach α 一致性系数的变化和 CITC 系数对变量各个维度的测项进行纯化。

预测试的调查对象为有教练指导具有健身经历的人，发放问卷 150 份，回收 133 份，其中有效问卷 115 份，有效回收率为 76.7%。

### （一）顾客参与的测量

顾客参与是一个多维度行为变量，由于研究情境与涉及的行业不同，目前顾客参与还没有形成成熟的、被一致认可的量表。

Clayeomb 等（2001）将顾客参与划分为三个维度：出席、信息提供、合作生产，并开发了 9 题项量表测量顾客参与程度。

对于“出席”的测量只包括一个题项：

一周内，你有几个小时花费在……服务上。

对于“信息提供”的测量包括五个题项，分别是：

① 我总是准备帮助或向周围的人提供帮助；

② 我愿意花我的时间帮助别人；

③ 我愿意为……服务提高服务质量提供建设性的建议；

④ 我愿意作为咨询委员会成员提供信息；

⑤ 我参与各种群体。

对于“合作生产”的测量包括三个测项：

① 虽然并没有被要求，我也会帮助新的参与者；

② ……鼓励我去尽我所能帮助提供服务；

③ 我愿意花大量的努力帮助……为我提供服务。

Chan（2010）将顾客参与的维度划分为信息分享、提供建议、参与决策，并用五个题项来测量，分别是：

① 在服务过程中，我会将很多时间花在与服务人员分享我的需要和观点上；

② 在服务过程中，我很努力地向服务人员表达我的个人需求；

③ 我总是向服务人员提供建议以改进服务；

④ 我在服务过程中有高水平的参与；

⑤ 我参与决定服务如何被提供。

本研究的顾客参与测量在借鉴了 Clayeomb 等（2001）、Chan（2010）以及彭艳君和景奉杰（2008）的测量量表的基础上，结合深度访谈的结果，将顾客参与的维度划分为信息分享、合作行为、共同决策，并初步形成了对顾客参与的测量。应用预测试数据，对顾客参与的测项进行信度检验。

由表 6.5 可以看出，IS2 的 CITC 值为 0.383，小于临界值 0.5，表示该题项与其他题项加总后的积差相关性低；IS2 的项已删除的 Cronbach's Alpha 值为 0.886，说明如果将 IS5 测项删除后，整个“信息分享”作为一个测量的 Cronbach's Alpha 值将提高为 0.886，高于原 0.815 的 Alpha 值；IS2 测项的因子载荷为 0.307，低于 0.6 的临界值；同时，IS5 的 CITC 值为 0.304，IS5 的项已删除的 Cronbach's Alpha 值为 0.825，IS5 测项的因子载荷为 0.412，低于 0.6 的临界值。基于以上分析，考虑删除测项 IS2、IS5。

表 6.6 为依次删除 IS2、IS5 的信度分析摘要表，可以看出，删除 IS2、IS5 后，Cronbach's Alpha 值由 0.815 提高到 0.883，其余任何题项删除的 Cronbach's Alpha 值都小于 0.883；而且删除 IS2、IS5 后，KMO 值也由 0.768 提高到 0.788，各测项的因子载荷都高于 0.6。因此，最终删除 IS2、IS5 测项。

**表 6.5　　信息分享信度分析摘要表**

| 测项 | 校正项的总相关性（CITC） | 项已删除的 Cronbach's Alpha 值 | 因子载荷 | Cronbach's Alpha 值 | KMO |
|---|---|---|---|---|---|
| IS1 | 0.565 | 0.790 | 0.692 | 0.815 | 0.768 |
| IS2（删除） | 0.383 | 0.886 | 0.307 | | |
| IS3 | 0.654 | 0.772 | 0.776 | | |
| IS4 | 0.600 | 0.783 | 0.741 | | |
| IS5（删除） | 0.304 | 0.825 | 0.412 | | |

表 6.6　删除测项后的信息分享信度分析摘要表

| 测项 | 校正项的总相关性（CITC） | 项已删除的 Cronbach's Alpha 值 | 因子载荷 | Cronbach's Alpha 值 | KMO |
|---|---|---|---|---|---|
| IS1 | 0.560 | 0.806 | 0.693 | 0.883 | 0.788 |
| IS3 | 0.657 | 0.783 | 0.782 | | |
| IS4 | 0.601 | 0.796 | 0.748 | | |

表 6.7 显示，测项 CB1 的 CITC 值为 0.362，测项 CB5 的 CITC 值为 0.184，大大小于 0.5 的门槛值，其因子载荷也仅为 0.411 和 0.271，将测项 CB5 和 CB1 依次删除。删除后的结果如表 6.8 所示，Cronbach's Alpha 值由原来的 0.719 提高到 0.781，KMO 值也由原来的 0.681 提高到 0.730，均高于要求的临界值。

表 6.7　合作行为信度分析摘要表

| 测项 | 校正项的总相关性（CITC） | 项已删除的 Cronbach's Alpha 值 | 因子载荷 | Cronbach's Alpha 值 | KMO |
|---|---|---|---|---|---|
| CB1（删除） | 0.362 | 0.705 | 0.411 | 0.719 | 0.681 |
| CB2 | 0.547 | 0.651 | 0.787 | | |
| CB3 | 0.520 | 0.661 | 0.699 | | |
| CB4 | 0.583 | 0.644 | 0.782 | | |
| CB5（删除） | 0.184 | 0.776 | 0.271 | | |

表 6.8　删除测项后的合作行为信度分析摘要表

| 测项 | 校正项的总相关性（CITC） | 项已删除的 Cronbach's Alpha 值 | 因子载荷 | Cronbach's Alpha 值 | KMO |
|---|---|---|---|---|---|
| CB2 | 0.649 | 0.700 | 0.811 | 0.781 | 0.730 |
| CB3 | 0.501 | 0.751 | 0.689 | | |
| CB4 | 0.627 | 0.710 | 0.785 | | |

表 6.9 为共同决策维度信度分析，各个测项的 CITC 值均大于 0.5，因子载荷均大于 0.6，Cronbach's Alpha 值大于 0.7，KMO 值大于 0.7，保留所有测项。

表 6.9 共同决策信度分析摘要表

| 测项 | 校正项的总相关性（CITC） | 项已删除的 Cronbach's Alpha 值 | 因子载荷 | Cronbach's Alpha 值 | KMO |
|---|---|---|---|---|---|
| JD1 | 0.517 | 0.754 | 0.680 | 0.780 | 0.797 |
| JD2 | 0.543 | 0.743 | 0.700 | | |
| JD3 | 0.535 | 0.746 | 0.705 | | |
| JD4 | 0.579 | 0.735 | 0.734 | | |
| JD5 | 0.562 | 0.739 | 0.729 | | |

### （二）共同创造顾客价值的测量

本研究将共同创造的顾客价值划分为四个维度：经济价值、关系价值、享乐价值和学习价值，对各个维度的测量在参考前人研究的基础上，结合深度访谈的结果而形成。对经济价值的测量主要借鉴了 Chan、Yim & Lam（2010）对共同创造经济价值的测量，对关系价值的测量主要借鉴了 Kollock（1999）、Wasko and Faraj（2000）的量表，对享乐价值的测量主要参考了 Sweeney（2001）、贾薇（2010）、Franke and Shah（2003）、Hertel 等（2003）的量表，对学习价值的测量参照了 Franke and Shah（2003）、Hertel 等（2003）、Wasko and Faraj（2000）和 Nambisa and Baron（2009）的量表。

由于测项来源不同，且加入了来源于深度访谈后的测项，有必要对共同创造顾客价值的测量信度进行分析，优化量表测项。

由表 6.10 可以看出，经济价值测量的信度较高，各个测项的 CITC 值都在 0.5 以上，因子载荷都在 0.6 以上，Cronbach's Alpha 值高达 0.914，KMO 值为 0.871，各项指标显示经济价值的测量较理想，保留所有测项。

表 6.10 经济价值信度分析摘要表

| 测项 | 校正项的总相关性（CITC） | 项已删除的 Cronbach's Alpha 值 | 因子载荷 | Cronbach's Alpha 值 | KMO |
|---|---|---|---|---|---|
| EV1 | 0.793 | 0.892 | 0.876 | 0.914 | 0.871 |
| EV2 | 0.855 | 0.879 | 0.920 | | |
| EV3 | 0.825 | 0.885 | 0.900 | | |
| EV4 | 0.873 | 0.876 | 0.929 | | |
| EV5 | 0.576 | 0.936 | 0.692 | | |

由表 6.11 可以看到，各测项的 CITC 值均达到 0.7 以上，超出了临界值；Cronbach's Alpha 值达到 0.905；项已删除的 Cronbach's Alpha 值均小于 0.905，

表明任何测项的删除都会降低 Cronbach's Alpha 值；KMO 值为 0.859，很适合做因子分析。数据说明测项的内部一致性较好，测量的同质性较高，所以，保留所有测项。

表 6.11　　关系价值信度分析摘要表

| 测项 | 校正项的总相关性（CITC） | 项已删除的 Cronbach's Alpha 值 | 因子载荷 | Cronbach's Alpha 值 | KMO |
|---|---|---|---|---|---|
| RV1 | 0.789 | 0.877 | 0.874 | 0.905 | 0.859 |
| RV2 | 0.854 | 0.863 | 0.916 | | |
| RV3 | 0.808 | 0.873 | 0.886 | | |
| RV4 | 0.683 | 0.900 | 0.791 | | |
| RV5 | 0.673 | 0.901 | 0.782 | | |

表 6.12 分析了学习价值的测量信度，在所有测项中，LV6 的 CITC 值小于 0.5，因子载荷小于 0.6，且项已删除的 Cronbach's Alpha 值为 0.848，高于现有的 Cronbach's Alpha 值 0.833，因而考虑删除测项 LV6。表 6.13 是删除测项 LV6 后的指标数据，结果显示，删除 LV6 后，各项的 CITC 值都显著提高，均高于 0.5；因子载荷也都提高，达到 0.7 以上，高于临界值；Cronbach's Alpha 值上升到 0.848。最终学习价值保留了五个测项。

表 6.12　　学习价值信度分析摘要表

| 测项 | 校正项的总相关性（CITC） | 项已删除的 Cronbach's Alpha 值 | 因子载荷 | Cronbach's Alpha 值 | KMO |
|---|---|---|---|---|---|
| LV1 | 0.570 | 0.813 | 0.731 | 0.833 | 0.816 |
| LV2 | 0.635 | 0.800 | 0.782 | | |
| LV3 | 0.743 | 0.779 | 0.849 | | |
| LV4 | 0.700 | 0.787 | 0.805 | | |
| LV5 | 0.607 | 0.806 | 0.730 | | |
| LV6（删除） | 0.323 | 0.848 | 0.418 | | |

表 6.13 删除测项后的学习价值信度分析摘要表

| 测项 | 校正项的总相关性（CITC） | 项已删除的 Cronbach's Alpha 值 | 因子载荷 | Cronbach's Alpha 值 | KMO |
|---|---|---|---|---|---|
| LV1 | 0.640 | 0.821 | 0.782 | 0.848 | 0.812 |
| LV2 | 0.704 | 0.804 | 0.828 | | |
| LV3 | 0.737 | 0.796 | 0.849 | | |
| LV4 | 0.647 | 0.819 | 0.779 | | |
| LV5 | 0.561 | 0.842 | 0.707 | | |

表 6.14 是对享乐价值进行的信度分析，数据显示，测项 HV5、HV8 和 HV9 的 CITC 值均低于临界值 0.5，因子载荷值低于 0.6 的临界值，考虑将其删除。在删除测项时，删除一个测项后要重新进行各指标的测量，如若还未达到要求，再继续删除，直至达到信度要求。本研究先删除了测项 HV9，后发现 HV5 和 HV8 的 CITC 值和因子载荷还是偏低，又依次删除了 HV5 和 HV8，最终得到表 6.15 的结果。删除 HV5、HV8 和 HV9 后，Cronbach's Alpha 值由 0.813 增加到 0.895，CITC 值和因子载荷普遍提高。

表 6.14 享乐价值信度分析摘要表

| 测项 | 校正项的总相关性（CITC） | 项已删除的 Cronbach's Alpha 值 | 因子载荷 | Cronbach's Alpha 值 | KMO |
|---|---|---|---|---|---|
| HV1 | 0.696 | 0.780 | 0.775 | 0.813 | 0.871 |
| HV2 | 0.693 | 0.779 | 0.777 | | |
| HV3 | 0.677 | 0.780 | 0.756 | | |
| HV4 | 0.674 | 0.780 | 0.761 | | |
| HV5（删除） | 0.385 | 0.892 | 0.369 | | |
| HV6 | 0.669 | 0.780 | 0.746 | | |
| HV7 | 0.703 | 0.778 | 0.775 | | |
| HV8（删除） | 0.315 | 0.894 | 0.338 | | |
| HV9（删除） | 0.322 | 0.877 | 0.385 | | |
| HV10 | 0.590 | 0.786 | 0.669 | | |

表 6.15 删除测项后的享乐价值信度分析摘要表

| 测项 | 校正项的总相关性（CITC） | 项已删除的 Cronbach's Alpha 值 | 因子载荷 | Cronbach's Alpha 值 | KMO |
|---|---|---|---|---|---|
| HV1 | 0.705 | 0.880 | 0.787 | 0.895 | 0.853 |
| HV2 | 0.702 | 0.879 | 0.789 | | |
| HV3 | 0.683 | 0.881 | 0.767 | | |
| HV4 | 0.692 | 0.880 | 0.781 | | |
| HV6 | 0.661 | 0.883 | 0.749 | | |
| HV7 | 0.709 | 0.878 | 0.786 | | |
| HV10 | 0.571 | 0.893 | 0.663 | | |

### （三）感知员工支持的测量

对感知员工支持的测量借鉴了 Bettencourt（1997）以及 Pearce、Sommer、Morris、Frideger（1992）的量表，并结合深度访谈的结果编制而成。

由表 6.16 可以看出，测项 SS2、SS5、SS10 的 CITC 值分别为 0.457、0.365、0.320，因子载荷分别为 0.533、0.434、0.381，都没有达到临界值要求，这些测项与其他测项的内部一致性较低，应该删除。对 SS5、SS10、SS2 依次删除后的结果显示见表 6.17，Cronbach's Alpha 值由原来的 0.806 上升为 0.914，KMO 由原来的 0.894 上升为 0.896，其他各测项的因子载荷和 CITC 值都有所上升。因而，删除测项 SS2、SS5、SS10 是合理的，感知员工支持最终保留 7 个测项。

表 6.16 感知员工支持信度分析摘要表

| 测项 | 校正项的总相关性（CITC） | 项已删除的 Cronbach's Alpha 值 | 因子载荷 | Cronbach's Alpha 值 | KMO |
|---|---|---|---|---|---|
| SS1 | 0.707 | 0.793 | 0.774 | 0.806 | 0.894 |
| SS2（删除） | 0.457 | 0.834 | 0.533 | | |
| SS3 | 0.591 | 0.800 | 0.668 | | |
| SS4 | 0.721 | 0.793 | 0.789 | | |
| SS5（删除） | 0.365 | 0.915 | 0.434 | | |
| SS6 | 0.802 | 0.787 | 0.856 | | |
| SS7 | 0.699 | 0.794 | 0.775 | | |
| SS8 | 0.755 | 0.790 | 0.823 | | |
| SS9 | 0.685 | 0.795 | 0.758 | | |
| SS10（删除） | 0.320 | 0.914 | 0.381 | | |

表 6.17 删除测项后的感知员工支持信度分析摘要表

| 测项 | 校正项的总相关性（CITC） | 项已删除的 Cronbach's Alpha 值 | 因子载荷 | Cronbach's Alpha 值 | KMO |
|---|---|---|---|---|---|
| SS1 | 0.710 | 0.803 | 0.776 | 0.914 | 0.896 |
| SS3 | 0.593 | 0.811 | 0.669 | | |
| SS4 | 0.717 | 0.803 | 0.787 | | |
| SS6 | 0.802 | 0.797 | 0.856 | | |
| SS7 | 0.708 | 0.803 | 0.781 | | |
| SS8 | 0.771 | 0.799 | 0.832 | | |
| SS9 | 0.683 | 0.805 | 0.758 | | |

**（四）顾客满意的测量**

顾客满意是一个被广泛研究的变量，对顾客满意的测量也很丰富。Cronin and Taylor（1992）用单一的测项测量顾客满意：询问顾客对组织的总体感觉。单一的测项对顾客满意的测量比较笼统，也无法反映顾客满意的多维性。Price, Arnould, and Tierney（1995）开发了六个测项的量表测量服务满意：服务对我来说是独特的；服务对我有特殊意义；达到了我的预期；满足了我的需要；作为美好的服务体验给我留下了深刻印象；与我付出的价格相比，很值得。Sureshchandar, Rajendran, and Anantharaman（2002）使用五个因素测量顾客满意：核心服务或服务产品；服务传递中人的因素；服务传递中系统的因素；服务中的有形因素；社会责任。

本研究中顾客满意的测量参照了 Chan、Yim、Lam（2010），Lam 等（2004），Oliver、Swan（1989）和 Price、Arnould and Tierney（1995）的量表，根据研究情境修改而成。

表 6.18 显示，顾客满意各测项的 CITC 值均大于 0.5，因子载荷均大于 0.6，项已删除的 Cronbach's Alpha 值均小于 Cronbach's Alpha 值（0.854），各测项内部一致性较好，予以保留。

表 6.18 顾客满意信度分析摘要表

| 测项 | 校正项的总相关性（CITC） | 项已删除的 Cronbach's Alpha 值 | 因子载荷 | Cronbach's Alpha 值 | KMO |
|---|---|---|---|---|---|
| CS1 | 0.651 | 0.833 | 0.808 | 0.854 | 0.741 |
| CS2 | 0.748 | 0.794 | 0.870 | | |
| CS3 | 0.672 | 0.825 | 0.817 | | |

### （五）顾客行为意向的测量

Zeithaml，Berry，and Parasuraman（1996）的研究认为顾客正向的行为意向包括五个方面：第一，为企业说好话，正向的口碑；第二，向其他顾客推荐；第三，保持忠诚（再购买行为）；第四，在该企业购买更多产品；第五，愿意支付更高的价格。本研究选择了其中的两项内容进行研究，即再购买意向和推荐意向。

顾客行为意向的测量使用了 Eggert and Ulaga（2002）的测项，顾客推荐意向使用了 Spreng（1995）的测量，对其信度分析见表 6.19，各测项的 CITC 值均大于 0.5，因子载荷均大于 0.6，项已删除的 Cronbach's Alpha 值均小于 Cronbach's Alpha 值（0.867），各测项内部一致性较好，测项全部保留。

表 6.19　　顾客行为意向信度分析摘要表

| 测项 | 校正项的总相关性（CITC） | 项已删除的 Cronbach's Alpha 值 | 因子载荷 | Cronbach's Alpha 值 | KMO |
| --- | --- | --- | --- | --- | --- |
| PB1 | 0.703 | 0.835 | 0.836 | 0.867 | 0.824 |
| PB2 | 0.711 | 0.833 | 0.842 | | |
| PB3 | 0.763 | 0.812 | 0.875 | | |
| PB4 | 0.694 | 0.839 | 0.830 | | |

通过对初始测量量表的预测试，删除了内部一致性弱的测项，为大规模正式调研和后续的数据分析打好了基础。

# 第三节　问卷的发放与数据的收集

## 一、问卷的发放与回收

本研究采取问卷调查的方式收集数据，以健身行业作为研究背景，样本选取具有健身经历并有教练指导的消费者作为被调查对象。正式调查历时三个多月的时间，笔者在上海一兆韦德国际健身中心、上海哈娜专业瑜伽会所、上海力美健健身俱乐部、上海梵灵瑜伽会所 4 家健身场所采用现场调查和留置调查的方法完成了大部分问卷，其他问卷的调查范围涉及北京、厦门、苏州、南京等地，主要通过朋友和同学协助调查，兼有网络发放和回收与纸质问卷调查两种形式。共发放问卷 520 份（包括网络发放），回收 456 份，在回收的问卷中剔除掉有规律地填写答项、所有测项只选择一个答案以及完全相同的无效问卷，实际回收有效问卷412份，有效回收率为79.2%。样本数量符合Bentler和Chou（1997）对SEM样本量的建议，即每个问项有5~10个样本的要求。

## 二、样本的统计特征

对412份有效问卷进行数据整理，样本的基本信息统计如表6.20所示。

表6.20　　样本基本信息统计

| 统计变量 | | 样本量 | 所占比例/% |
|---|---|---|---|
| 性别 | 男 | 221 | 53.6 |
| | 女 | 191 | 46.4 |
| 年龄 | 16—20岁 | 3 | 0.73 |
| | 21—30岁 | 156 | 37.86 |
| | 31—40岁 | 225 | 54.61 |
| | 41—50岁 | 25 | 6.07 |
| | 51—60岁 | 2 | 0.49 |
| | 60岁以上 | 1 | 0.24 |
| 职业 | 企业员工 | 188 | 45.6 |
| | 教师 | 85 | 20.6 |
| | 国家公务员 | 46 | 11.2 |
| | 学生 | 12 | 2.9 |
| | 个体工商业主 | 75 | 18.2 |
| | 其他 | 6 | 1.5 |
| 受教育程度 | 大专以下 | 12 | 2.9 |
| | 大学本科 | 286 | 69.4 |
| | 硕士研究生及以上 | 114 | 27.7 |

样本基本信息统计显示，参加健身的男性人数略微多于女性，年龄主要集中在中青年阶段，中青年健身人数达到381人，占总人数的92.47%，这一年龄阶段的人工作之外的时间较充裕，健身目标明确，有较大的健身需求；从职

业分布上来看，在企业就职的员工几乎占到样本的一半，比例达到45.6%，教师和个体工商业主也各占了五分之一左右，国家公务员占到11.2%，学生和其他职业者共占4.4%，这样看来，具有健身体验的人员主要集中在由稳定职业和收入的群体，有一定的经济基础；从受教育程度来看，样本中69.4%的被调查者具有大学本科学历，27.7%具有硕士及以上学历，可以看出，参加健身的人士一般具有较高的学历背景，注重身体锻炼，关注健康。从样本的基本统计信息来看，样本结构合理，也比较符合现实情况。

# 第七章 数据分析与讨论

## 第一节 探索性因子分析

探索性因子分析的目的是尽量抽取少的因子来解释尽量大的变异量。在第六章量表分析的预测试中，对115个样本进行了项目分析以及题项与总分相关的判别剔除题项分析。探索性因子分析中，针对412个样本，将所剩余的量表测项全部纳入到因子分析的变量范围内，限定因子个数，使用最大变异正交转轴法进行探索性因子分析。

使用SPSS17.0做探索性因子分析，结果显示，KMO值为0.942，KMO值越接近1时，表示变量间的共同因素越多，越适合做因子分子，Kaise（1974）认为，KMO的值若小于0.5，不宜进行因子分析，较为普遍的标准是KMO至少达到0.6以上才适合做因子分子。此处KMO达到了0.942，达到了非常适合做因子分析的水平。Barlett球形检验的近似卡方值为11617.350，自由度为1275，达到了显著水平（$P<0.000$），通过Barlett球形检验，说明总体的相关矩阵间有共通因素存在，适合进行因子分析。探索性因子结果显示，累积方差解释率为70.520%，吴明隆（2010）认为，社会科学领域的测量不如自然科学领域的精确，累积方差解释不会很高，如果提取后保留的因子联合解释方差达到60%以上，表示提取后保留的因子很理想，如果提取后保留的因子联合解释方差达到50%，也是可以接受的。本研究累积方差解释率达到70.520%，效果很理想。

探索性因子分析也可同时检测同源方差。同源方差检验的标准有两个：一个标准是只探索出一个因子，另一个标准是在没有旋转的情况下，第一个因子的解释方差的比例过高。本研究旋转前第一个因子为35.990，略微高出Podsakoff等（2003）提出的30%的标准，但王国才（2011）认为未旋转的因子对结果的解释力小于50%即可。因而，同源方差并不十分明显。

探索性因子分析结果如表7.1所示。

表 7.1　　探索性因子分析结果

| 旋转成分矩阵 | | | | | | | | | | |
|---|---|---|---|---|---|---|---|---|---|---|
| | 因　子 | | | | | | | | | |
| | 1 | 2 | 3 | 4 | 5 | 6 | 7 | 8 | 9 | 10 |
| SS4 | 0. 738 | 0. 226 | 0. 142 | 0. 196 | 0. 034 | 0. 187 | 0. 215 | 0. 094 | 0. 110 | -0. 055 |
| SS6 | 0. 721 | 0. 185 | 0. 160 | 0. 180 | 0. 120 | 0. 174 | 0. 166 | 0. 033 | 0. 070 | 0. 161 |
| SS2 | 0. 695 | 0. 178 | 0. 164 | -0. 023 | 0. 083 | 0. 149 | 0. 128 | 0. 103 | -0. 030 | 0. 257 |
| SS3 | 0. 653 | 0. 255 | 0. 218 | 0. 087 | 0. 142 | 0. 198 | 0. 158 | 0. 103 | 0. 195 | -0. 034 |
| SS5 | 0. 645 | 0. 289 | 0. 126 | 0. 150 | 0. 241 | 0. 181 | 0. 188 | 0. 060 | 0. 164 | -0. 162 |
| SS7 | 0. 644 | 0. 262 | 0. 213 | 0. 083 | 0. 183 | 0. 152 | 0. 191 | 0. 126 | 0. 107 | -0. 107 |
| SS1 | 0. 644 | 0. 238 | 0. 217 | 0. 151 | 0. 212 | -0. 024 | 0. 031 | 0. 167 | 0. 140 | 0. 168 |
| PB1 | 0. 246 | 0. 762 | 0. 126 | 0. 153 | 0. 159 | 0. 056 | 0. 097 | -0. 082 | 0. 129 | 0. 084 |
| PB2 | 0. 282 | 0. 758 | 0. 165 | 0. 060 | 0. 179 | 0. 196 | 0. 031 | 0. 075 | 0. 096 | 0. 211 |
| PB3 | 0. 225 | 0. 758 | 0. 214 | 0. 085 | 0. 091 | 0. 072 | 0. 068 | -0. 012 | 0. 074 | 0. 070 |
| PB4 | 0. 245 | 0. 754 | 0. 146 | 0. 145 | 0. 140 | 0. 204 | 0. 055 | 0. 001 | 0. 073 | 0. 134 |
| CS3 | 0. 318 | 0. 241 | 0. 701 | 0. 121 | 0. 103 | 0. 140 | 0. 118 | 0. 036 | 0. 178 | -0. 137 |
| CS2 | 0. 313 | 0. 224 | 0. 699 | 0. 025 | 0. 156 | 0. 169 | 0. 182 | 0. 105 | 0. 000 | -0. 062 |
| CS1 | 0. 114 | 0. 202 | 0. 588 | 0. 267 | 0. 080 | -0. 008 | 0. 258 | 0. 320 | 0. 074 | -0. 048 |
| HV2 | 0. 229 | 0. 152 | 0. 086 | 0. 735 | 0. 093 | 0. 075 | 0. 223 | 0. 067 | 0. 057 | 0. 080 |
| HV4 | 0. 147 | 0. 228 | 0. 093 | 0. 714 | 0. 047 | 0. 154 | 0. 008 | 0. 040 | 0. 141 | 0. 045 |
| HV3 | 0. 129 | 0. 223 | -0. 054 | 0. 696 | 0. 141 | 0. 225 | 0. 296 | 0. 141 | 0. 037 | -0. 023 |
| HV6 | 0. 205 | 0. 149 | 0. 321 | 0. 690 | 0. 016 | 0. 020 | 0. 077 | 0. 166 | 0. 053 | 0. 095 |
| HV5 | 0. 158 | 0. 181 | 0. 246 | 0. 646 | 0. 063 | 0. 119 | 0. 155 | 0. 161 | -0. 004 | 0. 163 |
| HV1 | 0. 209 | 0. 182 | 0. 045 | 0. 611 | 0. 113 | 0. 206 | 0. 147 | 0. 224 | 0. 127 | 0. 418 |
| HV7 | 0. 144 | 0. 247 | 0. 185 | 0. 558 | 0. 273 | 0. 085 | 0. 108 | 0. 183 | -0. 112 | -0. 196 |
| EV2 | 0. 197 | 0. 193 | 0. 219 | 0. 218 | 0. 765 | 0. 195 | 0. 162 | 0. 081 | 0. 100 | -0. 003 |
| EV4 | 0. 158 | 0. 247 | 0. 236 | 0. 290 | 0. 706 | 0. 257 | 0. 089 | 0. 101 | 0. 087 | 0. 025 |
| EV1 | 0. 182 | 0. 172 | 0. 178 | 0. 216 | 0. 704 | 0. 280 | 0. 148 | 0. 199 | 0. 074 | 0. 143 |
| EV3 | 0. 161 | 0. 231 | 0. 240 | 0. 195 | 0. 675 | 0. 247 | 0. 217 | 0. 143 | 0. 096 | -0. 049 |
| EV5 | 0. 132 | 0. 156 | 0. 234 | 0. 212 | 0. 645 | 0. 193 | 0. 187 | 0. 235 | 0. 059 | 0. 112 |

续表 7.1

| 旋转成分矩阵 | | | | | | | | | | |
|---|---|---|---|---|---|---|---|---|---|---|
| | 因 子 | | | | | | | | | |
| | 1 | 2 | 3 | 4 | 5 | 6 | 7 | 8 | 9 | 10 |
| JD3 | 0.267 | 0.141 | 0.057 | 0.111 | 0.155 | 0.696 | 0.131 | -0.035 | 0.092 | 0.055 |
| JD5 | 0.041 | 0.230 | 0.038 | 0.118 | 0.202 | 0.655 | -0.012 | 0.166 | 0.087 | -0.031 |
| JD4 | 0.363 | 0.186 | 0.074 | 0.118 | 0.047 | 0.651 | -0.103 | 0.070 | 0.167 | 0.000 |
| JD2 | 0.089 | 0.062 | 0.173 | 0.417 | -0.101 | 0.603 | 0.083 | -0.014 | 0.149 | 0.104 |
| JD1 | -0.059 | 0.188 | 0.137 | 0.064 | 0.220 | 0.556 | 0.126 | 0.193 | 0.123 | -0.269 |
| RV4 | 0.174 | 0.162 | 0.263 | 0.181 | 0.179 | 0.212 | 0.667 | 0.002 | 0.167 | -0.076 |
| RV2 | 0.426 | 0.216 | 0.172 | 0.298 | 0.112 | 0.121 | 0.648 | 0.108 | 0.067 | 0.025 |
| RV1 | 0.376 | 0.195 | 0.157 | 0.256 | 0.197 | 0.123 | 0.619 | 0.198 | 0.046 | 0.152 |
| RV5 | 0.347 | 0.140 | 0.157 | 0.219 | 0.202 | 0.144 | 0.546 | 0.137 | 0.107 | 0.153 |
| RV3 | 0.407 | 0.193 | 0.182 | 0.295 | 0.182 | 0.148 | 0.542 | 0.137 | 0.019 | 0.101 |
| LV5 | 0.308 | 0.136 | 0.215 | 0.150 | 0.168 | 0.075 | 0.125 | 0.663 | -0.032 | 0.023 |
| LV3 | 0.274 | 0.197 | 0.218 | 0.185 | 0.057 | 0.138 | 0.284 | 0.658 | 0.040 | 0.137 |
| LV2 | 0.201 | 0.129 | 0.318 | 0.146 | -0.010 | 0.159 | 0.193 | 0.632 | 0.093 | 0.177 |
| LV4 | 0.250 | 0.255 | 0.250 | 0.164 | 0.102 | 0.223 | -0.070 | 0.616 | 0.226 | -0.158 |
| LV1 | 0.213 | 0.195 | 0.262 | 0.142 | 0.026 | 0.215 | 0.224 | 0.464 | 0.078 | 0.534 |
| CB1 | 0.183 | -0.024 | 0.261 | 0.063 | 0.113 | 0.106 | 0.092 | 0.007 | 0.745 | 0.287 |
| CB3 | 0.292 | 0.190 | 0.233 | 0.208 | 0.045 | 0.061 | 0.114 | 0.130 | 0.673 | -0.076 |
| CB2 | 0.114 | 0.013 | 0.246 | 0.144 | 0.181 | 0.151 | 0.252 | 0.165 | 0.638 | -0.057 |
| IS1 | 0.184 | 0.216 | 0.139 | 0.118 | 0.260 | 0.099 | -0.013 | 0.111 | -0.085 | 0.745 |
| IS2 | 0.184 | 0.161 | 0.003 | 0.103 | 0.147 | 0.136 | 0.259 | 0.108 | 0.334 | 0.616 |
| IS3 | 0.453 | 0.112 | 0.150 | 0.106 | 0.214 | 0.069 | 0.059 | 0.101 | -0.038 | 0.575 |

注意到 LV1 在第八个因子的负荷为 0.464，在第十个因子的负荷达到了 0.534，吴明隆（2010）认为，若是一个测量题项在两个共同因子转轴后的共同因素负荷均大于 0.45，使用者可自行判断是否删除，若此题项归于其中一个因子，而符合使用者原先编制的理论架构，则此题项也可保留。遵循此原则，将 LV1 放入原理论架构的第八因子中。

Tabachnick，Fidell（2007）提出以因素负荷作为选取测项的标准，因素负荷值、解释变异量与选取标准见表 7. 2。从本研究的因子负荷看，除极个别测项的负荷小于 0. 55，其他测项的负荷均在 0. 55 以上，各测项状况良好。

表 7. 2　　因素负荷值、解释变异量与选取标准

| 因素负荷值 | 解释变异量 | 题项变量状况 |
| --- | --- | --- |
| 0. 71 | 50% | 甚为理想 |
| 0. 63 | 40% | 非常好 |
| 0. 55 | 30% | 好 |
| 0. 45 | 20% | 普通 |
| 0. 32 | 10% | 不好 |
| <0. 32 | <10% | 舍弃 |

（资料来源：吴明隆. 问卷统计分析实务：SPSS 操作与应用［M］. 重庆：重庆大学出版社，2010：201.）

# 第二节　信度与效度分析

## 一、信度分析

信度代表量表的可靠性和稳定性，其实质是真实分数的方差与观察分数的方差的比例，信度指的是测验分数的特性或测量的结果，而非指测量工具本身。在因子分析后，要进一步地对量表的各个层面及总量表进行信度检验。

对信度进行分析的方法主要有内部一致性信度检验、重测信度、复本信度和复本再测信度。本研究对测量量表的信度检验主要使用 Cronbach's Alpha 值、CITC 值、各维度测项的复平方相关系数（$R^2$）等指标进行，检验量表的内部一致性，见表 7. 3。

表 7. 3　　测量量表内部一致性信度分析

| 维度 | 测项 | 校正项的总相关性 | 复平方相关系数 | 项已删除的 Cronbach's Alpha 值 | Cronbach's Alpha 值 |
| --- | --- | --- | --- | --- | --- |
| 信息分享 | IS1 | 0. 573 | 0. 331 | 0. 612 | 0. 729 |
| | IS2 | 0. 525 | 0. 326 | 0. 672 | |
| | IS3 | 0. 553 | 0. 311 | 0. 638 | |
| 合作行为 | CB1 | 0. 630 | 0. 402 | 0. 698 | 0. 785 |
| | CB2 | 0. 600 | 0. 360 | 0. 733 | |
| | CB3 | 0. 639 | 0. 411 | 0. 691 | |

续表 7.3

| 维度 | 测项 | 校正项的总相关性 | 复平方相关系数 | 项已删除的 Cronbach's Alpha 值 | Cronbach's Alpha 值 |
|---|---|---|---|---|---|
| 共同决策 | JD1 | 0.562 | 0.351 | 0.801 | 0.804 |
| | JD2 | 0.518 | 0.339 | 0.769 | |
| | JD3 | 0.639 | 0.435 | 0.757 | |
| | JD4 | 0.624 | 0.408 | 0.759 | |
| | JD5 | 0.575 | 0.331 | 0.771 | |
| 经济价值 | EV1 | 0.819 | 0.672 | 0.916 | 0.931 |
| | EV2 | 0.854 | 0.734 | 0.905 | |
| | EV3 | 0.833 | 0.694 | 0.912 | |
| | EV4 | 0.849 | 0.726 | 0.907 | |
| | EV5 | 0.832 | 0.717 | 0.909 | |
| 关系价值 | RV1 | 0.804 | 0.671 | 0.865 | 0.899 |
| | RV2 | 0.828 | 0.708 | 0.861 | |
| | RV3 | 0.772 | 0.619 | 0.873 | |
| | RV4 | 0.670 | 0.469 | 0.895 | |
| | RV5 | 0.684 | 0.476 | 0.891 | |
| 学习价值 | LV1 | 0.679 | 0.518 | 0.842 | 0.867 |
| | LV2 | 0.731 | 0.567 | 0.830 | |
| | LV3 | 0.765 | 0.587 | 0.821 | |
| | LV4 | 0.627 | 0.417 | 0.855 | |
| | LV5 | 0.655 | 0.443 | 0.848 | |
| 享乐价值 | HV1 | 0.703 | 0.551 | 0.897 | 0.908 |
| | HV2 | 0.750 | 0.619 | 0.893 | |
| | HV3 | 0.743 | 0.604 | 0.893 | |
| | HV4 | 0.675 | 0.462 | 0.899 | |
| | HV5 | 0.709 | 0.557 | 0.896 | |
| | HV6 | 0.717 | 0.589 | 0.896 | |
| | HV7 | 0.611 | 0.469 | 0.905 | |

续表 7.3

| 维度 | 测项 | 校正项的总相关性 | 复平方相关系数 | 项已删除的 Cronbach's Alpha 值 | Cronbach's Alpha 值 |
|---|---|---|---|---|---|
| 感知员工支持 | SS1 | 0.709 | 0.567 | 0.925 | 0.930 |
| | SS2 | 0.694 | 0.555 | 0.925 | |
| | SS3 | 0.776 | 0.616 | 0.921 | |
| | SS4 | 0.799 | 0.657 | 0.919 | |
| | SS5 | 0.769 | 0.635 | 0.921 | |
| | SS6 | 0.767 | 0.643 | 0.921 | |
| | SS7 | 0.747 | 0.585 | 0.922 | |
| 顾客满意 | CS1 | 0.698 | 0.543 | 0.844 | 0.870 |
| | CS2 | 0.726 | 0.553 | 0.833 | |
| | CS3 | 0.716 | 0.550 | 0.837 | |
| 顾客行为意向 | PB1 | 0.790 | 0.632 | 0.882 | 0.908 |
| | PB2 | 0.789 | 0.628 | 0.882 | |
| | PB3 | 0.830 | 0.689 | 0.868 | |
| | PB4 | 0.763 | 0.595 | 0.892 | |

在李克特态度量表中，Cronbach's Alpha 值是检验信度最常用的指标，Alpha 值在 0~1 之间，越接近 1 说明量表的信度越高，表 7.4 显示了 Alpha 取值与量表信度之间的关系。

表 7.4　　　　Cronbach's Alpha 值与量表信度的关系

| 内部一致性信度系数 α | 维度或构念 | 整个量表 |
|---|---|---|
| α 系数<0.50 | 不理想，舍弃不用 | 非常不理想，舍弃不用 |
| 0.50≤α 系数<0.60 | 可以接受，增列题项或修改语句 | 不理性，重新编制或修订 |
| 0.60≤α 系数<0.70 | 尚佳 | 勉强接受，最好增题项或修改语句 |
| 0.70≤α 系数<0.80 | 佳（信度高） | 可以接受 |
| 0.80≤α 系数<0.90 | 理想（信度很高） | 佳（信度好） |
| α 系数≥0.90 | 非常理想（信度非常好） | 非常理想（信度很高） |

由表 7.3 可以看出，测量量表各维度的 Cronbach's Alpha 值在 0.729~0.931 之间，大多数 Alpha 值在 0.8 以上，表明量表内部一致性较好；测量量表各测项校正项的总相关性值在 0.518~0.854 之间，均高于所要求的门槛值

0.5之上，项已删除的Cronbach's Alpha值均小于该维度的Cronbach's Alpha值，说明各个维度内部没有异质的可被删除的测项；复平方相关数值为多元回归中的决定系数，复平方相关数值越高，表明该测项与其他测项的内部一致性越高，量表各测项的复平方相关数值均大于0.30的临界值，从另一个视角说明量表具有较好的内部一致性。综合以上分析，测量量表数据的整体信度较好。

## 二、效度检验

在实证研究中，对效度的测量主要包括单维性、内容效度、建构效度和效标关联效度，建构效度又可分为收敛效度和区别效度。在实际研究中，研究者往往选择其中的一些指标来说明量表的效度。本研究选取单维性、内容效度和建构效度指标加以说明。

1. 单维性

做单维性检验需对量表数据做探索性因子分析，利用探索性因子分析结果验证理论架构中各维度具有单维性，即各个维度不可以再分。本研究的探索性因子分析结果显示，所有较高因子载荷的测项归于理论建构的潜变量中，聚合的因子与研究架构中变量的维度吻合，各个维度不可再分。所有因子载荷在0.5以上，大多数集中在0.6或0.7以上，达到了因子载荷的要求，并且因子的交叉负荷较低。从变量的单维度检测结果来看，各个变量的KMO值都在0.7以上，大多数达到了0.8和0.9以上，并都通过了Barlett球形检验（$P<0.000$），累积解释方差大多数达到60%以上。各个指标表明各变量单维性状况良好。变量单维度检验如表7.5所示。

表7.5 变量单维度检验

| 变量 | 累积解释方差/% | KMO |
|---|---|---|
| 信息分享 | 64.863 | 0.732 |
| 合作行为 | 69.944 | 0.723 |
| 共同决策 | 51.363 | 0.846 |
| 经济价值 | 82.948 | 0.862 |
| 关系价值 | 71.500 | 0.874 |
| 学习价值 | 65.622 | 0.852 |
| 享乐价值 | 61.295 | 0.903 |
| 感知员工支持 | 64.581 | 0.925 |
| 顾客满意 | 72.172 | 0.787 |
| 顾客行为意向 | 78.503 | 0.846 |

2. 内容效度

内容效度衡量测量工具是否涵盖了所要测量的某一构念的所有项目或层面，对于内容效度的判断主要考虑两个方面：一是测量工具是否真正测量到所要测量的构念，二是测量工具是否能涵盖所有要测量的构念所包含的项目。对内容效度的判断依据通常是该领域的专家意见。在量表形成初期，应邀请该领域的专家对量表设计的内容进行评价，评估量表内容是否涵盖了所要测量的构念的所有内容，测量指标能否实现测量目的，以及测量的内在逻辑性。内容效度的评价需依赖于所研究的相关理论，虽然内容效度是主观评价，但对量表的内容是否符合理论、量表内容的有效性和对测量构念的涵盖性都具有重要作用。本研究在量表形成阶段进行了多次焦点小组讨论和专家访谈，并根据反馈意见对量表进行了多次修改，保证了测量量表的内容效度。

3. 建构效度

建构效度衡量测量工具能够测量理论上所建构的程度或心理特质的程度。建构效度既有理论上的逻辑分析，又有实际调研的数据来检验理论的适用性和有效性，因此是一种比较严谨的效度检验方法，避免了内容效度有理论依据却无实证支持的缺陷。建构效度检验的步骤主要有：根据理论形成假设；依据理论基础设计测量量表；对所收集的数据进行统计分析，检验量表能否有效测量理论架构要求的特质。量表建构效度的检验最常用的方法是因子分析。

探索性因子分析可以用来检测量表的区别效度，这一方法在实践中应用广泛。由表 7.2 的探索性因子分析结果可以看出，对所有的 47 个测项进行因子分析，采用主成分分析，使用最大变异正交转轴法进行。经过因子分析，所有测项聚合于相应的理论构念之下，各测项在单一因子下的因子负荷均高于临界值，在其他因子上的负荷较低，表明测量量表有较好的区别效度。

通过验证性因子分析，可得到标准化因子载荷，Gerbing 和 Anderson (1988) 认为标准化因子载荷是否显著可作为判断收敛效度的一个重要指标。测项的因子载荷越高，说明测项能够反映被测变量的成分越多。对测量量表的数据做了验证性因子分析，得到了因子载荷，见表 7.6，验证性因子分析路径图见图 7.1。

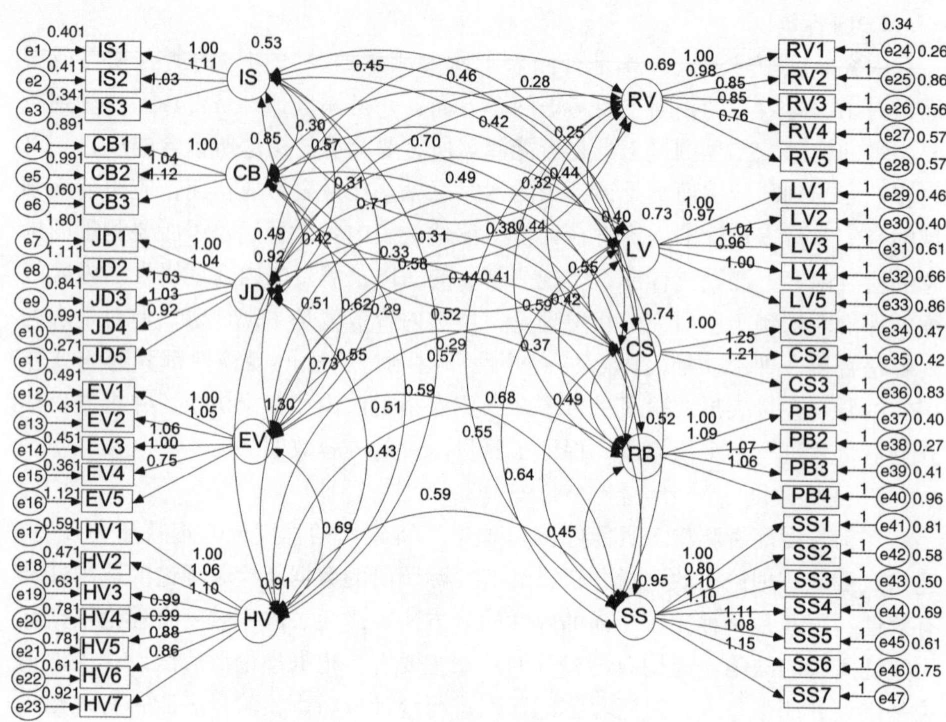


图 7.1　验证性因子分析路径图

表 7.6　　验证性因子分析估计值的结果

| | 因子载荷 | 标准化因子载荷 | 标准差 | C. R. |
|---|---|---|---|---|
| IS1←信息分享 | 1.000 | 0.755 | | |
| IS2←信息分享 | 1.112 | 0.785 | 0.090 | 12.356 |
| IS3←信息分享 | 1.028 | 0.790 | 0.083 | 12.396 |
| CB1←合作行为 | 1.000 | 0.699 | | |
| CB2←合作行为 | 1.040 | 0.694 | 0.101 | 10.325 |
| CB3←合作行为 | 1.117 | 0.799 | 0.099 | 11.333 |
| JD1←共同决策 | 1.000 | 0.581 | | |
| JD2←共同决策 | 1.039 | 0.687 | 0.114 | 9.118 |
| JD3←共同决策 | 1.029 | 0.733 | 0.108 | 9.499 |
| JD4←共同决策 | 1.025 | 0.702 | 0.111 | 9.244 |
| JD5←共同决策 | 0.919 | 0.616 | 0.108 | 8.466 |

续表 7.6

| | 因子载荷 | 标准化因子载荷 | 标准差 | C. R. |
|---|---|---|---|---|
| EV1←经济价值 | 1.000 | 0.851 | | |
| EV2←经济价值 | 1.053 | 0.878 | 0.052 | 20.157 |
| EV3←经济价值 | 1.056 | 0.874 | 0.053 | 19.999 |
| EV4←经济价值 | 1.004 | 0.887 | 0.049 | 20.496 |
| EV5←经济价值 | 0.752 | 0.629 | 0.062 | 12.169 |
| RV1←关系价值 | 1.000 | 0.820 | | |
| RV2←关系价值 | 0.976 | 0.847 | 0.058 | 16.782 |
| RV3←关系价值 | 0.850 | 0.760 | 0.058 | 14.558 |
| RV4←关系价值 | 0.847 | 0.683 | 0.067 | 12.716 |
| RV5←关系价值 | 0.756 | 0.637 | 0.065 | 11.660 |
| LV1←学习价值 | 1.000 | 0.751 | | |
| LV2←学习价值 | 0.975 | 0.775 | 0.072 | 13.623 |
| LV3←学习价值 | 1.044 | 0.816 | 0.072 | 14.423 |
| LV4←学习价值 | 0.961 | 0.725 | 0.076 | 12.668 |
| LV5←学习价值 | 0.996 | 0.723 | 0.079 | 12.628 |
| HV1←享乐价值 | 1.000 | 0.778 | | |
| HV2←享乐价值 | 1.057 | 0.827 | 0.068 | 15.567 |
| HV3←享乐价值 | 1.105 | 0.799 | 0.074 | 14.924 |
| HV4←享乐价值 | 0.986 | 0.728 | 0.074 | 13.335 |
| HV5←享乐价值 | 0.992 | 0.730 | 0.074 | 13.376 |
| HV6←享乐价值 | 0.875 | 0.729 | 0.066 | 13.353 |
| HV7←享乐价值 | 0.860 | 0.649 | 0.074 | 11.657 |
| CS1←顾客满意 | 1.251 | 0.843 | 0.098 | 12.820 |
| CS2←顾客满意 | 1.000 | 0.680 | | |
| CS3←顾客满意 | 1.206 | 0.849 | 0.094 | 12.885 |
| PB1←顾客行为意向 | 1.000 | 0.782 | | |
| PB2←顾客行为意向 | 1.085 | 0.779 | 0.076 | 14.276 |
| PB3←顾客行为意向 | 1.066 | 0.829 | 0.069 | 15.369 |

续表 7.6

| | 因子载荷 | 标准化因子载荷 | 标准差 | C. R. |
|---|---|---|---|---|
| PB4←顾客行为意向 | 1.057 | 0.766 | 0.075 | 13.995 |
| SS1←感知员工支持 | 1.000 | 0.706 | | |
| SS2←感知员工支持 | 0.804 | 0.658 | 0.073 | 11.021 |
| SS3←感知员工支持 | 1.096 | 0.814 | 0.081 | 13.577 |
| SS4←感知员工支持 | 1.100 | 0.835 | 0.079 | 13.910 |
| SS5←感知员工支持 | 1.109 | 0.815 | 0.082 | 13.594 |
| SS6←感知员工支持 | 1.080 | 0.804 | 0.080 | 13.416 |
| SS7←感知员工支持 | 1.152 | 0.793 | 0.087 | 13.232 |

如表 7.6 所示，各测项的因子载荷值均达到显著水平（$P<0.001$），标准化因子载荷落在 0.581~0.878 之间，符合标准化因子载荷 0.50~0.95 的区间标准。通过因子载荷数值，可以了解测量变量在各潜变量的相对重要性，标准化因子载荷越高，被解释的变异越大，表明测量量表具有较好的收敛效度。

从模型的适配度统计值指标上看，表 7.7 显示卡方值 CMIN 为 1629.947，自由度 DF 为 989，卡方自由度比值 CMIN/DF 为 1.648。吴明隆（2009）认为，卡方自由度比值小于 1 表示模型过度适配，大于 3 表示模型适配度不佳，介于 1 和 3 之间表示模型适配度良好，严格的模型适配度标准是该比值介于 1 和 2 之间。本研究的卡方自由度比值为 1.648，达到了模型适配度良好的标准。其他主要的模型适配度指标也表现良好，CFI 值为 0.929，TLI 值为 0.922，IFI 值为 0.930，皆高于临界值 0.9 的水平；RMSEA 值为 0.046，一般情况下，RMSEA 值若在 0.10 以上，表示模型的适配度欠佳，在 0.05 和 0.08 之间，表示模型具有合理的适配度，小于 0.05 则表明模型适配度非常好。Marsh 和 Balla（1994）认为，RMSEA 是一个较稳定的值，不易受样本数量的影响，在评价模型适配度时，是一个优先考虑的指标。本研究的 RMSEA 值表明模型具有非常好的适配度。以上指标表明，数据与模型的拟合较好。

表 7.7 自由度及卡方值

| Model | NPAR | CMIN | DF | P | CMIN/DF |
|---|---|---|---|---|---|
| 本模型 | 139 | 1629.947 | 989 | 0.000 | 1.648 |
| 饱和模型 | 1128 | 0.000 | 0 | | |
| 独立模型 | 47 | 10112.135 | 1081 | 0.000 | 9.354 |

由表 7.8 可以看出，各个变量的皮尔逊相关系数都在 0.01 水平上达到了显著，各变量之间存在相关关系，变量间相关水平适宜，收敛效度较好，可以

进一步应用结构方程探索变量间的因果关系。

表 7.8　　各变量的相关性

| | IS | CB | JD | EV | RV | LV | HV | CS | RP | SS |
|---|---|---|---|---|---|---|---|---|---|---|
| IS | 1 | | | | | | | | | |
| CB | 0.251** | 1 | | | | | | | | |
| JD | 0.249** | 0.284** | 1 | | | | | | | |
| EV | 0.246** | 0.286** | 0.276** | 1 | | | | | | |
| RV | 0.332** | 0.266** | 0.266** | 0.337** | 1 | | | | | |
| LV | 0.291** | 0.375** | 0.318** | 0.450** | 0.444** | 1 | | | | |
| HV | 0.265** | 0.361** | 0.318** | 0.477** | 0.442** | 0.453** | 1 | | | |
| CS | 0.271** | 0.332** | 0.394** | 0.436** | 0.437** | 0.489** | 0.511** | 1 | | |
| PB | 0.305** | 0.293** | 0.359** | 0.458** | 0.489** | 0.472** | 0.564** | 0.578** | 1 | |
| SS | 0.388** | 0.410** | 0.424** | 0.458** | 0.429** | 0.491** | 0.486** | 0.464** | 0.475** | 1 |
| 均值 | 5.698 | 5.198 | 4.881 | 5.162 | 5.631 | 4.692 | 5.444 | 5.095 | 5.471 | 5.102 |
| 标准差 | 0.841 | 1.103 | 1.081 | 1.160 | 0.791 | 0.961 | 0.988 | 1.086 | 0.817 | 1.073 |

**：在 0.01 水平（双侧）上显著相关。

# 第三节　数据分析与假设检验

本研究应用 AMOS17.0 对数据进行处理，检验理论模型的各个假设。根据理论模型图（图 5.2），本研究除对模型中的路径进行估计，以明确各个变量之间的关系，还要同时检验共创顾客价值的中介效应和感知员工支持的调节效应。模型中，顾客参与的三个维度（信息分享、合作行为、共同决策）作为自变量，是模型的外生变量，三者之间有一定的相关性，但由于是外生变量，并不影响模型内部因果关系的路径分析。顾客参与通过共同创造顾客价值对顾客满意和顾客行为意向产生影响；正如在理论建构中所述的，共同创造价值的基础是消费者与企业之间的互动，本研究将感知员工支持作为消费者与企业互动的一个特征指标加入模型中，调节顾客参与和共同创造顾客价值之间的关系，这也是理论验证中需要检验的一个关系。

## 一、模型路径分析与讨论

按照理论模型构架进行数据分析的结果如表 7.9 和图 7.2 所示。从整体模型的适配度看，卡方值 CMIN 为 1201.134，自由度 DF 为 716，卡方自由度比值 CMIN/DF 为 1.678，卡方自由度比值介于 1 和 2 之间，表明本研究的模型适配度良好。从其他主要的模型适配度指标来看，CFI 值为 0.933，TLI 值为 0.927，IFI 值为 0.934，皆高于临界值 0.9 的水平；RMSEA 值为 0.047，小于 0.05，表明模型适配度非常好。

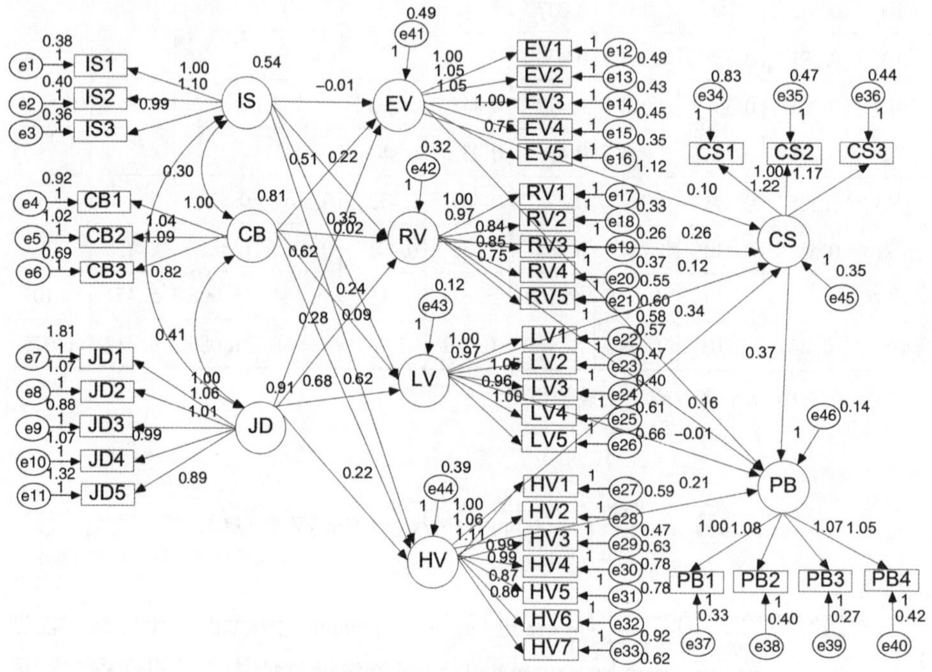


图 7.2 模型路径图及参数

表 7.9 各变量路径系数及其显著性

| 变量间的关系 | 路径关系 | 估计系数 | 标准化系数 | 标准差 | C. R. |
|---|---|---|---|---|---|
| 信息分享与共同创造顾客价值 | 信息分享→经济价值 | -0.012 | -0.008 | 0.092 | -0.129 |
| | 信息分享→关系价值 | 0.223 | 0.199** | 0.072 | 3.238 |
| | 信息分享→学习价值 | 0.015 | 0.013 | 0.062 | 0.241 |
| | 信息分享→享乐价值 | 0.091 | 0.070 | 0.082 | 1.107 |

续表 7.9

| 变量间的关系 | 路径关系 | 估计系数 | 标准化系数 | 标准差 | C. R. |
|---|---|---|---|---|---|
| 合作行为与共同创造顾客价值 | 合作行为→经济价值 | 0.511 | 0.405*** | 0.087 | 5.908 |
| | 合作行为→关系价值 | 0.350 | 0.381*** | 0.067 | 5.205 |
| | 合作行为→学习价值 | 0.245 | 0.259*** | 0.057 | 4.302 |
| | 合作行为→享乐价值 | 0.618 | 0.586*** | 0.086 | 7.162 |
| 共同决策与共同创造顾客价值 | 共同决策→经济价值 | 0.618 | 0.518*** | 0.090 | 6.868 |
| | 共同决策→关系价值 | 0.284 | 0.328*** | 0.062 | 4.582 |
| | 共同决策→学习价值 | 0.676 | 0.758*** | 0.082 | 8.237 |
| | 共同决策→享乐价值 | 0.223 | 0.224*** | 0.067 | 3.303 |
| 共同创造顾客价值与顾客满意 | 经济价值→顾客满意 | 0.101 | 0.132 | 0.059 | 1.708 |
| | 关系价值→顾客满意 | 0.264 | 0.252*** | 0.076 | 3.464 |
| | 学习价值→顾客满意 | 0.122 | 0.119 | 0.089 | 1.376 |
| | 享乐价值→顾客满意 | 0.344 | 0.376*** | 0.067 | 5.137 |
| 共同创造顾客价值与顾客行为意向 | 经济价值→顾客行为意向 | 0.158 | 0.189*** | 0.041 | 3.855 |
| | 关系价值→顾客行为意向 | 0.156 | 0.181*** | 0.043 | 3.629 |
| | 学习价值→顾客行为意向 | -0.010 | -0.012 | 0.062 | -0.157 |
| | 享乐价值→顾客行为意向 | 0.213 | 0.283*** | 0.050 | 4.261 |
| 顾客满意与顾客行为意向 | 顾客满意→顾客行为意向 | 0.372 | 0.452*** | 0.064 | 5.774 |

**：$P<0.01$，***：$P<0.001$。

本研究对各个变量做了分维度验证和分析，旨在了解变量内部维度结构之间的因果关系，揭示顾客参与的三个行为维度在顾客价值共同创造中创造了哪些顾客价值、各个参与维度对共同创造顾客价值的影响作用有多大、共同创造顾客价值的各个维度对形成顾客满意和顾客行为意向的影响等更加细化的关系，这对致力于与消费者共同创造价值的企业而言有重要的实践意义，企业可以此为依据，调整营销策略，促进消费者在不同行为维度积极参与，从而创造相应的顾客价值，最终形成顾客满意和顾客行为意向。

表 7.9 的结果显示，理论假设中的大多数路径关系得到了支持，下面对结构方程模型分析的标准化路径系数及其显著性逐一进行分析。

### （一）顾客参与与共同创造顾客价值

顾客参与的信息分享维度主要衡量消费者与服务提供者之间为保障服务顺

利进行的持续的信息交换，信息分享的内容围绕服务提供本身。由表7.9可以看出，信息分享只与共同创造关系价值这一个维度有显著的正向关系，而对经济价值、学习价值和享乐价值没有形成显著的关系。消费者与服务提供者之间的信息分享确保服务提供者能够了解消费者需求以及在接受服务中的各种感受，持续的信息交流过程能够促进消费者与服务提供者形成良好的个人关系。信息分享与学习价值和享乐价值的关系不显著，可能是由于信息分享在参与的性质上属于一种“保健因素”，目的是保障服务顺利进行，因而没有对更高层级的学习价值和享乐价值形成显著的影响。在深度访谈中了解到，一些健身教练出于知识保留和希望消费者再次购买的目的，有时并不愿将健身目的、健身知识和理念传递给消费者。与预期相反，信息分享与经济价值形成了负相关关系，但并不显著，标准化系数只有-0.08，这可能与健身行业的实际情况有关。根据深度访谈，有时教练为使学员购买下一阶段的健身服务，并不会根据消费者提供的信息一次性地满足消费需要，因而对经济价值形成了负面影响。

合作行为对经济价值、关系价值、享乐价值和学习价值都形成了显著的影响，其中对享乐价值的影响最大，标准化路径系数为0.586，表明每一标准单位合作行为的变化会造成享乐价值0.586个单位的变动。合作行为对其他价值维度的影响由大到小依次为经济价值、关系价值和学习价值。消费者在参与的过程中全身心投入，积极配合服务提供者，才能感受到参与的乐趣。如果消费者是被动性参与，在参与服务中的快乐感、新奇、有趣和成就感就无从体验，享乐价值自然也就无法创造。由于消费者积极的合作行为，消费者可获得更加个性化、专业化和高质量的服务，保证服务效果，获得经济价值；在配合服务提供者工作的同时，消费者易获得服务提供者的认可，两者形成较好的人际关系；与此同时，消费者在合作行为中可以获得更多的学习机会，从而获得关系价值和学习价值。

共同决策对经济价值、关系价值、享乐价值和学习价值也都形成了显著的影响，其中共同决策对学习价值的影响最为显著，标准化系数达到了0.758，接下来依次是经济价值、关系价值和享乐价值。共同决策是共同创造价值下的顾客参与行为表现出的新维度，意指在服务生产与传递过程中，消费者与服务提供者共同决定服务提供的内容、方式等。在价值共同创造中，消费者将自己的意愿和需求充分表达，并与服务提供者共同对“解决方案”进行选择和决策，消费者感受到对服务过程和结果的控制感和影响力，并享受由此带来的愉悦，共同决策为消费者带来了享乐价值。共同决策的前提是消费者需具备一定的相关知识和能力，在信息和能力严重不对称的情况下，无法实现消费者与服务提供者的共同决策。同时共同决策也为消费者学习提供了一个学习平台，消费者在与服务提供者正式和非正式的互动中，通过对服务的共同决策，获取对服务知识的了解，并逐步形成对满足个性化需求的服务方式的明确需求。以健身服务为例，消费者与服务提供者在健身项目、健身内容的共同决策中，逐渐学习到对个人健身问题的解决方式，获得健身知识和新的健身理念，并在今后的健康锻炼中加以应用。消费者将独特性需要反映在共同决策中，共同决策帮助消费者满足个性化需求，从而创造经济价值；消费者和服务提供者在共同决策中互动、协商，彼此形成“移情效应”，增进人际交往，创造关系价值。

从顾客参与行为对共同创造顾客价值的影响作用来看，对于共同创造经济价值，共同决策的影响力最大，路径系数为 0.518，其次为合作行为，路径系数为 0.405；合作行为对于共同创造关系价值的影响最大，路径系数为 0.381，其次是共同决策，路径系数为 0.328，略小于合作行为，信息分享对共同创造关系价值的影响最小，路径系数为 0.199；在共同创造学习价值中，共同决策的影响作用高达 0.758，合作行为的影响其次，路径系数为 0.259，信息分享没有对共同创造学习价值产生显著的影响；在共同创造享乐价值中，合作行为的影响最大，路径系数为 0.586，共同决策的影响为 0.224。总体来看，顾客参与行为对顾客价值共同创造的影响中，信息分享的贡献最小，合作行为和共同决策对共同创造顾客价值产生了重要影响。

**（二）共同创造顾客价值与顾客满意、顾客行为意向**

在共同创造顾客价值对顾客满意的关系中，可以看到，关系价值和享乐价值对顾客满意形成了显著的正向影响，经济价值和学习价值对顾客满意也形成了正向影响，但未达到显著水平。享乐价值对顾客满意的影响高于关系价值对顾客满意的影响。这与健身行业的行业特点有较大关系。通常将消费类别划分为生存型消费、发展型消费和享乐型消费，从健身行业的消费类别上看，属于享乐型消费，享乐型消费注重消费过程心理、情感和社会体验，而不是对经济价值的追求。深度访谈中了解到，消费者参与健身活动，并不仅仅希望获得服务本身提供的功能性价值，更看重在参与健身活动中维持一个兴趣相投的运动圈子，寻求健身活动的快乐，参与健身带来的释放压力感等。这些价值才会为顾客带来满意。学习价值未能形成顾客满意可能与行业特征有关，健身行业不属于技术含量高的行业，学习的特征并不明显，消费者对学习价值创造的感知也不突出。但在技术含量高的行业和领域，如消费者参与软件开发、新产品设计和服务创新等领域，共创学习价值的效应较显著，学习价值对顾客满意也会产生显著影响（Chan，2010）。

从共同创造顾客价值与顾客行为意向的关系看，经济价值、关系价值和享乐价值分别对顾客行为意向产生正向的显著影响，学习价值与顾客行为意向的关系不显著。三类价值的影响中，享乐价值对顾客行为意向的影响效果最明显，标准化路径系数为 0.283（$P<0.001$），其次为经济价值和关系价值。与预

期相反，学习价值对顾客行为意向会形成负向影响，但没有达到显著水平，这可能是由于消费者获得学习价值后，掌握了相关的健身技能和方法，选择自己健身，而不再购买有教练指导的健身服务。深度访谈了解到，有些教练不愿为学员提供充足的健身信息，不愿倾其所能教授健身方法，也是基于此种顾虑。值得注意的是，经济价值未能对顾客满意形成显著影响，但却对顾客购买意向形成了显著影响，这一发现证明了作为心理感受的顾客满意和表明消费者实际行为决策的行为意向在决定因素上的差异，当消费者做出行为决策时，依然要考虑现实的经济价值。

学习价值对顾客满意和顾客行为意向都没有形成显著影响，这可能由于健身行业的顾客的学习效应不明显，消费者对学习价值并不敏感，消费者即便在参与健身活动中学习到了相应的健身知识和理念，但对形成顾客满意和顾客再购买行为却没有显著影响。

**（三）顾客满意和顾客行为意向**

与大多数现有的研究结论一致，本研究中，顾客满意与顾客行为意向之间存在显著的正相关关系，标准化路径系数为0.372（$P<0.001$），表明顾客满意会对顾客再购买意向和推荐意向产生显著的正向影响。在所有影响顾客行为意向的因素中，顾客满意的路径系数最大，说明顾客满意与顾客行为意向的关系最为紧密。对企业的营销实践而言，创造顾客满意仍是企业重要的营销战略之一。

## 二、中介效应检验

中介变量是指变量之间的关系不是直接的因果关系，而是通过一个或多个变量间接地产生影响，这一个或多个变量就是中介变量。中介变量产生的中介效应分为完全中介效应和部分中介效应。如图7.3和图7.4所示。

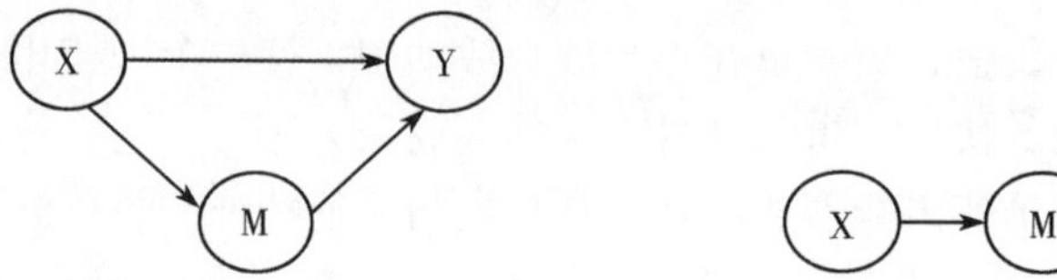


图7.3　部分中介效应　　　图7.4　完全中介效应

对中介变量的判断主要依据以下标准：自变量与因变量之间存在显著的关系；自变量与中介变量之间存在显著的关系；若加入中介变量，自变量对因变量的关系显著减少或消失。当自变量对因变量的关系完全消失时，表明存在完全中介效应。当自变量对因变量的影响显著减弱，则表明存在部分中介效应。

**（一）共同创造顾客价值的中介效应检验**

本研究应用SPSS软件中的层次回归分析检验共同创造顾客价值在顾客参

与和顾客满意、顾客行为意向之间的中介关系。以共同创造顾客价值在顾客参与和顾客满意之间的中介效应检验为例，具体做法为：第一步，首先检验顾客参与与顾客满意之间的显著性；第二步，检测顾客参与对共同创造顾客价值的显著性；第三步，将顾客参与和共同创造顾客价值同时作为自变量对顾客满意进行层次线性回归检测回归系数的显著性变化。在运用 SPSS16. 0 对数据进行层次回归时，首先放入自变量，再放入中介变量，依次对因变量进行线性回归。

由于共同创造顾客价值为多维变量，本研究先将共同创造顾客价值作为一个整体变量检验其中介性，然后再分维度对其中介效应分别检验。中介检验结果见表 7. 10。

**表 7. 10　　共同创造顾客价值的中介效应检验**

| | 中介变量 | | | | 因变量 | | | | | | | | | | | |
|---|---|---|---|---|---|---|---|---|---|---|---|---|---|---|---|---|
| | EV | RV | LV | HV | CS | | | | | | PB | | | | | |
| | M1 | M2 | M3 | M4 | M5 | M6 | M7 | M8 | M9 | M10 | M11 | M12 | M13 | M14 | M15 | M16 |
| IS | 0. 099 * | 0. 238 *** | 0. 109 ** | 0. 143 ** | 0. 167 ** | 0. 067 | 0. 140 ** | 0. 095 | 0. 148 ** | 0. 104 * | 0. 230 *** | 0. 076 | 0. 196 *** | 0. 135 ** | 0. 197 *** | 0. 151 ** |
| CB | 0. 287 *** | 0. 276 *** | 0. 205 *** | 0. 434 *** | 0. 241 *** | 0. 013 | 0. 160 ** | 0. 158 ** | 0. 206 *** | 0. 052 | 0. 196 *** | 0. 072 | 0. 093 | 0. 085 | 0. 133 ** | 0. 044 |
| JD | 0. 432 *** | 0. 277 *** | 0. 601 *** | 0. 201 *** | 0. 343 *** | 0. 199 *** | 0. 221 *** | 0. 260 *** | 0. 241 *** | 0. 255 *** | 0. 303 *** | 0. 069 | 0. 148 ** | 0. 192 *** | 0. 119 | 0. 192 *** |
| EV | | | | | | 0. 125 * | 0. 283 *** | | | | | 0. 133 * | 0. 359 *** | | | |
| RV | | | | | | 0. 177 * | | 0. 302 *** | | | | 0. 236 *** | | 0. 401 *** | | |
| LV | | | | | | 0. 050 | | | 0. 170 * | | | 0. 041 | | | 0. 307 *** | |
| HV | | | | | | 0. 355 *** | | | | 0. 437 *** | | 0. 430 *** | | | | 0. 553 *** |
| $R^2$ | | | | | 0. 336 | 0. 483 | 0. 382 | 0. 394 | 0. 348 | 0. 454 | 0. 310 | 0. 551 | 0. 384 | 0. 413 | 0. 350 | 0. 499 |
| $\Delta R^2$ | | | | | | 0. 147 | 0. 046 | 0. 058 | 0. 012 | 0. 118 | | 0. 241 | 0. 075 | 0. 103 | 0. 040 | 0. 190 |
| $\Delta F$ | | | | | | 21. 225 *** | 22. 507 *** | 28. 919 *** | 5. 708 *** | 65. 218 *** | | 40. 037 *** | 36. 553 *** | 52. 799 *** | 18. 661 *** | 114. 113 *** |

通过表 7. 10 可以看出，关于共同创造顾客价值在顾客参与和顾客满意之间的中介效应检验中，如 M5 所示，信息分享、合作行为、共同决策对顾客满意具有显著的正效应，标准化回归系数分别为 0. 167（$P<0.01$）、0. 241（$P<0.001$）、0. 343（$P<0.001$），但当放入中介变量共同创造顾客价值后，如 M6 所示，信息分享、合作行为对顾客满意的关系由显著变为不显著，标准化回归系数下降为 0. 067、0. 013，说明共同创造顾客价值在信息分享、合作行为和顾客满意之间具有完全中介效应；共同决策的标准化回归系数下降为 0. 199，但显著性没有变化，说明共同创造顾客价值在共同决策和顾客满意之间具有部

分中介效应，也就是说，共同决策不仅仅通过共同创造顾客价值影响顾客满意，同时，共同决策也直接影响顾客满意，这一研究发现具有重要意义。

关于共同创造顾客价值在顾客参与和顾客行为意向之间的中介效应检验中，如M11所示，信息分享、合作行为、共同决策对顾客行为意向具有显著的正效应，标准化回归系数分别为0.230（$P<0.001$）、0.196（$P<0.001$）、0.303（$P<0.001$），但当放入中介变量共同创造顾客价值后，如M12所示，信息分享、合作行为和共同决策对顾客行为意向的关系由显著变为不显著，标准化回归系数下降为0.076、0.072、0.069，说明共同创造顾客价值在信息分享、合作行为、共同决策和顾客行为意向之间具有完全中介效应，信息分享、合作行为和共同决策只有创造出顾客价值才能显著地影响顾客行为意向。

当分维度检验共同创造顾客价值的中介作用时，中介作用大多呈现为部分中介，这是由于共同创造顾客价值的中介效应是四种价值共同作用形成的，排除了其他维度的单维度中介检验自然只能解释中介效应的一部分，但各个维度的中介效应是存在的。在分维度中介效应检验中，有四个完全中介效应值得关注：关系价值完全中介信息分享和顾客满意之间的关系；享乐价值完全中介合作行为和顾客满意之间的关系；经济价值完全中介合作行为和顾客行为意向之间的关系；享乐价值完全中介合作行为和顾客行为意向之间的关系。这从另外一个角度证明了享乐价值、关系价值和经济价值对顾客满意和顾客行为意向的重要影响。

### （二）顾客满意的中介效应检验

在本研究的概念模型中，由共同创造顾客价值到顾客行为意向的路径有两条：共同创造顾客价值到顾客行为意向的直接效应和共同创造顾客价值通过顾客满意到顾客行为意向的间接效应。因而，需要对顾客满意的中介效应进行检验。检验步骤与共同创造顾客价值中介效应的检验步骤相同：第一步，检验共同创造顾客价值与顾客行为意向之间的显著性；第二步，检测共同创造顾客价值对顾客满意的显著性；第三步，将共同创造顾客价值和顾客满意同时作为自变量对顾客行为意向进行层次线性回归检测回归系数的显著性变化。顾客满意的中介效应检验结果见表7.11

表7.11 顾客满意的中介效应检验

| | 中介变量CS | 因变量PB | | | | |
|---|---|---|---|---|---|---|
| | M1 | M2 | M3 | M4 | M5 | M6 |
| EV | 0.536*** | 0.558*** | 0.273*** | | | |
| RV | 0.537*** | 0.589*** | | 0.316*** | | |

续表 7.11

| | 中介变量 CS | 因变量 PB | | | | |
|---|---|---|---|---|---|---|
| | M1 | M2 | M3 | M4 | M5 | M6 |
| HV | 0.611 *** | 0.664 *** | | | 0.399 *** | |
| LV | 0.499 *** | 0.532 *** | | | | 0.259 *** |
| CS | | | 0.571 *** | 0.508 *** | 0.434 *** | 0.548 *** |
| $R^2$ | | | 0.311 | 0.347 | 0.441 | 0.283 |
| $\Delta R^2$ | | | 0.201 | 0.183 | 0.118 | 0.226 |
| $\Delta F$ | | | 124.827 *** | 118.145 *** | 81.055 *** | 139.475 *** |

表 7.11 中，M1 下的数据表示共同创造价值的四个维度与中介变量顾客满意之间的标准化回归系数，表 7.11 中的数据显示，共同创造顾客价值的各维度与顾客满意之间存在显著的关系（$P<0.001$）；M2 下的数据表示共同创造顾客价值的各维度与顾客行为意向之间的标准化回归系数，表 7.11 中的数据显示，共同顾客价值的各维度与因变量顾客行为意向之间存在显著的关系（$P<0.001$）；M3、M4、M5、M6 下的数据表示共同创造顾客价值的各维度在加入中介变量顾客满意后与因变量顾客行为意向之间的层次回归系数。可以看出，当加入中介变量顾客满意后，共同创造经济价值对顾客行为意向的标准化回归系数由 0.558（$P<0.001$）下降为 0.273（$P<0.001$），显著性虽然没有变化，但回归系数明显降低，表明顾客满意在共同创造经济价值与顾客行为意向之间起到了部分中介作用。同理，共同创造关系价值、享乐价值和学习价值在加入中介变量顾客满意之后对顾客行为意向的回归系数分别由 0.589、0.664、0.532 下降为 0.316、0.399 和 0.259，显著程度虽然没有变化，但标准化回归系数明显减少，表明顾客满意在关系价值与顾客行为意向、享乐价值与顾客行为意向、学习价值与顾客行为意向之间都起到了部分中介作用。总之，顾客满意在共同创造顾客价值和顾客行为意向之间具有部分中介效应，假设 11 得到了验证，这一结论与 Cronin（2000）和 Choi et al.（2004）的研究结论是一致的。

## 三、调节效应的检验

如果两个变量之间存在关系，但两个变量之间的关系受到另外一个变量的影响，那么这个变量就是调节变量，具有调节效应。在统计分析中，对调节效应的检验主要是检验调节变量和自变量的交互效应是否显著。调节变量的检测可依据以下步骤：第一步，对自变量和调节变量进行中心化处理，以减少变量间的多重共线性；第二步，构造乘积项，将中心化后的自变量和调节变量相乘。用 SPSS 做层次回归时，将自变量、调节变量、自变量与调节变量的乘积项依次放入软件中进行回归，如果乘积项的系数显著，则说明调节效应存在。同时，也可根据 $R^2$ 来检验，如果 $\Delta R^2$ 显著，也可证明调节效应存在。

本研究的理论假设中，感知员工支持调节顾客参与和共同创造顾客价值之间的关系，由于顾客参与和共同创造顾客价值都是多维度变量，感知员工支持的调节效应检验将针对维度之间的关系展开，需要检验的调节关系如图 7.5 所示。在前文结构方程的路径分析中，信息分享只对关系价值有显著的影响，在分析感知员工支持的调节效应中，不再分析感知员工支持对信息分享和经济价值、学习价值、享乐价值的调节效应。按照调节变量的检测程序，首先对感知员工支持和顾客参与的各个维度进行中心化处理，利用中心化后的数据做乘积项，将顾客参与、感知员工支持、顾客参与与感知员工支持的交互项依次放入统计软件 SPSS17.0 进行层次回归分析，依据交互项的标准化回归系数的显著状况判断调节效应是否存在。

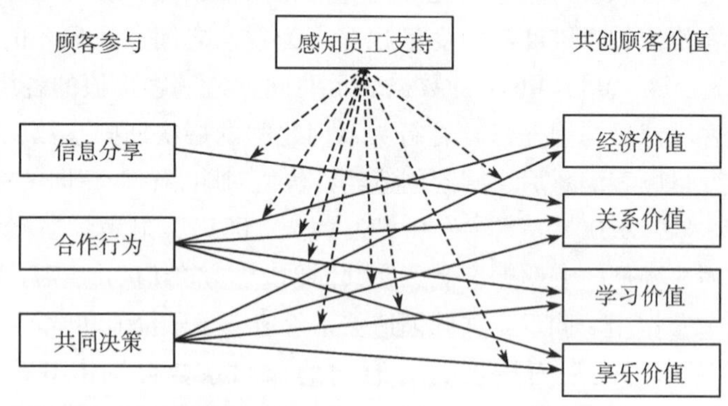


图 7.5　需检验的调节效应关系图

调节效应的检验结果见表 7.12，其中的系数均为线性回归后的标准化系数。

表 7.12　感知员工支持对顾客参与和共同创造顾客价值的调节效应检验

| | 经济价值 | | 关系价值 | | 学习价值 | | 享乐价值 | |
|---|---|---|---|---|---|---|---|---|
| | 模型 1 | 模型 2 | 模型 3 | 模型 4 | 模型 5 | 模型 6 | 模型 7 | 模型 8 |
| IS | | | 0.236 *** | 0.207 * | | | | |
| CB | 0.216 *** | 0.146 * | 0.266 *** | 0.225 ** | 0.149 *** | 0.141 *** | 0.339 *** | 0.303 ** |
| JD | 0.355 *** | 0.239 ** | 0.287 *** | 0.192 * | 0.238 *** | 0.227 *** | 0.198 ** | 0.082 |
| SS | 0.262 *** | 0.224 ** | 0.179 *** | 0.105 * | 0.233 *** | 0.224 *** | 0.361 *** | 0.255 * |

续表 7.12

| | 经济价值 | | 关系价值 | | 学习价值 | | 享乐价值 | |
|---|---|---|---|---|---|---|---|---|
| | 模型 1 | 模型 2 | 模型 3 | 模型 4 | 模型 5 | 模型 6 | 模型 7 | 模型 8 |
| IS * SS | | | | 0.163 * | | | | |
| CB * SS | | 0.208 ** | | 0.034 | | 0.041 | | 0.064 |
| JD * SS | | 0.127 * | | 0.128 * | | 0.052 | | 0.131 ** |

由表 7.12 中的数据可知，模型 2 中，合作行为和感知员工支持的交互项、共同决策和感知员工支持的交互项的回归系数达到了显著，说明感知员工支持对合作行为和共同创造经济价值的关系、共同决策和共同创造经济价值的关系存在显著的正向调节作用，意味着当顾客感知员工支持越强，合作行为和共同决策对共同创造经济价值的影响越大；反之，当感知员工支持越弱，合作行为和共同决策对共同创造经济价值的影响越小。

同样，模型 4 的数据显示，感知员工支持与信息分享和共同决策的交互项的回归系数显著，表明感知员工支持对信息分享和共同创造关系价值的关系、共同决策和共同创造关系价值的关系存在显著的正向调节作用，当顾客感知员工支持越强，信息分享和共同决策对共同创造关系价值的影响就越大；反之，当顾客感知员工支持越弱，信息分享和共同决策对共同创造关系价值的影响就越小。

关于感知顾客支持对顾客参与和学习价值之间的调节效应，模型 6 的结果显示，合作行为和感知员工支持的交互项、共同决策和感知员工支持的交互项的回归系数都没有达到显著的水平，表明感知员工支持对合作行为、共同决策和共同创造学习价值之间不存在显著的调节效应。

感知员工支持在调节顾客参与和享乐价值的关系中，如模型 8 所示，共同决策和感知员工支持的交互项系数显著，具有显著的正向调节效应，表明顾客感知员工支持越强烈，共同决策对共创享乐价值的影响越大；合作行为与感知员工支持存在正向的交互作用，但并没有达到显著的水平。

总体而言，感知员工支持对顾客参与和共同创造顾客价值的部分关系起到了调节作用，顾客参与对顾客价值共同创造程度的影响依赖于顾客感知员工支持的强度，在顾客感知员工支持程度强的情况下，顾客参与对共同创造顾客价值的影响作用也随之加强，因而，感知员工支持作为体现企业与消费者互动的一个变量，也是企业可以影响和控制的变量，对共创顾客价值以及顾客满意、顾客重复购买行为、正向口碑推荐等行为具有重要的实践意义。

# 第八章 研究结论及研究展望

## 第一节 研究结论与贡献

### 一、研究结论与讨论

本研究探讨在共同创造价值的理论背景下，消费者通过参与行为与服务提供者共同创造顾客价值，进而影响顾客满意和顾客行为意向的过程，并对理论假设进行了实证检验。表8.1汇总了实证检验结果。已验证的模型关系图如图8.1所示。

表8.1 本研究假设检验结果

| 假设关系 | 假设内容 | 检验结果 |
| --- | --- | --- |
| 顾客参与与共创经济价值 | 假设1a：信息分享对共创经济价值存在显著的正向影响 | 不支持 |
| | 假设1b：合作行为对共创经济价值存在显著的正向影响 | 支持 |
| | 假设1c：共同决策对共创经济价值存在显著的正向影响 | 支持 |
| 顾客参与与共创关系价值 | 假设2a：信息分享对共创关系价值存在显著的正向影响 | 支持 |
| | 假设2b：合作行为对共创关系价值存在显著的正向影响 | 支持 |
| | 假设2c：共同决策对共创关系价值存在显著的正向影响 | 支持 |
| 顾客参与与共创享乐价值 | 假设3a：信息分享对共创享乐价值存在显著的正向影响 | 不支持 |
| | 假设3b：合作行为对共创享乐价值存在显著的正向影响 | 支持 |
| | 假设3c：共同决策对共创享乐价值存在显著的正向影响 | 支持 |

续表 8.1

| 假设关系 | 假设内容 | 检验结果 |
|---|---|---|
| 顾客参与与共创学习价值 | 假设 4a：信息分享对共创学习价值存在显著的正向影响 | 不支持 |
| | 假设 4b：合作行为对共创学习价值存在显著的正向影响 | 支持 |
| | 假设 4c：共同决策对共创学习价值存在显著的正向影响 | 支持 |
| 感知员工支持的调节作用 | 假设 5a：感知员工支持调节顾客参与与共同创造经济价值之间的关系 | 支持 |
| | 假设 5b：感知员工支持调节顾客参与与共同创造关系价值之间的关系 | 部分支持 |
| | 假设 5c：感知员工支持调节顾客参与与共同创造学习价值之间的关系 | 不支持 |
| | 假设 5d：感知员工支持调节顾客参与与共同创造享乐价值之间的关系 | 部分支持 |
| 共创顾客价值与顾客满意 | 假设 6a：共创经济价值对顾客满意存在显著的正向影响 | 不支持 |
| | 假设 6b：共创关系价值对顾客满意存在显著的正向影响 | 支持 |
| | 假设 6c：共创学习价值对顾客满意存在显著的正向影响 | 不支持 |
| | 假设 6d：共创享乐价值对顾客满意存在显著的正向影响 | 支持 |
| 共创顾客价值与顾客行为意向 | 假设 7a：共创经济价值对顾客行为意向存在显著的正向影响 | 支持 |
| | 假设 7b：共创关系价值对顾客行为意向存在显著的正向影响 | 支持 |
| | 假设 7c：共创学习价值对顾客行为意向存在显著的正向影响 | 不支持 |
| | 假设 7d：共创享乐价值对顾客行为意向存在显著的正向影响 | 支持 |
| 顾客满意与顾客行为意向 | 假设 8：顾客满意对顾客行为意向存在显著的正向影响 | 支持 |
| 共创顾客价值对顾客参与和顾客满意之间的中介效应 | 假设 9：共创顾客价值中介顾客参与和顾客满意之间的关系 | 支持 |
| 共创顾客价值对顾客参与和顾客行为意向之间的中介效应 | 假设 10：共创经济价值中介顾客参与和顾客行为意向之间的关系 | 支持 |

续表 8.1

| 假设关系 | 假设内容 | 检验结果 |
|---|---|---|
| 顾客满意对共创顾客价值和顾客行为意向之间的中介效应 | 假设 11：顾客满意在共同创造顾客价值和顾客行为意向之间具有部分中介效应 | 支持 |

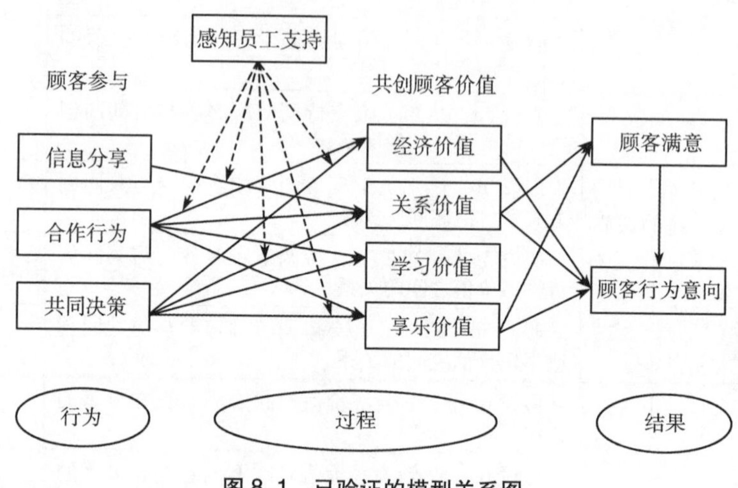


**图 8.1 已验证的模型关系图**

从整体理论模型的验证结果来看，大部分理论假设得到了验证。顾客参与、共同创造价值和顾客满意、顾客行为意向之间的逻辑关系得到了验证。通过理论推演与实证检验，本研究得出以下结论：

① 在共同创造价值视角下，顾客参与中的合作行为和共同决策对共同创造顾客价值产生了重要影响。在相关理论和文献的基础上，通过对消费者的深度访谈，本研究将共同创造价值下的顾客参与行为维度划分为信息分享、合作行为和共同决策。实证结果表明，信息分享在共同创造顾客价值中只对关系价值形成了显著影响，对其他价值的影响都未达到显著水平，因而，在共同创造顾客价值中发挥了较小的作用。这与互联网时代，充分的信息可在低成本条件下便利地获取不无关系。信息获取渠道的多元化和快捷便利性使得在服务现场服务提供者与消费者之间的信息分享变得不是那么至关重要，如现代消费者在购买产品或服务前会通过互联网进行广泛的信息搜索，了解产品或服务相关的丰富内容，有时甚至可以成为一个“外行的专家”。信息分享在互联网时代对于顾客价值的共同创造作用变得不很明显，但信息分享对共创顾客关系价值具有显著的正向影响，表明消费者与服务提供者的面对面信息交流仍会增加消费者对与服务提供者关系的认可。顾客参与的另外两个行为维度（合作行为和共同决策）对共同创造顾客价值都有显著影响，两个维度对共同创造经济价值、

关系价值、学习价值和享乐价值都具有显著的正向关系。研究发现，对于不同的顾客价值，参与行为的各个维度有不同的贡献。共同决策对共同创造经济价值和学习价值的影响最大，消费者通过与服务提供者就服务内容、服务提供方式等共同决策，将个人的独特需求纳入服务过程，获得个性化、高质量、专业化的服务，并在共同决策过程中从服务提供者那里获得知识、经验和相关的认知体验；合作行为对共同创造关系价值和享乐价值的影响最显著，消费者在与服务提供者频繁的合作性互动中，积极配合服务提供者，不仅受到服务提供者的认同和欢迎，为消费者带来良好的人际关系和社会支持，也扩大了消费者的社会交往和社会联系，同时合作行为意味着消费者在服务中扮演着积极主动的顾客角色，这样的消费者更易体会到参与带来的乐趣，消费者也为自己创造了享乐价值。这与 Claycomb 等（2001）、Etgar（2008）的研究结论是一致的。

② 消费者与企业共同创造的关系价值和享乐价值在形成顾客满意、顾客行为意向中发挥着举足轻重的作用。本研究将共同创造顾客价值划分为四个维度：经济价值、关系价值、学习价值和享乐价值。共创顾客价值的四个维度对顾客满意、顾客行为意向的影响程度存在差异。实证结果证明，关系价值和享乐价值对顾客满意存在显著的正向影响，享乐价值、经济价值和关系价值对顾客行为意向存在显著的正向影响，学习价值对顾客满意和顾客行为意向都没有形成显著的影响。其中，享乐价值对顾客满意和顾客行为意向的影响最大。这一结论与 Prahalad and Ramaswamy（2000）主张的共同创造价值的实质是共同创造体验价值的观点相一致。在共同创造体验价值下，消费者从购买商品的基本功效转变为追求消费中获得的愉快体验，消费的过程不再是单纯地得到某种物质产品或服务以满足功能化的需求，而是追求在消费中享受“情绪、体力、智力甚至是精神的某一特定水平时，意识中所产生的美好感觉”（Pine and Gilmore，1998）。享乐价值正是消费者在与企业互动过程中形成的基于心理愉悦的乐趣、享受、幻想、感官刺激等体验以及消费者在参与中实现自我表达和自尊感。根据社会交换理论和社会网络理论，消费者在消费中追求认同与归属感，在交易中与服务提供者建立稳定而令人愉悦的社会联结以及由此带来的社会利益。顾客参与创造的享乐价值和关系价值满足了消费者在消费中的上述需求，形成了顾客满意。与研究的预期不同，经济价值和学习价值与顾客满意没有形成显著的关系，这可能与本研究所选的行业特征有关系。健身服务属于享乐型消费，享乐型消费注重消费过程的心理、情感和社会体验，而不是对经济价值的追求。另外，健身行业不属于技术含量高的行业，学习的特征并不明显，消费者对学习价值创造也不很敏感，学习价值对顾客满意的影响相对较小。

对顾客行为意向形成显著影响的价值包括享乐价值、经济价值和关系价值。经济价值未对顾客满意形成显著的影响，却与顾客行为意向存在显著的正向关系，这一发现证明了作为心理感受的顾客满意和作为消费者实际行为决策的行为意向在决定因素上的差异，当消费者做出行为决策时，依然要考虑现实的经济价值。形成顾客行为意向的两条路径（共同创造顾客价值对顾客行为意向的影响和共同创造顾客价值通过顾客满意对顾客行为意向的影响）都得到了验证。

③共同创造顾客价值在顾客参与和顾客满意、顾客参与和顾客行为意向之间具有中介效应，顾客满意在共同创造顾客价值和顾客行为意向之间具有部分中介效应。共同创造顾客价值在顾客参与和形成顾客满意、顾客行为意向之间发挥了重要的中介作用，这与 Chan（2010）的研究结论一致，Chan 认为仅仅是顾客参与不会直接形成顾客满意，顾客参与行为通过共同创造价值实现顾客满意。在中介效应分析中，研究发现共同创造顾客价值在信息分享、合作行为与顾客满意之间具有完全中介效应，但在共同决策和顾客满意之间具有部分中介效应，表明共同决策对顾客满意的影响有两条路径：一方面通过共同创造顾客价值影响顾客满意，另一方面，共同决策本身直接影响顾客满意。这一发现对营销实践具有现实的指导意义，共同决策意味着消费者在服务方式和服务内容、服务方案的选择上拥有更大的主动权和影响力，授予消费者决策权增加了消费者的自我效能感、对服务过程和结果的控制感，是对消费者追求与企业交互活动中掌握更多决定权的满足，这与后工业时代消费者的特点和共同创造价值下消费者角色转变的特征是一致的。在共同创造价值视角下，共同决策对顾客满意的直接影响为顾客满意的形成机制提供了新的诠释。赋予消费者在参与过程中更多的决策权利，促进消费者与企业在生产、消费乃至企业内部管理的共同决策，可成为企业获得顾客满意的一个新的途径。

共同创造顾客价值在顾客参与和顾客行为意向之间的中介效应也得到了验证，共同创造顾客价值在信息分享、合作行为、共同决策和顾客行为意向之间具有完全中介效应，表明信息分享、合作行为、共同决策只有创造出顾客价值才能影响顾客行为意向。由以上分析可知，在共同创造价值视角下，共创顾客价值是连接顾客参与和顾客满意、顾客参与和顾客行为意向之间关系的不可或缺的传导机制。

同时，实证结果表明，顾客满意在共同创造顾客价值和顾客行为意向之间具有部分中介效应，除了共创顾客价值对顾客行为意向的直接影响外，顾客满意也是形成顾客行为意向的重要因素。

④感知员工支持在顾客参与和共同创造顾客价值之间具有部分正向调节效应。本研究将感知员工支持作为标志消费者与服务提供者之间互动质量的一个变量引入理论模型中。在共同创造价值中，企业不仅要提供价值主张，还要

与消费者形成互动，帮助消费者创造价值。顾客价值的共同创造不仅仅取决于顾客的参与程度，也取决于企业或服务提供者与顾客的互动质量和对顾客共同创造价值过程的支持。将感知员工支持作为调节变量引入模型，旨在研究共同创造价值下，消费者与服务提供者的互动质量如何调节顾客参与与共同创造顾客价值之间的关系。实证结果表明，感知员工支持在合作行为与共同创造经济价值之间、共同决策与共同创造经济价值之间、信息分享与共同创造关系价值之间、共同决策与共同创造关系价值之间、共同决策与共同创造享乐价值之间存在显著的正向调节效应；感知员工支持正向调节顾客参与和共同创造学习价值之间的关系，但没有达到显著的水平。总体而言，感知员工支持的正向调节作用存在，当消费者感知的员工支持越强烈，顾客参与对共同创造顾客价值的影响越大。这一结论证实了在共同创造价值下，服务提供者与消费者之间的互动对价值创造的重要意义。

## 二、研究贡献

总体而言，本研究探索了在共同创造价值背景下，顾客参与、共同创造顾客价值、顾客满意和顾客行为意向、感知员工支持之间的关系，讨论了新的社会背景下，顾客满意和顾客行为意向形成的内在机制。纵观全文，本研究的贡献主要体现在以下几点。

① 基于共同创造价值视角，对顾客参与和共同创造顾客价值的维度进行了探索性研究。在厘清共同创造价值下顾客参与的新特点和顾客角色转变的基础上，结合与消费者的深度访谈结果和现有文献的支持，重新界定了本研究中顾客参与和共同创造顾客价值的维度。虽然这一探索是初步的，也未必是成熟的，但在传统价值创造模式向共同创造价值模式转变下，对顾客参与顾客价值创造的研究依然有现实意义和理论意义。

② 本研究提出了消费者与企业共同创造顾客价值的过程模型。这一模型较为清晰地描述了消费者共同创造顾客价值的资源投入、价值共同创造及价值产出过程，对理解消费者与企业共同创造顾客价值的过程和各自角色有可借鉴意义。

③ 构建并证实了共同创造价值下，顾客参与与顾客满意、顾客行为意向之间的内在形成机制。消费者通过参与活动与企业形成互动，共同创造顾客价值，进而形成顾客满意和顾客行为意向，共同创造顾客价值在顾客参与和顾客满意、顾客行为意向之间具有中介效应。共同创造顾客价值对顾客行为意向的直接路径和间接路径都得到了验证。

④ 对主要变量的分维度研究揭示了各变量维度之间的内在结构关系，对营销实践具有实际意义。顾客参与、顾客价值、顾客满意、顾客行为意向之间

关系的研究并不是新课题，但在共同创造价值下，各个变量维度之间的关系尚少有研究。对于营销实践而言，企业更希望了解的是顾客参与行为会创造哪些价值、哪些价值会对顾客满意和顾客行为意向产生重大影响等具有操作意义的研究建议，这也是本研究的初衷。

⑤将感知员工支持作为共同创造价值的互动因素纳入模型，并检验了其在顾客参与和共同创造顾客价值中的调节作用，体现出消费者和服务提供者的互动对顾客价值共同创造的重要性。

## 第二节 管理启示

本研究结论对企业的营销实践具有一定的管理启示。

第一，在高参与度行业，企业的战略重心应转向以体验和互动为核心的与消费者共同创造顾客价值。本书的研究结论显示，共同创造顾客价值在形成顾客满意和顾客行为意向中起着不可或缺的中介作用。共同创造顾客价值能够激活企业的整个战略利润链，只有实现了顾客价值，才能形成顾客满意和顾客购买，企业价值才能得以实现，尤其是共创顾客的关系价值和享乐价值是企业应该在顾客体验设计中着重考虑的。因而，共同创造顾客价值成为高顾客参与度企业营销战略的重中之重，企业需从传统的价值创造模式转向与消费者共同创造价值。如前文所述，共同创造顾客价值的基础是互动和体验，如何实现与消费者在价值创造中的互动，是企业应对新现实的关键所在。企业的营销战略须由以企业为中心的供应链过程的价值创造转向以消费者个体为中心的个性体验和价值共创过程。企业在其组织设计、服务流程设计和价值生成系统设计中应更多地考虑与顾客之间的互动因素，包括互动环境、互动资源和互动策略，提供互动条件，帮助消费者实现价值共同创造。下面以美国的 Hallmark 企业为例，说明企业在应对消费环境变化中，如何建立与顾客合作和共创价值的互动机制，实现顾客价值与企业价值共创的双赢效果。

2010 年 1 月 10 日，Hallmark 迎来了她 100 岁的生日，这个成立于 1910 年的企业生产贺卡，其产品遍布世界各地，应用 30 多种语言印刷，销往 100 多个国家，被誉为“个人表达（personal expression）”行业的世界领军企业。经过 100 年的发展，现今的 Hallmark 除生产不同类型的贺卡外，也经营数码娱乐、电子贺卡、电视频道、儿童体验产品、聚会产品和其他个人表达产品，其经营状况良好，产品深受消费者喜爱，同时也为其经销商带来了巨大的利润。直到 20 世纪 90 年代，这一状况发生了变化。随着信息技术的广泛应用，快节奏的生活方式和新的互动方式的出现，消费者的购物习惯、购买贺卡的行为和庆贺方式发生了变化，他们不再热衷于纸质的贺卡，开始越来越多地青睐于通过电子邮件和电话短信表达祝福。纸质贺卡行业面临巨大挑战，Hallmark 必须寻找新的创新模式应对市场压力。Hallmark 意识到面临营销环境和消费者偏好的变化，企业需要改变某些经营模式，大规模的营销模式已经过时，企业必须寻找新的创新产品的途径。他们的确远见卓识，坚信产品创新不应该由企业的艺术家、设计者和富有灵感的研发者发起，而应该是——顾客，他们认为顾客最清楚自己的偏好和消费习惯，顾客主导的创新要比企业主导的创新更容易成功，即使企业在个人表达行业拥有最杰出的理念和设计者。

在这种理念的驱动下，Hallmark 从企业内部和外部两方面进行了变革，一方面加强与顾客的合作和交流，另一方面，加强企业各部门之间的互动和信息分享。为此，企业建立了与顾客进行合作和互动的新平台。2000 年 11 月，Hallmark 的在线顾客社群“IdEx”（该名称取了 Idea 和 Exchange 两个单词的头两个字母）开始运作，这个平台不是企业营销调研的一个工具，而是提供给顾客与企业互动和价值共创的一个持续的舞台。事实证明，顾客在 IdEx 社群中的参与为 Hallmark 的创新活动提供了极大的帮助，从新构思的分享、产品设计，到开发新的产品和服务组合。这些年来，Hallmark 创立了各种各样的顾客社群，如专门为西班牙裔设立的社群、极限创意社群、男性顾客社群、45 岁以下有孩子在家的妈妈社群和 45 岁以上没有孩子在家的妈妈社群等。Hallmark 与不同的顾客社群进行互动交流，共同完成了多个项目的合作和价值共创活动。如“哈哈”项目，Hallmark 想要了解消费者对“幽默”更深层次的理解和幽默在生活中的各种应用，以开发以幽默为主题的产品，在 IdEx 社群，消费者给出了许多意想不到的答案，如幽默有治愈创伤的作用，幽默可以帮助人们走出情绪低谷，幽默可以缓解伤痛和疾病，等等。对于这些想法，Hallmark 给出了相应的回应，并根据消费者的灵感创造了新的产品，他们改变了幽默主题的贺卡设计以反映幽默对人们的治愈作用，如一张祝早日康复的贺卡上画着一只海龟四脚朝天躺在地上，一只小甲虫试图将海龟翻过来，翻开贺卡，上面写着“希望你早日康复（Hope you're back on your feet again soon）”，配图上海龟的脸上露出了笑容，小甲虫则舒服地坐在海龟背上享受愉快的骑行。

Hallmark 也致力于通过与顾客交流和合作，将顾客的理念变为现实。在交流关于礼品包装的作用时，有顾客说礼品包装不仅仅是保护和包装礼品，也能延长和增加顾客对收到礼物时的愉悦体验。受到这一启发，经过几番对包装雏形的讨论后，Hallmark 开发了叫作“FUNZIP”的新的包装形式——拉链盒子，这使得拆开礼物包装变得非常有趣，小象盒子用来包装婴儿礼物，鳄鱼盒子用来包装儿童礼物，生日蛋糕盒子用来包装生日礼物。拉链盒子通过一个纸拉链打开，有足够的空间装礼物，并在拆开包装后还保持原来的样子，这为送礼物和接收礼物的人都带来了全新的独特体验。

IdEx 社群不仅提供了倾听顾客声音的平台，也建立了顾客对 Hallmark 企业的信任和忠诚。社群就像是一个迷你的社会媒介，即使企业并不直接参与顾客之间的沟通和信息交流，顾客的建议和创新的想法也一样受到企业的关注和反馈。顾客参与社群讨论得到的回报不仅仅是企业的优惠券和奖励，还有被重视和尊重。当 Hallmark 邀请社群成员分享他们的想法、感觉和建议时，顾客会感觉到被尊重和有价值，因为自己的创意会被倾听和接受。他们从个人情感上也更愿意花时间和精力与企业合作，为企业提供建议和创新思想，购买企业产品，并帮助企业进行正面的口碑传播，这种情感的纽带最终正向影响了顾客对企业的评价。

为了扩大与消费者合作和共创价值的途径，Hallmark 在其网站上还提供了多种产品形式供顾客参与价值共创，如按需定制贺卡、顾客创造贺卡比赛、个性化聚会产品、增音贺卡，同时还提供了 Hallmark 贺卡软件工作室与顾客共同创造独特的创造体验。

按需定制贺卡：顾客上传自己的照片，自己写祝福信息，自己剪辑语音信息，与企业共同创造个性化的贺卡。顾客完成贺卡后，企业进行专业化印刷并将贺卡寄到接收者手中。顾客可以在任何特殊的日子应用定制化工具与企业共同创造属于自己的贺卡。

顾客创造贺卡比赛：比赛邀请顾客发挥他们的创造力制作贺卡，并成为 Hallmark 企业的明星。从 2007 年开始，该项比赛按照不同的主题进行。企业网站上提供顾客制作和提交贺卡的详细指南，如果顾客的作品被企业选中在企业网站 Hallmark. com 上销售，顾客可以获得 250 美金的奖励；如果顾客的作品在商店销售，则可获得另外 250 美元的奖励。

Hallmark 贺卡软件工作室 2010：顾客利用专业软件创造个性化贺卡，软件分为标准版和豪华版，豪华版提供 10 万多张贺卡、1. 7 万多张优质图片和 7500 多种情感类型。顾客利用软件制作好自己的贺卡后，可以打印或通过邮件方式发送给自己要送的人。

除了在线的价值共创方式，Hallmark 在堪萨斯城的总部建立了与顾客合作和共创价值的线下实体机构，叫作“Consumer Place”，巨大的开发空间，为顾客提供了各种各样沟通和合作的机会。在“Consumer Place”，有一个名为“消费者星期四”的定期活动，每个月的某个星期四，消费者被邀请参加与 Hallmark 员工共同探讨创新理念和开发新产品的活动，顾客可以与员工合作，共同对顾客创新的产品进行探讨、筛选和改进。如自动黏附包装就是 2009 年在“Consumer Place”由消费者和员工共同开发出来的。

2009 年，Hallmark 的顾客社群被正式更名为“Circles of Conversation”，这不仅仅是一个名称和标志的改变，同时也是 Hallmark 希望与顾客深层次交流、共同创造价值的意愿的体现。

由以上案例可以看出，在共创价值视角下，企业应该重新思考价值创造过程，从“企业如何做有利于品牌发展”转变到“消费者如何对待品牌从而使他们的生活更好或更充实。”价值并不存在于建立更多的产品特性中，而是要为顾客形成个性化体验提供更多的机会。创造与顾客互动、合作的机会，以多种渠道为共创顾客价值提供便利和支持，引导顾客提升在价值共创中的体验，是企业未来营销战略转变的方向。

第二，为实现企业的营销战略转变，企业需建立与顾客参与共创价值相匹配的内部管理机制。企业由产品主导逻辑向服务主导逻辑的转变是一个渐进的过程，也是一个系统的过程，需要企业在各个方面进行变革。

首先，企业的经营理念要转变。与消费者共创价值是服务主导逻辑的核心内容之一，企业必须充分意识到现代的消费者已不再是产品主导逻辑下被动的接受者，他们积极、主动、富有创造力地参与到与之利益相关的企业互动中，成为价值的共同创造者。企业也不再是价值的唯一提供者，把消费者排除在价值创造体系之外的经营模式已经过时，并缺乏竞争力。正确认识共创价值模式下消费者与企业在价值创造中的定位和角色就显得尤为重要，同时，企业需将共创价值理念作为企业文化传递给员工，使其渗透到企业的经营管理中。

其次，企业需对内部管理做出调整和变革。共创价值下对顾客参与的管理变得更加复杂，涉及企业内部管理、消费者管理和消费者与企业的互动管理，因此企业需应对管理范围的扩大和复杂化，并在组织结构、流程再造、资源整合等方面做出相应的调整。同时企业还需进行全新的企业能力建设，包括组织学习和持续改进能力，教育和帮助消费者提高互动技能的能力，以及提高共创价值下与顾客价值相匹配的企业组织能力。共创价值下的互动是消费者与企业相互学习的动态过程，企业需在互动中捕捉、发现、汲取和学习从消费者那里获得的知识、经验和灵感，并将其转化成新的发展契机和持续改进的源泉；同时应用企业自身的优势和资源，管理和激励消费者在价值共创中的行为，并帮助和引导消费者在共创价值中实现自己的利益诉求。

企业能力的构建是一个动态过程，Prahalad 和 Hamel（1990）提出企业核心能力的特征之一是能为顾客创造价值，顾客价值是企业组织能力建设的基点，企业创造顾客价值需由组织能力得以保障，因而，企业组织能力建设应与共同创造顾客价值所需能力相匹配，顾客价值对企业优化组织能力有重要的指向作用。本研究的结果表明，对于类似于健身消费的享乐型消费，共同创造经济价值、关系价值、享乐价值会对形成顾客满意和顾客行为意向产生重要的影响，企业在组织能力建设中，需与创造顾客经济价值、关系价值和享乐价值相联系，构建共同创造顾客价值的组织能力，保障与消费者互动中实现顾客价值共同创造。王锡秋、席酉民（2004）从效用价值论的角度，将组织能力划分为三种：实现自然属性的能力、实现心理属性的能力和实现社会属性的能力，这与本研究从共同创造顾客价值视角构建企业组织能力的观点不谋而合。以共同创造顾客价值作为企业组织能力建设的依据也是实现共同创造顾客价值的必要条件。

最后，企业需要构建多样化的现代信息技术沟通平台，保障顾客多渠道地参与。现代信息技术为顾客参与提供了更为广阔的平台，顾客可以通过网站、博客、论坛、社会媒介等多种方式参与到企业的经营中，提出产品需改进之处、未来要增加的功能性能、产品创新构想、提高顾客服务与支持的方法、市场拓展、产品新用途及应用、新的细分市场等。

第三，加大对消费者授权，促进消费者参与共同决策，从而获得顾客满意。随着信息技术的发展、竞争的加剧、交易透明化，消费者拥有了更多的信息和选择权，消费者在与企业的关系中，赢得了更多“话语权”，消费者也因此在交易活动中获得了更多的自主权，对企业的影响力也越来越大，消费者不仅仅介入到企业价值链的不同环节，甚至参与到企业的内部管理。消费者参与范围的扩大和参与程度的深入需要企业对顾客授予更多的权利。本研究表明，在共同创造价值下，共同决策对顾客满意不仅存在间接影响，也存在直接影响，共同决策本身会带来顾客满意。共同决策的基础是对消费者授权，使消费者感知到自己对服务生产和传递的决策具有控制感、胜任感和影响力，由此更加极地参与而不是完成例行化任务，并会认为服务提供者更加重视他们，从而体验到共同决策带来的满足感和由此形成的各种价值。Conger 和 Kanungo（1988）认为，缺乏授权会导致动机和责任感的缺失；Bandura（1977）认为，顾客感知授权一方面会增加顾客的自我效能感，另一方面会促进顾客积极参与，并增加顾客完成任务的持久性；Füller 等（2009）的研究结果也表明，高感知授权的顾客更愿意积极参与新产品开发活动。因此，赋予消费者更多的权利，让消费者在交换中拥有更多的主动权和决策权，促进消费者参与共同决策，是共同创造顾客价值和获得顾客满意的重要途径。

企业可根据企业实际情况实施“顾客授权战略”，即将向顾客授权作为一种公司战略，使顾客掌控传统上由营销者决定的一些因素，如赋予消费者在产品选择过程中的控制感，由消费者共同决定最终投放到市场上的产品（Fuchs，2010）。顾客授权不同于大量定制化营销，消费者可以获得更多的自我实现和满足感，产品是自己设计的，企业按照消费者的需要个性化地生产产品。但对顾客的授权战略，消费者可以通过自己的权利影响企业的行为和决策。顾客授权战略赋予消费者“有影响力的”心理体验，从而获得更多的心理满足。同时，顾客授权战略也会对企业产品需求产生正向的影响，研究表明，被授权的消费者比未被授权的消费者显示出对该产品更强烈的需求（Fuchs，2010），当人们能够部分地为结果负责时，他们就会对结果或决策形成心理所有权，对其产生心理上的拥有，并由此产生一些正面的情感，如对所决策的事项怀有“战利品”的情感，从而产生强烈的拥有感的动机。

第四，加强对服务提供者的培训和授权，提高与消费者的互动效率，引导消费者完成价值共同创造。本研究的结果表明，感知员工支持对顾客参与和共同创造顾客价值具有显著的正向调节效应，当顾客感知员工支持越强烈，顾客参与对共同创造顾客价值的影响越大。员工即服务提供者在共同创造顾客价值中与消费者在信息、情感、认知、行为等方面交互，对消费者共同创造价值行为和感知产生影响。在与消费者的互动中，服务提供者需认识到价值创造的新方式，明确自己的角色定位和相应责任，了解共同创造价值下消费者的角色和预期，并引导消费者认知自己在价值共同创造中的角色，鼓励消费者积极参与，成为价值共同创造者。消费者的加入增加了价值创造系统的不确定性，共同创造价值要求员工在处理很多不确定情况时具备灵活性、责任感和相应的权利，这一方面需要企业加大对员工的培训，增加员工灵活处理各种情况的能力，另一方面也要对员工授权，使员工有权及时处理与消费者之间互动活动中出现的问题。Bitner，Booms and Mohr（1994）的研究认为，几乎一半的顾客满意来源于员工能够及时调整程序来满足顾客特定的需要和需求。同时，与消费者建立良好的关系也是共同创造顾客价值的内容之一，尤其在专业化、高信任和复杂的服务中，对服务产出的质量判断比较困难的情况下，关系的建立就变得很重要。企业要帮助员工形成一定的社会能力，便于与顾客建立关系。总之，共同创造价值对服务提供者的专业能力和综合素养提出了更高的要求，企业需加大投资，通过员工培训、组织社会化等形式帮助员工提高解决问题的技巧和能力，实现与消费者共同创造价值。

## 第三节 研究局限及未来展望

本书遵循科学规范的理论研究和实证方法展开研究，但研究中也不可避免地存在一定的局限性，同时也为未来的研究提供了新的改进空间。

1. 研究对象的选择多样化

本研究选择健身行业作为研究背景，样本对象为参与健身服务并拥有健身教练的健身者。虽然健身行业属于高参与度、高接触、共同创造价值特点明显的行业，符合 Chan（2010）、Etgar（2008）对共同创造价值研究行业选择的建议，但研究中还是出现了由于行业选择造成对假设检验形成一些偏误的现象，如健身行业中消费者的学习价值不敏感，致使共同创造顾客价值中的学习价值对顾客满意和顾客行为意向的影响并不显著。在今后的研究中，可选择多个不同的行业作为研究背景进行研究，进一步验证理论建构的科学性，同时也可做不同行业之间的比较研究。

2. 将消费者个性特征引入顾客价值共同创造研究中

顾客参与具有一定的自愿性，顾客参与不仅受组织对参与的制度性影响，而且受消费者自身个性特质的影响，如内外控、主动性、自我控制倾向等。社会心理学认为，个体的内在特质是创造性行为的动力来源，这种参与创造的行为必须在社会环境中或一定的情境下展开，社会环境和特定的情境影响消费者的心理环境和个性特质的发挥。在促进性的环境下，消费者的个性特质能够自由发挥，推动消费者的创造力迸发，实现预期的顾客参与效果。因而，消费者感受到的心理环境可能是促使其参与行为产生的重要原因。消费者的个性特质在本研究中并未考虑，在今后的研究中，可将这一因素纳入研究框架之中，考察消费者个性特征与企业支持性环境交互影响对顾客价值共同创造的影响。

3. 共同创造价值视角下顾客参与的维度尚有较大的研究空间

本书对共同创造价值视角下的顾客参与做了探索性研究，从实证结果来看，合作行为和共同决策较好地反映出共同创造价值下顾客参与的特点，但信息分享维度的效果不很理想，其原因已在结论中略做了分析。在未来的研究中，可首先做一些质性分析，立足消费者的实际参与行为，采用参与观察法、访谈法、扎根理论等对顾客参与行为做深入分析，提炼出能更加精准地反映共同创造价值特征的顾客参与维度。

4. 将成本因素考虑到共同创造顾客价值的未来研究中

本研究沿用了 Sheth（1991）对顾客价值的多维结构划分的思路，将消费者在价值共创中创造和体验的全部价值按照可区别性类别划分为经济价值、关系价值、享乐价值和学习价值，并没有将成本因素考虑到共同创造顾客价值中。在今后的研究中，可进一步研究消费者在价值共同创造中的成本因素和感知利失，并在共同创造顾客价值研究中予以考虑，拓展共同创造顾客价值的研究方式和研究思路。

# 参考文献


[1] 白长虹,廖伟.基于顾客感知价值的顾客满意研究[J].南开学报(哲学社会科学版),2001(6):14-20.

[2] 鲍德里亚.生产之镜[M].北京:中央编译出版社,2005.

[3] 鲍德里亚.物体系[M].上海:上海人民出版社,2001.

[4] 鲍德里亚.消费社会[M].南京:南京大学出版社,2000.

[5] 彼罗·斯拉发.李嘉图著作和通信集[M].北京:商务印书馆,1986.

[6] 蔡继明.从狭义价值论到广义价值论[M].上海:格致出版社,2010.

[7] 陈荣秋.顾客中心的管理[J].管理学报,2005,2(2):133-139.

[8] 陈晓萍,徐淑英,樊景立.组织与管理研究的实证方法[M].北京:北京大学出版社,2008.

[9] 成海清.顾客价值驱动要素剖析[J].软科学,2007,21(2):48-51,59.

[10] 董大海,金玉芳.作为竞争优势重要前因的顾客价值:一个实证研究[J].管理科学学报,2004,7(5):84-90.

[11] 董大海,杨毅.网络环境下消费者感知价值的理论剖析[J].管理学报,2008,5(6):856-861.

[12] 范秀成,张彤宇.顾客参与对服务企业绩效的影响[J].当代财经,2004(8):69-73.

[13] 菲利普·科特勒.营销管理[M].北京:中国人民大学出版社,2001.

[14] 韩小芸,汪纯孝.服务型企业顾客满意感与忠诚感关系[M].北京:清华大学出版社,2003.

[15] 何国正.基于领先用户的顾客参与新产品研发研究[D].武汉:华中科技大学,2008.

[16] 贾薇,张明立,李东.顾客参与的心理契约对顾客价值创造的影响[J].管理工程学报,2010,24(4):20-28,13.

[17] 贾薇,张明立,王宝.顾客价值在顾客参与和顾客满意关系中的中介效应研究[J].中国工业经济,2009(4):105-115.

[18] 杰文斯.政治经济理论[M].北京:商务印书馆,1984.

[19] 克努兹·伊列雷斯.我们如何学习:全视角学习理论[M].北京:教育科学出版社,2010.

[20] 李建栋.认识价值论[M].北京:中国经济出版社,2010.

[21] 刘林青,雷昊,谭力文.从商品主导逻辑到服务主导逻辑:以苹果公司为例[J].中国工业经济,2010(9):57-66.

[22] 刘秀芬.价值创造新论[J].人文杂志,1990(6):24-28.

[23] 楼尊.参与的乐趣:一个有中介的调节模型[J].管理科学,2010(2):69-76.

[24] 门格尔.国民经济学原理[M].上海:上海人民出版社,1958.

[25] 彭艳君.国外顾客参与研究述评[J].北京工商大学学报(社会科学版),2008,23(5):56-60.

[26] 彭艳君,景奉杰.服务中的顾客参与及其对顾客满意的影响研究[J].经济管理,2008(10):60-66.

[27] 孙庆民.社会交换资源理论评述[J].湖南师范大学社会科学学报,1994(6):117-120.

[28] 望海军.顾客参与过程中的满意度研究[J].中南财经政法大学学报,2009(2):101-107.

[29] 王国才,刘栋,王希凤.营销渠道中双边专用性投资对合作创新绩效影响的实证研究[J].南开管理评论,2011(6):85-94.

[30] 王晶,程丽娟,宋庆美.基于顾客参与的定制满意度研究[J].管理学报,2008,5(3):391-395.

[31] 王宁.消费社会学:一个分析的视觉[M].北京:社会科学文献出版社,2001.

[32] 刘洪深,汪涛,张辉,等.顾客参与对员工工作满意的影响:基于角色理论视角[J].商业经济与管理,2011(5):80-88,96.

[33] 汪涛,望海军.顾客参与一定会导致顾客满意吗:顾客自律倾向及参与方式的一致性对满意度的影响[J].南开经济评论,2008,11(3):4-11.

[34] 王锡秋,席酉民.中国企业能力结构的创新研究[J].价值工程,2002(5):2-6.

[35] 威廉·配第.赋税论[M].北京:商务印书馆,1978.

[36] 维塞尔.自然的价值[M].北京:商务印书馆,1982.

[37] 吴明隆.问卷统计分析实务:SPSS 操作与应用[M].重庆:重庆大学出版社,2010.

[38] 徐岚.顾客为什么参与创造?:消费者参与创造的动机研究[J].心理学报,2007,39(2):343-354.

[39] 亚当·斯密.国富论[M].北京:华夏出版社,2005.

[40] 张凤超,尤树洋.顾客参与对顾客满意的影响路径:“共同制造”视角下的实证研究[J].东北师大学报(哲学社会科学版),2010(3):38-42.

[41] 张若勇,刘新梅,张永胜.顾客参与和服务创新关系研究:基于服务过程中知识转移的视角[J].科学学与科学技术管理,2007(10):92-97.

[42] 张祥,陈荣秋.顾客参与链:让顾客与企业共同创造竞争优势[J].管理评论,2006,18(1):51-56.

[43] 张祥.顾客化定制中的顾客参与研究[D].武汉:华中科技大学,2007.

[44] 中国大百科全书·哲学卷[M].北京:中国大百科全书出版社,1987.

[45] 钟克钊.价值的创造和实现[J].江苏社会科学,1992(3):76-80.

[46] 周发财.现代性与后现代性之间:齐格蒙特·鲍曼论流动的现代社会[J].北方论丛,2010(3):125-128.

[47] 朱俊,陈荣秋.不确定环境下的顾客关系管理[J].华中科技大学学报(社会科学版),2006,20(1):56-60.

[48] ACHROL R,KORLER P.The service dominant logic for marketing:a critique [M]//LUSCH R, VARGO S . The service-dominant logic of marketing: dialog,debate and directions.New York:M.S.Sharpe,2006:128-138.

[49] ALAM I. An exploratory investigation of user involvement in new service development[J].Journal of the Academy of Marketing Science,2002,30(3):250-261.

[50] ALDERSON W. Marketing behavior and executive action [M]. Homewood: Richard D Irwin,1957.

[51] ANDERSON J C,JAIN C,CHINTAGUNTA P K.Customer value assessment in business markets[J].Journal of Business-to-Business Marketing,1993,1(1):3-30.

[52] ARNOULD E J, THOMPSONC J. Consumer culture theory (CCT): twenty years of research[J].Journal of Consumer Research,2005,31(4):868-882.

[53] AUH S,BELL S J,MCLEOD C S A,et al.Co-production and customer loyalty in financial services[J].Journal of Retailing,2007,83(3):359-370.

[54] AVERILL J R.Personal control over aversive stimuli and its relationship to stress[J].Psychological Bulletin,1973,80(4):286-303.

[55] BABIN B J, DARDEN W R, GRIFFIN M. Work and/or fun: measuring hedonic and utilitarian shopping value[J].Journal of Consumer Research,1994,20(4):644-656.

[56] BABIN B J,MITCH G.The nature of satisfaction:an updated examination and analysis[J].Journal of Business Research,1998,41(2):129-137.

[57] BALLANTYNE D. Dialogue and its role in the development of relationship specific knowledge[J].Journal of Business and Industrial Marketing,2004,19(2):114-123.

[58] BANDURA A.Self-efficacy:toward a unifying theory of behavioral change[J]. Psychological Review,1977,84(2):191-215.

[59] BATESON J E G. Self-service consumer: an exploratory study[J].Journal of Retailing,1985,61(3):49-76.

[60] BATESON J E G,HOFFMAN K D.Managing services marketing[M].4th ed. Fort Worth:Dryden Press,1999.

[61] BATESON J E G,HUI M K.Perceived control and the effects of crowding and consumer choice on the service experience [J]. Journal of Consumer Research,1991,18(2):174-184.

[62] BECKER G S.A theory of the allocation of time[J].The Economic Journal, 1965,75(299):493-517.

[63] BENDAPUDI N, LEONE R P. Psychological implications of customer participation in co-production[J].Journal of Marketing,2003,67(1):14-28.

[64] BENSAOU M, ANDERSON E. Buyer-supplier relations in industrial markets [J].Organization Science,1999,10(4):460-481.

[65] BENTLER P M, CHOU C P. Practical issues in structural modeling[J]. Sociological Methods and Research,1997,16(1):78-117.

[66] BERTHON P,JOHN J.From entities to interfaces[M]//LUSCH R,VARGO S.The service-dominant logic of marketing:dialog,debate and directions.New York:M.S.Sharpe,2006:196-207.

[67] BETTENCOURT L A. Customer voluntary performance: customer as partners in service delivery[J].Journal of Retailing,1997,73(3):383-406.

[68] BHALLA G. Collaboration and co-creation: new platforms for marketing and innovation[M].Spring Science+Business Media,2011.

[69] BITNER M J, BROWN S, MEUTER M L. Technology infusion in service encounters[J].Journal of the Academy of Marketing Science,2000,28(1): 138-149.

[70] BITNER M J, BOOMS B H, MOHR L A. Critical service encounters: the employee's viewpoint[J].Journal of Marketing,1994,58(4):95-106.

[71] BITNER M J, BOOMS B H, TETREAULT M S. The service encounter: diagnosing favorable and unfavorable incidents[J]. Journal of Marketing, 1990,54(1):71-84.

[72] BLAU P.Exchange and power in social life[M].New York:Wiley,1964.

[73] BLODGETT J G, HILL D J. The effects of distributive, procedural, and interactional justice on post-complaint behavior [J]. Journal of Retailing, 1997,73(2):185-210.

[74] BLOEMER J,DE RUYTER K.Customer loyalty in high and low involvement service settings: the moderating impact of positive emotions [J]. Journal of Marketing Management,1999,15(4):315-330.

[75] BOLTON R N,DREW J H.A multistage model of customers' assessments of service quality and value[J].Journal of Consumer Research,1991,17(4):375-384.

[76] BONNER J,WALKER O.Selecting influential business-to-business customers in new product development: relational embeddedness and knowledge heterogeneity considerations[J].Journal of Product Innovation Management, 2004,21(3):155-169.

[77] BO K D.Evaluation of medical service quality in the consumption stage of the medical consumer's purchase cycle [D]. Columbia: University of Mssouri, 1986.

[78] BOWEN D E, SCHNEIDER B. Boundary-spanning-role employees and the service encounter: some guidelines for management and research [M]// CZEPIEL J A,SOLOMON M R,SURPRENANTC F.The service encounter: managing employee and customer interaction in service business. Lexington: Lexington Books,1985:127-147.

[79] BOWEN J,FORD R C.Managing service organizations:does having a"thing" make a difference[J].Journal of Management,2002,28(3):447-469.

[80] BOWERS M,MARTIN C,LUKER A.Trading places:employees as customers, customers as employees[J].Journal of Services Marketing,1990,4(2):55-69.

[81] BRADY M K,CRONIN Jr.Customer orientation:effects on customer service perceptions and outcome behaviors[J].Journal of Service Research,2001,3(3):241-252.

[82] BRISLIN R W.Translation an content analysis of oral and written material [M]//TRIANDIS H C,BERRY J W.Handbook of Cross-Cultural Psychology. Boston:Allyn and Bacon,1980:389-344.

[83] BRODERICK A J, VACHIRAPORNPUK S. Service quality in internet banking: the importance of customer role [J]. Marketing Intelligence &

Planning,2002,20(6):327-335.

[84] BURROUGHS J E, MICK D G. Exploring antecedents and consequences of consumer creativity in a problem-solving context[J]. Journal of Consumer Research,2004,31(2):402-411.

[85] BUTZ H E, GOODSTEINN L D. Measuring customer value: gaining the strategic advantage[J]. Organizational Dynamics,1996,24(3):63-77.

[86] CARBONELL P, RODRIGNEZ-ESCUDERO A I, PUJARI D. Customer involvement in new service development: an examination of antecedents and outcomes[J]. Journal of Product Innovation Management,2009,26(1):536-550.

[87] CERMAK D S P, FILE K M, PRINCE R A. Customer participation in service specification and delivery[J]. Journal of Applied Business Research,1994,10(2):90-100.

[88] CHASE R B. Where does the customer fit in a service operation? [J]. Harvard Business Review,1978,56(6):137-142.

[89] CHAN K W, YIM C K(BENNETT), LAM S S K. Is customer participation in value creation a double-edged sword? Evidence from professional financial services across cultures[J]. Journal of Marketing,2010,74(3):48-64.

[90] CHANG C C, CHEN H Y, HUANG I C. The interplay between customer participation and difficulty of design examples in the online designing process and its effect on customer satisfaction: mediational analyses [J]. Cyberpsychology & Behavior,2009,12(2):147-154.

[91] CHANG T Z, WILDT A R. Price, product information, and purchase intention: an empirical study[J]. Journal of the Academy of Marketing Science,1994,22(1):16-27.

[92] LIN CHIEN-HUANG, PENG CHING-HUAI. The cultural dimension of technology readiness on customer value chain in technology-based service encounters[J]. The Journal of American Academy of Business,2005,7(1):176-180.

[93] CHIU H C, HSIEH Y C, LI Y C, et al. Relationship marketing and consumer switching behavior[J]. Journal of Business Research,2005,58(12):1681-1689.

[94] CHRISTOPHER M. Value in-use pricing[J]. European Journal of Marketing,1982,16(5):35-46.

[95] CHOI KUI-SON, CHO WOO-HYUN, LEE S. The relationships among quality,

value, satisfaction and behavioral intention in health care provider choice: a south korean study[J].Journal of Business Research, 2004, 57(8): 913-921.

[96] CHURCHILL G Jr. A paradigm for developing better measures of marketing constructs[J].Journal of Marketing Research, 1979, 16(1): 64-73.

[97] CHURCHILL G Jr, CAROL S. An investigation into the determinants of consumer satisfaction[J].Journal of Marketing Research, 1982, 19(4): 491-504.

[98] CLAYCOMB C, LENGNICK-HALL C, INKS L. The customer as a productive resource: a pilot study and strategic implications[J]. Journal of Business Strategies, 2001, 18(1): 47-68.

[99] CONGER J A, KANUNGO R N. The empowerment process: integrating theory and practice[J]. Academy of Management Review, 1988, 13(3): 471-482.

[100] COVA B, SALLE R. Marketing solutions in accordance with the S-D logic: co-creating value with customer network actors[J]. Industrial Marketing Management, 2008, 37(3): 270-277.

[101] COVA B, DALLI D. Working consumers: the next step in marketing theory? [J]. Marketing Theory, 2009, 9(3): 315-339.

[102] CRONIN J J, BRADY M K, HULT G T. Assessing the effects of quality, value, and customer satisfaction on consumer behavioral intentions in service environment[J]. Journal of Retailing, 2000, 76(2): 193-217.

[103] CRONIN J J, BRADY M K, BRAND R R, et al. A cross-sectional test of the effect and conceptualization of service value[J]. The Journal of Services Marketing, 1997, 11(6): 375-391.

[104] CRONIN J J, TAYLOR S A. Measuring service quality: a re-examination and extension[J]. Journal of Marketing, 1992, 56(3): 55-68.

[105] CROSBY L A, EVANS K R, COWJES D. Relationship quality in services selling: an inter personal influence perspective[J]. Journal of Marketing, 1990, 54(3): 68-81.

[106] CROSSLEY N. Phenomenology[M]//HARRINGTON A, MARSHALL B, MULLERH. Encyclopedia of social theory. New York: Routledge, 2006: 427-429.

[107] DABHOLKAR P A. Customer evaluations of new technology-based self-service options: an investigation of alternative models of service quality[J]. International Journal of Research in Marketing, 1990, 13(1): 29-51.

[108] DABHOLKAR P A, OVERBY J W. Linking process and outcome to service

quality and customer satisfaction evaluations: an investigation of real estate agent service [J]. International Journal of Service Industry Management, 2005,16(1):10-27.

[109] DABHOLKAR P A. How to improve perceived service quality by improving customer participation [J]//DUNLAP B J. Developments in marketing science. Journal of the Academy of Marketing Science, 1990:483-487.

[110] DAHAN E, HAUSER J R. The virtual customer [J]. Journal of Product Innovation Management, 2002, 19(5):332-353.

[111] DAY E. The role of value consumer satisfaction [J]. Journal of Consumer Satisfaction, Dissatisfaction and Complaining Behavior, 2002, 15(2):2-32.

[112] DAY E, CRASK M R. Value assessment: the antecedent of customer satisfaction [J]. Journal of consumer Satisfaction, Dissatisfaction and complaining Behavior, 2000(13):52-60.

[113] DONG B B, EVANS K R, ZOU S M. The effects of customer participation in co-created service recovery [J]. Journal of the Academic Marketing Science, 2008, 36(1):123-137.

[114] DOORN J V, LEMON K N, MITTAL V, et al. Customer engagement behavior: theoretical foundations and research directions [J]. Journal of Service Research, 2010, 13(3):253-266.

[115] EDMUND W. Schools and streams of economic thought [M]. London: Oxford University Press, 1961.

[116] EGGERT A, ULAGA W, SCHULTZ F. Value creation in the relationship life cycle: a quasi-longitudinal analysis [J]. Industrial Marketing Management, 2006, 35(1):20-37.

[117] EGGERT A, ULAGA W. Customer perceived value: a substitute for satisfaction in business markets? [J]. Journal of Business & Industrial Management, 2002, 17(2/3):107-118.

[118] EIGHMEY J. Profiling user responses to commercial web sites [J]. Journal of Advertising Research, 1997, 37(2):59-66.

[119] EISINGERICH A B, BELL S J. Relationship marketing in the financial services industry: the importance of customer education, participation and problem management for customer loyalty [J]. Journal of Financial Services Marketing, 2006, 10(4):86-97.

[120] EMERSON R M. Social exchange theory [J]. Annual Review of Sociology, 1976(2):335-362.

[121] ENNEW C T, BINKS M R. Impact of participative service relationships on quality, satisfaction and retention: an exploratory study [J]. Journal of Business Research, 1999, 46(2): 121-132.

[122] ENNEW C T. Good and bad customers: the benefits of participating in the banking relationship[J]. The International Journal of Bank Marketing, 1996, 14(2): 5-13.

[123] ETGAR M A. Descriptive model of the consumer co-production process[J]. Journal of the Academy of Marketing Science, 2008, 36(1): 97-108.

[124] EVANS P, WOLF B. Collaboration rules [J]. Harvard Business Review, 2005, 83: 96-104.

[125] FANG E. Customer participation and the trade-off between new product innovativeness and speed to market[J]. Journal of Marketing, 2013, 72(4): 90-104.

[126] FANG E. Creating customer value through customer participation in B2B markets: a value creation value sharing perspective[D]. Columbia: University of Missouri, 2004.

[127] FANG E, PALMATIER R W, EVANS K R. Influence of customer participation on creating and sharing of new product value[J]. Journal of the Academic Marketing Science, 2008, 36(3): 322-336.

[128] FILE K M, JUDD B B, PRINCE R A. Interactive marketing: the influence of participation on positive word-of-mouth and referrals[J]. Journal of Service Marketing, 1992, 6(4): 5-14.

[129] FISK R P, BROWN S W, BITNER M J. Tracking the evolution of the services marketing literature[J]. Journal of Retailing, 1993, 69(1): 61-103.

[130] FIOL L J C, ALCANIZ E B, TENA M A M, et al. Customer loyalty in clusters: perceived value and satisfaction as antecedents [J]. Journal of Business-to-Business Marketing, 2009, 16(3): 276-316.

[131] FIRAT A F, VENKATESH A. Liberatory postmodernism and the reenchantment of consumption[J]. Journal of Consumer Research, 1995, 22(3): 239-267.

[132] FIRAT A F, DHOLAKIA N. Theoretical and philosophical implications of postmodern debates: some challenges [J]. Marketing Theory, 2006, 6(2): 123-162.

[133] FITZSILNMOS J A. Consumer participation and productivity in service operations[J]. Interfaces, 1985, 15(3): 60-67.

[134] FLEMING J H, COFFMAN C, HARTER J K. Manage your human sigma[J]. Harvard Business Review, 2005, 83(7/8):106-114.

[135] FLINT D J, WOODRUFF R B, GARDIAL S F. Customer value change in industrial marketing relationships: a call for new strategies and research[J]. Journal of Industrial Marketing Management, 1997, 26(2):163-175.

[136] FORNELL C. A national customer satisfaction barometer: the Swedish experience[J]. Journal of Marketing, 1992, 56(1):6-21.

[137] FOREYT J P, POSTON W S. The role of the behavioral counselor in obesity treatment[J]. Journal of the American Dietetic Association, 1998, 98(10):27-30.

[138] FORNELL C, JOHNSON M D, ANDERSON E W, et al. The American customer satisfaction index: nature, purpose, and findings[J]. Journal of Marketing, 1996, 60(4):7-18.

[139] FRANKE N, PILLER F. Value creation by toolkits for user innovation and design: the case of the watch market[J]. Journal of Product Innovation Management, 2004, 21(6):401-415.

[140] FRANKE N, SHAH S. How communities support innovative activities: an exploration of assistance among users of sporting equipment[J]. Research Policy, 2003, 32(1):157-178.

[141] FUCHS V. The growing importance of the service industries[J]. Journal of Business, 1965, 38(4):344-344.

[142] FÜLLER J, MÜHLBACHER H, MATZLER K, et al. Consumer empowerment through internet-based co-creation[J]. Journal of Management Information Systems, 2009, 26(3):71-102.

[143] FUCHS V. The service economy[M]. New York: Columbia University Press, 1968.

[144] FUCHS C, PRANDELLI E, SCHREIER M. The psychological effects of empowerment strategies on consumers' product demand[J]. Journal of Marketing, 2010, 74(1):65-79.

[145] GALE B T. Managing customer value: creating quality and service that customer can see[M]. New York: Free Press, 1994.

[146] GALLAN A S. Effects of interorganizational coordination and customer participation on service excellence: evidence from the healthcare sector[D]. Phoenix: Arizona State University, 2008.

[147] GENTILE C, SPILLER N, NOCI G. How to sustain the customer experience:

an overview of experience components that co-create value with the customer [J].European Management Journal,2007,25(5):395-410.

[148] GERBING D W, ANDERSON J C. An updated paradigm for scale development incorporating unidimensionality and its assessment[J].Journal of Marketing Research,1988,25(2):186-192.

[149] GIESE J L, COTE J A. Defining consumer satisfaction[J]. Academy of Marketing Science Review,2000(1):1-24.

[150] GOULD S J. The circle of projection and introjection: an introspective investigation of a proposed paradigm involving the mind as "consuming organ" [M]//COSTA J A, BELK R W. Research in consumer behavior. London:Belk,JAI Press Inc.,1993:185-230.

[151] GOUNARIS S P, TZEMPELIKOS N A, CHATZIPANAGIOTOU K. The relationships of customer-perceived value,satisfaction,loyalty and behavioral intentions[J].Journal of Relationship Marketing,2007,6(1):63-87.

[152] GOUTHIER M,SCHMID S.Customers and customer relationships in service firms:the perspective of the resource-based view[J]. Marketing Theory, 2003,3(1):119-143.

[153] GRACE A, FINNEGAN P, BUTLER T. Service co-creation with the customer:the role of information systems[C]//Proceedings of the 16th European Conference on Information Systems.Galway,2008:1-12.

[154] CRANE-ROSS D, LUTZ W J, ROTH D. Consumer and case manager perspectives of service empowerment:relationship to mental health recovery [J].Journal of Behavioral Health Services & Research,2006,33(2):142-155.

[155] GREENWALD A G,LEAVITT C.Cognitive theory and audience involvement [M]//ALWITT L, MITCHELL A.Psychological processes and advertising effects.Hilldale:Lawrence Erlbaum,1985:221-240.

[156] GRÖNROOS C.Service management and marketing:managing the moments of truth in service competition[M].Lexington:Lexington Books,1990.

[157] GRÖNROOS C.Value-driven relational marketing:from products to resources and competencies[J].Journal of Marketing Management,1997,13(5):407-420.

[158] GRÖNROOS C. Adopting a service logic for marketing[J]. Marketing Theory,2006,6(3):317-334.

[159] GRÖNROOS C. Service logic revisited: who creates value? and who co-

creates? [J].European Business Review,2008,20(4):298-314.

[160] GRÖNROOS C. Strategic management and marketing in the service sector [R].Cambridge:Marketing Science Institute,1983:83-104.

[161] GRÖNROOS C.Service management and marketing: a customer relationship management approach[M].2nd ed.Chichester:John Wiley & Sons,2000.

[162] GRÖNROOS C.Towards service logical:the unique contribution of value co-creation[J].Library Hanken School of Economics Working Paper,2009.

[163] GUMMESSON E.Implementation requires a relationship marketing paradigm [J].Journal of The Academy of Marketing Science,1998,26(3):242-249.

[164] GWINNER K P, GREMLER D D, BITNER M J. Relationship benefits in services industries:the customer's perspective[J].Journal of the Academy of Marketing Science,1998,26(2):101-114.

[165] HAN J, HAN D. A framework for analyzing customer value of internet business[J]. Journal of Information Technology Theory and Application, 2001,5(3):25-38.

[166] HARRIS K,HARRIS R,BARON S.Customer participation in retail service: lessons from Brecht [J]. International Journal of Retail & Distribution Management,2001,29(8):359-369.

[167] HALBESLEBEN J R B,BUCKLEY M R.Managing customers as employees of the firm:new challenges for human resources management[J].Personnel Review,2004,33(3):351-372.

[168] HE J.Knowledge impacts of user participation:a cognitive perspective[C]// Proceedings of the 2004 SIGMIS Computer Personnel Research: Careers, Culture,and Ethics in a Networked Environment.Tucson,2004:1-6.

[169] HEITMANN M, LEHMANN D R, HERRMANN A. Choice goal attainment and decision and consumption satisfaction [J]. Journal of Marketing Research,2007,44(2):234-250.

[170] HENNING-THURAUT,GWINNER K P, GREMLER D D, et al. Managing service relationships in a global economy: exploring the impact of national culture on the relevance of customer relational benefits for gaining loyal customers[J].Advances in International Marketing,2000,15(15):11-31.

[171] HERTEL G,NIEDNER S,HERMANN S.Motivation of software developers in open source projects[J].Research Policy,2003,32(7):1159-1177.

[172] HESKETT J L,JONES T O,LOVEMAN G W,et al.Putting the service-profit chain to work[J].Harvard Business Review,1994,72(2):164-170.

[173] HILTON T. Lest we forget the customer experience: the dark side of S-D Logic within the consumer services context[C]//Shifting Focus from the Mainstream to Offbeat: The Proceedings of the Annual ANZMAC Conference. Sydney, 2008.

[174] HIRSCHMAN E C. Innovativeness, novelty seeking, and consumer creativity [J]. Journal of Consumer, 1980, 7(3): 283-295.

[175] HIRSCHMAN E C, HOLBROOK M. Hedonic consumption: emerging concepts, methods and propositions[J]. The Journal of Marketing, 1982, 46 (3): 92-101.

[176] HOLBROOK M. Customer Value and autoethnography: subjective personal introspection and the meanings of a photograph collection[J]. Journal of Business Research, 2005, 58(1): 45-61.

[177] HOLBROOK M, HIRSCHMAN E. Hedonic consumption: emerging concepts, methods, and propositions[J]. Journal of Marketing, 1999, 46(3): 92-102.

[178] HOLBROOK M, HIRSCHMAN E C. The experiential aspects of consumption. consumption fantasies, feeling and fun[J]. Journal of Consumer Research, 1982, 9(2): 132-140.

[179] HOLBROOK M. Special session summary customer value: a framework for analysis and research[J]. Advances in Consumer Research, 1996, 23(1): 138-142.

[180] HOLBROOK M. Consumption experience, customer value, and subjective personal introspection: an illustrative photographic essay[J]. Journal of Business Research, 2006, 59(6): 714-725.

[181] HOLBROOK M. The nature of customer value: an axiology of service in consumption experience[M]//RUST R, OLIVER R L. Service quality: new directions in theory and practice. Thousand Oaks: Sage, 1994: 21-71.

[182] HOMANS C G. Social behavior as exchange[J]. American Journal of Sociology, 1958, 63(6): 597-606.

[183] HOWARD J A, SHETH J N. The theory of buyer behavior[M]. New York: John Wiley & Sons, 1969.

[184] HOYER W D, CHANDY R, DOROTIC M, et al. Consumer co-creation in new product development[J]. Journal of Service Research, 2010, 13(3): 283-296.

[185] HSIEH A T, YEN C H, CHIN K C. Participative customers as partial employees and service provider workload[J]. International Journal of Service

Industry Management,2004,15(2):187-199.

[186] HUI M K,BATESON J E G. Perceived control and the effects of crowding and consumer choice on the service experience [J]. Journal of Consumer Research,1991,18(2):174-184.

[187] HUNTON J E,PRICE K H. Effects of the user participation process and task meaningfulness on key information system outcomes [J]. Management Science,1997,43(6):797-812.

[188] JAYANTI R K,JACKSON A. Service satisfaction:an exploration investigation of three models [J]. Advances in Consumer Research, 1991, 18 (1): 603-610.

[189] JENSEN ΦYSTEIN, HANSEN K V. Consumer values among restaurant customers[J]. Hospitality Management,2007,26(3):603-622.

[190] JOHANSSON J. Global marketing [M]. 4th ed. Boston: McGraw-Hill International Edition,2006.

[191] JOHN J D. The effects of employee service quality provision and customer personality traits on customer, participation, satisfaction, and repurchase intentions[D]. Baton Rouge:Louisiana State University,2003.

[192] JONES M A, REYNOLDS K E, AMOLD M J. Hedonic and utilitarian shopping value: investigating differential effects on retail outcomes [J]. Journal of Business Research,2006,59(9):974-981.

[193] JONES T O,SASSER W E JR. Why satisfied customers defect[J]. Harvard Business Review,1995,73(6):89-99.

[194] JOSHI K. An investigation of equity as a determinant of user information satisfaction[J]. Decision Sciences,1990,21(4):786-807.

[195] KAMALI N,LOKER S. Mass customization:on-line consumer involvement in product design[J]. Journal of Computer-Mediated Communication, 2002, 7 (4):78-86.

[196] KARMARKAR U S,PITBLADDO R. Service markets and competition[J]. Journal of Operations Management,1995,12(3/4):397-411.

[197] KAPFERER J N, LAURENT G. Consumer involvement profiles: a new practical approach to consumer involvement [J]. Journal of Advertising Research,1986,25(6):49-56.

[198] KATZ E, BLUMLER J G, GUREVITCH M. Utilization of mass communication by the individual[M]//BLUMLER J G,KATZ E. The uses of mass communications:current perspectives on gratifications research. Beverly

Hills:Sage,1974:19-32.

[199] KELLEY S W,DONNELLY J H JR,SKINNER S J.Customer participation in service production and delivery[J].Journal of Retailing,1990,66(3):315-335.

[200] KELLEY S,SKINNER S J,DONNELLY JR.Organizational socialization of service customers[J].Journal of Business Research,1992,25(3):197-214.

[201] KELLOGG D L,YOUNGDAHL W E,BOWEN D E.On the relationship between customer participation and satisfaction:two frameworks[J].International Journal of Service Industry Management,1997,8(3):206-219.

[202] KENG C,HUANG T,ZHENG L.Modeling service encounters and customer experiential value in retailing[J].International Journal of Service Industry Management,2007,18(4):349-367.

[203] KNEE C R,ZUCKERMAN M.Causality orientations and the disappearance of the self serving bias[J].Journal of Research in Personality,1996,30(1):76-87.

[204] KOLLOCK P.The economies of online cooperation[M]//SMITH M,KOLLOCK P.Communities in cyberspace.London:Routledge,1999:220-242.

[205] KRISTENSSON P,MAGNUSSON P R,MATTHING J.Users as a hidden resource for creativity:findings from an experimental study on user involvement[J].Creativity and Innovation Management,2002,11(1):55-61.

[206] LAM S Y,SHANKAR V H,ERRAMILLI M K,et al.Customer value,satisfaction,loyalty,and switching costs:an illustration from a business-to-business service context[J].Journal of the Academy of Marketing Science,2004,32(3):293-311.

[207] LANCASTER K.A new approach to consumer theory[J].Journal of Political Economy,1966,74(2):132-157.

[208] LARSSON R,BOWEN D E.Organization and customer managing design and coordination of services[J].Academy of Management Review,1989,14(2):213-223.

[209] LAURENT G,KAPFERER J N.Measuring consumer involvement profiles[J].Journal of Marketing Research,1985,22(1):41-53.

[210] LENGNICK-HALL C A.Customer contributions to quality:a different view of the customer-oriented firm[J].The Academy of Management Review,1996,21(3):791-824.

[211] LEE J M.Consumers' participation orientation in a service encounter:

antecedents and consequences[D]. Stillwater: Oklahoma State University, 2001.

[212] LOVELOCK C H, YOUNG R F. Look to consumers to increase productivity [J]. Harvard Business Review, 1979, 57(5/6): 168-178.

[213] LUSCH R F, BROWN S, BRUNSWICK G J. A general framework for explaining internal vs. external exchange[J]. Journal of the Academy of Marketing Science, 1992, 20(2): 119-134.

[214] MANO H, OLIVER R L. Assessing the dimensionality and structure of the consumption experience: evaluation, feeling, and satisfaction[J]. Journal of Consumer Research, 1993, 20(3): 451-466.

[215] MARKLEY M, DAVIS L. Customer participation strategies and associated goals: a qualitative investigation[J]. Advances in Consumer Research, 2006, 33: 419-420.

[216] MARSH H W, BALLA J R. Goodness of fit in confirmation factor analysis: the effect of sample size and model parsimony[J]. Quality and Quality, 1994, 28(2): 185-217.

[217] MARTIN JR C R, HORNE D A. Level of success in puts for service innovations in the same form[J]. International Journal of service Industry Management, 1995, 16(4): 40-56.

[218] MATHWICK C, MALHOTRA N, RIGDON E. Experiential value: conceptualization, measurement and application in the catalog and internet shopping environment[J]. Journal of Retailing, 2001, 77(1): 39-56.

[219] MILES L D. Techniques of value analysis and engineering[M]. 2nd ed. New York: McGraw-Hill, 1972.

[220] MACHLEIT K, MANTEL S. Emotional response and shopping satisfaction: moderating effects of shopper attributions[J]. Journal of Business Research, 2001, 54(2): 97-106.

[221] MATHWICK C, MALHOTRA N, RIDON E. Experiential value: conceptualization, measurement and application in the catalog and internet shopping environment[J]. Journal of Retailing, 2001, 77(1): 39-56.

[222] MCKEE D, SIMMERS C S, LICATA J. Customer self-efficacy and response to service[J]. Journal of Service Research, 2006, 8(3): 207-220.

[223] MEUTER M L, BITNER M J, OSTROM A L, et al. Choosing among alternative service delivery modes: an investigation of customer trial of self-service technologies[J]. Journal of Marketing, 2005, 69(2): 61-83.

[224] MIKULINCER M. Attachment working models and the sense of trust: an exploration of interaction goals and affect regulation [J]. Journal of Personality and Social Psychology, 1998, 74(5): 1209-1224.

[225] MILLS P K, MORRIS J H. Clients as "partial" employees of service organizations: role development in client participation [J]. Academy of Management Review, 1986, 11(4): 726-735.

[226] MILLS P K, CHASE R B, MARGUILES N. Motivating the client/employee system as a service production strategy [J]. The Academy of Management Review, 1983, 8(2): 301-310.

[227] MITTAL B, LASSER W. Why do customers switch? the dynamics of satisfaction versus loyalty [J]. Journal of Services Marketing, 1998, 12(3): 177-194.

[228] MONROE K B. Pricing-making profitable decisions [M]. New York: McGraw Hill, 1991.

[229] NAMBISAN S, BARON R A. Virtual customer environments: testing a model of voluntary participation in value co-creation activities [J]. The Journal of Product Innovation Management, 2009, 26(4): 388-406.

[230] NAMBISAN S. Designing virtual customer environment for new product development: toward a theory [J]. Academy of Management Review, 2002, 27(3): 392-413.

[231] NORMANN R. Reframing business: when the map changes the landscape [M]. Chichester: Wiley, 2001.

[232] NORMANN R, RAMIREZ R. Designing interactive strategy: from value chain to value constellation [M]. Chichester: John Wiley and Sons, 1994.

[233] O'HERN, MATTHEW S, RINDFLEISCH A. Customer co-creation: a typology and research agenda [J]//NARESH K MALHOLTRA. Review of Marketing Research, 2009(6): 84-106.

[234] OGAWA S, PILLER F T. Reducing the risks of new product development [J]. Sloan Management Review, 2006, 47(2): 65-71.

[235] OLIVER R L. Cognitive model of the antecedents and consequences of satisfaction decisions [J]. Journal of Marketing Research, 1980, 17(4): 460-469.

[236] OLIVER R L. Measurement and evaluation of satisfaction processes in retailing setting [J]. Journal of Retailing, 1981, 57(3): 25-48.

[237] OLIVER R L. Satisfaction: a behavior perspective on the consumer [M]. New

York:Irwin-McGraw-Hill,1997.

[238] OLIVER R L,SWAN J E.Consumer perceptions of interpersonal equity and satisfaction in transactions:a field survey approach[J].Journal of Marketing, 1989,53(2):21-35.

[239] OLIVER R L. Cognitive, affective, and attribute bases of satisfaction[J]. Journal of Consumer Research,1993,20(3):418-430.

[240] OLIVER R L. Value as excellence in the consumption experience[M]// HOLBROOK M B. Consumer value: a framework for analysis and research. London: Routledge,1999:43-62.

[241] OVERBY J W, LEE E J. The effects of utilitarian and hedonic online shopping value on consumer preference and intentions[J]. Journal of Business Research,2006,59(10):1160-1166.

[242] PARASURAMAN A. Reflections on gaining competitive advantage through customer value[J].Journal of Academy of Marketing Science,1997,25(2): 154-161.

[243] PARASURAMAN A,GREWAL D.The impact of technology on the quality-value-loyalty chain: a research agenda[J]. Journal of the Academy of Marketing Science,2000,28(1):168-174.

[244] PAYNE A F,STORBACKA K,FROW P.Managing the co-creation of value [J].Journal of the Academy of Marketing Science,2008,36(1):83-96.

[245] PARKER C, WARD P. An analysis of role adoptions and scripts during customer-to-customer encounters[J].European Journal of Marketing,2000, 34(3):341-358.

[246] PATTERSON P G, SPRENG R A. Modelling the relationship between perceived value, satisfaction and repurchase intentions in a business-to-business,services context:an empirical examination[J].International Journal of Service Industry Management,1997,8(5):414-434.

[247] PEARCE J L,SOMMER S M,MORRIS A,et al.A configurational approach to interpersonal relations: profiles of work place social relations and task interdependence[D].Irvine:University of California,1992.

[248] PETER J P,OLSON J C.Consumer behavior:marketing strategy perspectives [M].Homewood:Irwin Professional Publishing,1987.

[249] PETRASH G.Dow's journey to a knowledge value management culture[J]. European Management journal,1996,14(8):365-373.

[250] PETRICK J. Development of a multi-dimensional scale for measuring the

perceived value of a service[J].Journal of Leisure Research,2002,34(2):119-134.

[251] PIERCE J L,KOSTOVA T,DIRKS K.The state of psychological ownership:integrating and extending a century of research [J]. Review of General Psychology,2003,7(1):84-107.

[252] PINE B J,GILMORE J H.Welcome to the experience economy[J].Harvard Business Review,1998,76(4):97-105.

[253] PINE B J, GILMORE J H. The experience economy: work is theatre and every business a state[M].Massachusetts:Harvard Business School Press,1999.

[254] PODSAKOFF P M,MACKENZIE S B,LEE J,et al.Common-method biases in behavioral research:a critical review of the literature and recommended remedies[J].Journal of Applied Psychology,2003,88(5):879-903.

[255] PRAHALAD C K,HAMEL G.The core competence of the corporation[J].Harvard Business Review,1993,68(3):275-292.

[256] PRAHALAD C K, RAMASWAMY V. Co-creation experiences: the next practice in value creation[J].Journal of Interactive Marketing,2004,18(3):5-14.

[257] PRAHALAD C K,RAMASWAMY V.Co-opting customer competence[J].Harvard Business Review,2000,78(1):79-87.

[258] PRICE L, ARNOULD E, DEIBLER S. Consumers' emotional responses to service encounters [J]. International Journal of Service Industry Management,1995,6(3):34-63.

[259] PRICE L L, AMOULD E J. Commercial friendships: service provider-client relationships in context[J].Journal of Marketing,1999,63(4):38-56.

[260] PRICE L L, ARNOULD E J, TIERNEY P. Going to extremes: managing service encounters and assessing provider performance [J]. Journal of Marketing,1995,59(2):83-97.

[261] PRIEM R L. Consumer perspective on value creation [J]. Academy of Management Review,2007,32(1):219-235.

[262] PURA M. Linking perceived value and loyalty in location: based mobile services[J].Managing Service Quality,2005,15(6):509-539.

[263] RAMANI G,KUMAR V.Interaction orientation and firm performance[J].Journal of Marketing,2008,72(1):27-45.

[264] RAMASWAMY V. Co-creating value through customers' experiences: the

nike case[J].Strategy & Leadership,2008,36(5):9-14.

[265] RAMIREZ R.Value co-production: intellectual origins and implications for practice and research[J].Strategic Management Journal,1999,20(1):49-65.

[266] RAVALD A,GRÖNROOS C.The value concept and relationship marketing [J].European Journal of Marketing,1996,30(2):19-30.

[267] REMY E,KOPEL S.Social linking and human resources management in the service sector[J].The Service Industries Journal,2002,22(1):35-56.

[268] RINTAMAKI T,KANTO A,KUUSELA H,et al.Decomposing the value of department store shopping into utilitarian,hedonic and social dimensions: evidence from Finland[J].International Journal of Retail & Distribution Management,2006,34(1):6-24.

[269] RODIE A R,KLEINE S S.Customer participation in services production and delivery[M]//Handbook of services marketing and management.Thousand Oaks:Sage Publications,2000:111-125.

[270] ROIG J C F,GAREIA J S,TENA M A M,et al.Customer perceived value in banking services[J].International Journal of Bank,Marketing,2006,24(5): 266-283.

[271] RUSBULT C E,VAN LANGE P A M.Interdependence,interaction,and relationship[J].The Annual Review of Psychology,2003,54(1):351-375.

[272] RUST R,OLIVER R.Service quality: insights and managerial implications from the frontier[M]//RUST R T,OLIVER R L.Service quality: new directions in theory and practice.Thousand Oaks:Sage Publications,1994:1-20.

[273] RUYTER K,JOSE B,PASEAL P.Merging service quality and service satisfaction: an empirical test of an integrative model[J].Journal of Economic Psychology,1997,18(4):387-406.

[274] RUYTER W,MATTSON L.The dynamics of the services delivery process: a value based approach[J].International Journal Research in Marketing, 1997,14(5):85-96.

[275] SCHEIN E H.Organizational socialization and the profession of management [J].Industrial Management Review,1968,9(2):1-16.

[276] SCHMITT B.Experiential marketing[J].Journal of Marketing Management, 1999,15(1/2/3):53-67.

[277] SHETH J N,NEWMAN B I,GROSS B L.Why we buy what we buy: a theory

of consumption values[J].Journal of Business Research,1991,22(2):159-170.

[278] SHETH J N,SISODIA R S,SHARMA A.The antecedents and consequences of customer-centric marketing[J].Journal of the Academy of Marketing Science,2000,28(1):55-66.

[279] SHETH J N,USLAY C.Implications of the revised definition of marketing:from exchange to value creation[J].Journal of Public Policy & Marketing,2007,26(2):302-307.

[280] SHIV B,FEDORIKHIN A,NOWLIS S M.Interplay of the heart and the mind in decision-making[M].London:Routledge,2005.

[281] SILPAKIT P,FISK R P.Participatizing the service encounter:a theoretical framework[M]//BLOEH T G D UPAH, ZEITHAML V A. Services marketing in a changing environment. Chicago: American Marketing Association,1985:117-121.

[282] SMITH J B,COLGATE M.Customer value creation:a practical framework[J].Journal of Marketing Theory and Practice,2007,15(1):7-23.

[283] SMITH K G,CARROLL S J,ASHFORD S J.Intra-and interorganizational cooperation:toward a research agenda[J].Academy of Management Journal,1995,38(1):7-23.

[284] SOLOMON M R,SURPRENANT C,CZEPIEL J A,et al.A role theory perspective on dyadic interactions:the service encounter[J].Journal of Marketing,1985,49(1):99-111.

[285] SPRENG R A,RICHARD O W.A desires congruency model of consumer satisfaction[J].Journal of the Academy of Marketing Science,1993,21(3):169-177.

[286] SPRENG R A,MACKOY R D.An empirical examination of a model of perceived service quality and satisfaction[J].Journal of Retailing,1996,72(2):201-214.

[287] SPRENG R A,MACKENZIE S B,OLSHAVSKY R W.A reexamination of the determinants of consumer satisfaction[J].Journal of Marketing,1996,60(3):15-32.

[288] STORBACKA K,LEHTINEN J R.Customer relationship management:creating competitive advantage through win-win relationship strategies[M].Singapore:McGraw-Hill,2001.

[289] STREET R L,KRUPAT E,BELL R A,et al.Beliefs about control in the

physician-patient relationship [J]. Journal of General Internal Medicine, 2003, 18(8):609-616.

[290] SURESHCHANDAR G S, RAJENDRAN C, ANANTHARAMAN R N. The relationship between service quality and customer satisfaction: a factor-specific approach[J].Journal of Service Marketing, 2002, 16(4):363-379.

[291] SWEENEY J C, SOUTAR G N. Consumer perceived value: the development of a multiple item scale[J].Journal of Retailing, 2001, 77(2):203-220.

[292] SZYMANSKI D M, HENARD D. Customer satisfaction: a meta-analysis of the empirical evidence[J].Journal of the Academy of Marketing Science, 2001, 29(1):16-35.

[293] TABACHNICK B G, FIDELL L S. Using multivariate[M].5th ed. Needham Heights: Allyn and Bacon, 2007.

[294] TAM J L M. Customer satisfaction, service quality and perceived value: an integrative model[J]. Journal of Marketing Management, 2004, 20(7/8): 897-917.

[295] TES D K, WILTON P C. Models of consumer satisfaction formation: an extension[J].Journal of Marketing Research, 1988, 25(2):204-212.

[296] THOMPSON M M, ZANNA M P. The conflicted individual: personality-based and domain-specific antecedents of ambivalent social attitude[J].Journal of Personality, 1995, 63(2):259-288.

[297] TIAN K T, BEARDEN W, HUNTER G L. Consumers' need for uniqueness: scale development and validation[J].Journal of Consumer Research, 2001, 28(1):50-66.

[298] TIROLE J. The multicontract organization [J]. Canadian Journal of Economics, 1988, 21(3):459-467.

[299] ULAGA W, SAMIR C. Measuring customer-perceived value in business markets[J].Industrial Marketing Management, 2001, 30(6):525-540.

[300] VAN DER HAAR J W, KEMP R G M, OMTA O. Creating value that cannot be copied[J].Industrial Marketing Management, 2001, 30(8):627-636.

[301] VARGO S L, MAGLIO P P, AKAKA M A. On value and value co-creation: a service systems and service logic perspective [J]. European Management Journal, 2008, 26(3):145-152.

[302] VARGO S L, LUSCH R F. Service-dominant logic: continuing the evolution [J].Journal of the Academy Marketing Science, 2008, 36(1):1-10.

[303] VARGO S L, LUSCH R F. Evolving to a new dominant logic for marketing

[J].Journal of Marketing,2004,68(1):1-17.

[304] VARGO S L,LUSCH R F.Service-dominant logic:what it is,what it is not, what it might be[M]//LUSCH R F, VARGO S L. The service-dominant logic of marketing: dialog, debate, and directions. Armonk: M. E. Sharpe, 2006:43-56.

[305] VERONA S M G,PRANDELLI E.Collaborating to create:the internet as a platform for customer engagement in product innovation[J]. Journal of Interactive Marketing,2005,19(4):4-17.

[306] WALLS A. An examination of consumer experience and relative effects on consumer values[D].Orlando:University of Central Florida,2009.

[307] WANG Y G,PO L H,CHI R Y,et al.An integrated framework for customer value and customer-relationship management performance:a customer-based perspective from China[J].Managing Service Quality,2004,14(2/3):169-182.

[308] WASKO M M,FARAJ S.It is what one does:why people participate and help others in electronic communities of practice [J]. Journal of Strategic Information Systems,2000,9(2/3):155-173.

[309] WELLINGS T, WILLIAMS M A, PITTS M. Customer perception of switch-feel in luxury sports utility vehicles[J].Food Quality and Preference,2008, 19(8):737-746.

[310] WENGER E.Communities of practice:learning,meaning and identity[M]. Cambridge:Cambridge University Press,1998.

[311] WESTBROOK R A,REILLY M D.Value-percept disparity:an alternative to the disconfirmation of expectations theory of consumer satisfaction[J]// RICHARD P BAGOZZI, ALICE M TYBOUT. Association for Consumer Research,1983:256-261.

[312] WESTBROOK R A, OLIVER R L. The dimensions of consumption emotion patterns and consumer satisfaction[J].Journal of consumer research,1991, 18(1):84-92.

[313] WONG A. Integrating supplier satisfaction with customer satisfaction[J]. Total Quality Management,2000,11(4/5/6):826-829.

[314] WOODALL T. Conceptualising "value for the customer": an attributional, structural and dispositional analysis [J]. Academy of Marketing Science Review,2003(12):1-42.

[315] WOODRUFF R B.Customer value:the next source of competitive advantage

[J].Journal of the Academy of Marketing Science, 1997, 25(2): 139-153.

[316] WOODRUFF R B, GARDIAL S. Know your customers: new approaches to understanding customer value and satisfaction[M]. Oxford: Blackwell, 1996.

[317] WOODS W A. Consumer behavior[M]. New York: North-Holland, 1981.

[318] WU C H. A re-examination of the antecedents and impact of customer participation in service[J]. Service Industries Journal, 2011, 31(6): 863-876.

[319] YANG Z L, PETERSON R T. Customer perceived value, satisfaction and loyalty: the role of switching costs[J]. Psychology and Marketing, 2004, 21(10): 799-822.

[320] YEN H R, HSU S H, HUANG Y. Good soldiers on the web: understanding the drivers of participation in online communities of consumption[J]. International Journal of Electronic Commerce, 2011, 15(4): 89-120.

[321] ZEITHAML V A. Customer perception of price, quality, and value: a means-end model and synthesis of evidence[J]. Journal of Marketing, 1988, 52(3): 2-22.

[322] ZEITHAML V A, PARASURAMAN A, BERRY L L. Communication and control processes in the delivery of service quality[J]. Journal of Marketing, 1988, 52(2): 35-48.

[323] ZEITHAML V A, BITNER M J. Service marketing[M]. New York: McGraw-Hill, 1996.

[324] ZEITHAML V A, BERRY L L, PARASURAMAN A. The behavioral consequences of service quality[J]. Journal of Marketing, 1996, 60(2): 31-46.

# 附　录

## 调查问卷

尊敬的女士/先生：

您好！

出于学术研究的目的，我们需要了解顾客参与行为对顾客价值创造和顾客再购买意向的影响机制。恳请您抽出几分钟时间，以自身的经历和体验对以下问题逐项回答，您的作答将对本研究产生非常重要的影响。请您耐心作答，避免遗漏。本问卷采取不记名方式，所填资料仅供学术研究之用，敬请安心作答。在此，由衷感谢您对本研究的支持和帮助！

健身行业是顾客参与度较高的行业，为保证顾客得到满意的健身效果，顾客需要与健身教练进行必要的互动，参与到健身服务的传递过程中。请您回忆您在某健身俱乐部或健身会所接受的健身服务，按照您的真实体验和想法回答下列问题，在最适合的数字上打钩，您提供的答案没有对错之分。

### 第一部分　顾客参与行为测量

以下所有问题的备选项数字表示：

1=非常不同意　2=不同意　3=不太同意　4=既不同意也不反对

5=有点同意　6=同意　7=非常同意

| 信息分享 Information Share | 非常不同意 | | | | | 非常同意 |
|---|---|---|---|---|---|---|
| IS1：我会尽力告诉教练我对健身的个人需求 | | | | | | |
| | 1 | 2 | 3 | 4 | 5 | 6　7 |
| IS2：教练会告知我做每项训练的目的 | | | | | | |
| | 1 | 2 | 3 | 4 | 5 | 6　7 |
| IS3：教练会向我提供我所需要的充足信息 | | | | | | |
| | 1 | 2 | 3 | 4 | 5 | 6　7 |

| 合作行为 Cooperation Behavior | 非常不同意 | | | | | | 非常同意 |
|---|---|---|---|---|---|---|---|
| CB1：我努力地配合教练的工作 | 1 | 2 | 3 | 4 | 5 | 6 | 7 |
| CB2：在健身过程中，我会做一些事情，使得教练的工作变得简单些 | 1 | 2 | 3 | 4 | 5 | 6 | 7 |
| CB3：我会严格按照教练的指导来进行锻炼 | 1 | 2 | 3 | 4 | 5 | 6 | 7 |

| 共同决策 Joint Decision-making | 非常不同意 | | | | | | 非常同意 |
|---|---|---|---|---|---|---|---|
| JD1：我的健身计划是我和教练共同制订的 | 1 | 2 | 3 | 4 | 5 | 6 | 7 |
| JD2：我参与决定最终提供的健身服务 | 1 | 2 | 3 | 4 | 5 | 6 | 7 |
| JD3：在决定如何完成健身活动上，教练会采纳我的意见 | 1 | 2 | 3 | 4 | 5 | 6 | 7 |
| JD4：教练会根据我的需要调整训练计划 | 1 | 2 | 3 | 4 | 5 | 6 | 7 |
| JD5：我对教练的教授方式有影响力 | 1 | 2 | 3 | 4 | 5 | 6 | 7 |

## 第二部分　感知员工支持测量

| 感知员工支持 Staff Support | 非常不同意 | | | | | | 非常同意 |
|---|---|---|---|---|---|---|---|
| SS1：教练非常愿意聆听我的问题和困难 | 1 | 2 | 3 | 4 | 5 | 6 | 7 |
| SS2：教练挺友善 | 1 | 2 | 3 | 4 | 5 | 6 | 7 |
| SS3：我的确感觉到我和教练在为共同的健身目标而努力 | 1 | 2 | 3 | 4 | 5 | 6 | 7 |
| SS4：我和教练对彼此都有信心 | 1 | 2 | 3 | 4 | 5 | 6 | 7 |
| SS5：教练很关注我的需要 | 1 | 2 | 3 | 4 | 5 | 6 | 7 |

SS6：当我遇到困难时，教练乐意帮助我

1 2 3 4 5 6 7

SS7：教练总是尽力消除我在健身方面的任何顾虑

1 2 3 4 5 6 7

## 第三部分 共同创造顾客价值测量

| 顾客的经济价值 Economic Value | 非常不同意 | | | | | | 非常同意 |
|---|---|---|---|---|---|---|---|
| EV1：我的参与帮助我获得了高质量的健身服务 | 1 | 2 | 3 | 4 | 5 | 6 | 7 |
| EV2：我的参与帮助我获得了更加个性化的健身服务 | 1 | 2 | 3 | 4 | 5 | 6 | 7 |
| EV3：我的参与帮助我获得了更加专业化的健身服务 | 1 | 2 | 3 | 4 | 5 | 6 | 7 |
| EV4：我的参与帮助我获得了效果更好的健身服务 | 1 | 2 | 3 | 4 | 5 | 6 | 7 |
| EV5：我的参与减少了服务失败 | 1 | 2 | 3 | 4 | 5 | 6 | 7 |

| 顾客的关系价值 Relation Value | 非常不同意 | | | | | | 非常同意 |
|---|---|---|---|---|---|---|---|
| RV1：我的参与帮助我和教练建立了更好的个人关系 | 1 | 2 | 3 | 4 | 5 | 6 | 7 |
| RV2：我的参与使得我与教练的关系更加融洽 | 1 | 2 | 3 | 4 | 5 | 6 | 7 |
| RV3：通过参与我可以从教练那里得到更多支持 | 1 | 2 | 3 | 4 | 5 | 6 | 7 |
| RV4：我的参与扩大（拓展）了我的人际交往范围 | 1 | 2 | 3 | 4 | 5 | 6 | 7 |
| RV5：我在参与过程中获得了充分的尊重 | 1 | 2 | 3 | 4 | 5 | 6 | 7 |

| 顾客的学习价值 Learning Value | 非常不同意 | | | | | | 非常同意 |
|---|---|---|---|---|---|---|---|
| LV1：我在健身活动中学到了新的健身知识 | 1 | 2 | 3 | 4 | 5 | 6 | 7 |

LV2：我在健身活动中获得了新的健身理念

1 2 3 4 5 6 7

LV3：我在健身活动中将我获得的健身知识加以应用

1 2 3 4 5 6 7

LV4：我获得了个人健身问题的具体解决方法

1 2 3 4 5 6 7

LV5：丰富了与健身相关的其他知识

1 2 3 4 5 6 7

| 顾客的享乐价值 Hedonic Value | 非常<br>不同意 | 非常<br>同意 |
|---|---|---|

HV1：参与健身过程让我感到了快乐

1 2 3 4 5 6 7

HV2：参与健身活动使我获得了精神上的享受

1 2 3 4 5 6 7

HV3：我觉得参与健身活动是新奇和有趣的

1 2 3 4 5 6 7

HV4：我在健身过程中度过了愉快而令人放松的时间

1 2 3 4 5 6 7

HV5：参与健身活动为我带来了挑战自我的愉悦

1 2 3 4 5 6 7

HV6：参与健身活动让我感觉到自己更自信

1 2 3 4 5 6 7

HV7：健身取得的进步让我感觉到成就感

1 2 3 4 5 6 7

## 第四部分　顾客满意测量

| 顾客满意 Customer Satisfaction | 非常<br>不同意 | 非常<br>同意 |
|---|---|---|

CS1：此次健身达到了我的预期

1 2 3 4 5 6 7

CS2：这是一家值得长期合作的健身俱乐部

1 2 3 4 5 6 7

CS3：总体而言，我对这家健身俱乐部提供的服务很满意

1 2 3 4 5 6 7

## 第五部分 顾客行为意向测量

| 顾客行为意向 Customer Behavior Intention | 非常不同意 | | | | | | 非常同意 |
|---|---|---|---|---|---|---|---|
| PB1：未来我还会来这家健身俱乐部健身 | 1 | 2 | 3 | 4 | 5 | 6 | 7 |
| PB2：当我需要健身时，我第一个想起的就是这家健身俱乐部 | 1 | 2 | 3 | 4 | 5 | 6 | 7 |
| PB3：如果身边有人需要健身时，我会推荐该家健身俱乐部 | 1 | 2 | 3 | 4 | 5 | 6 | 7 |
| PB4：我会主动鼓励我的同事和朋友去该健身俱乐部健身 | 1 | 2 | 3 | 4 | 5 | 6 | 7 |

## 第六部分 个人基本信息

1. 您的性别

A. 男　B. 女

2. 您的职业

A. 企业员工　B. 教师　C. 国家公务员　D. 学生　E. 军人　F. 农民　G. 个体工商业主　H. 其他

3. 您的受教育程度

A. 小学及以下　B. 初中　C. 高中或中专　D. 大学本科或专科　E. 硕士研究生及以上

4. 您的年龄

A. 16—20 岁　B. 21—30 岁　C. 31—40 岁　D. 41—50 岁　E. 51—60 岁　F. 60 岁以上

再次感谢您的支持！

# 后 记

经历三年打磨，本书终于与大家见面了。在付梓之际，衷心感谢恩师陈启杰教授。恩师是我学术上的导师，本书从立意、写作到修改，得到了导师莫大的帮助和指导。感谢我的先生及家人，他们在我写作期间，给予了全力支持，为我加油鼓劲，帮我分担了生活中的各种责任，使我能专心于写作，他们是我完成本书的动力和最有力的支撑。感谢我的同事及朋友，感谢你们对本书倾注的关心和关注。

谨以此书献给所有在我成长过程中帮助和爱护我的人！

**武文珍**

于 2015 年 11 月 28 日夜